2018—2021 国家麻类产业技术发展报告

熊和平 朱爱国 等 著

中国农业科学技术出版社

图书在版编目(CIP)数据

国家麻类产业技术发展报告.2018—2021／熊和平等著.--北京：中国农业科学技术出版社，2022.11

ISBN 978-7-5116-6002-2

Ⅰ.①国… Ⅱ.①熊… Ⅲ.①麻类作物-种植业-经济发展-研究报告-中国-2018-2021　Ⅳ.①F326.12

中国版本图书馆 CIP 数据核字(2022)第 211898 号

责任编辑	崔改泵
责任校对	王　彦
责任印制	姜义伟　王思文

出 版 者	中国农业科学技术出版社
	北京市中关村南大街 12 号　邮编：100081
电　　话	(010) 82109194 (编辑室)　　(010) 82109702 (发行部)
	(010) 82109709 (读者服务部)
网　　址	https://castp.caas.cn
经 销 者	各地新华书店
印 刷 者	河北鑫彩博图印刷有限公司
开　　本	210 mm×297 mm　1/16
印　　张	11.25
字　　数	256 千字
版　　次	2022 年 11 月第 1 版　2022 年 11 月第 1 次印刷
定　　价	100.00 元

◀━━ 版权所有·翻印必究 ━━▶

编委会

主　　任　熊和平　朱爱国

副 主 任　陈继康

编 委 会　(按"十三五""十四五"国家麻类产业技术体系岗站顺序)

　　　　　　熊和平　粟建光　赵立宁　喻春明　康庆华　李德芳
　　　　　　方平平　杨　明　周文钊　黄道友　刘立军　崔国贤
　　　　　　唐守伟　王玉富　陈　鹏　刘飞虎　易克贤　陈绵才
　　　　　　张德咏　柏连阳　李显旺　吕江南　段盛文　彭源德
　　　　　　郁崇文　王朝云　杨宏林　康红梅　凤　桐　吴广文
　　　　　　李泽宇　金关荣　杨　龙　洪建基　高海军　潘兹亮
　　　　　　汪红武　朱爱国　庹年初　黄　标　李初英　陈　涛
　　　　　　吕发生　魏　刚　孙　涛　朱　炫　张　正　朱四元
　　　　　　汤开磊　王会芳　张　彬　谭志坚　安　霞　胡万群
　　　　　　董国云　张曼其　张中华

编写人员　熊和平　朱爱国　赵浩含　陈继康

审稿人员　柏连阳　李德芳　杨　明　周文钊　刘立军　张德咏
　　　　　　王朝云　杨宏林　康红梅　吴广文　潘兹亮　魏　刚
　　　　　　张　彬　谭志坚　张中华　黄道友　刘飞虎　易克贤
　　　　　　方平平　汤开磊　唐守伟　崔国贤

校　　对　欧阳西荣

目 录

第一章　概述 …………………………………………………………………………… （1）
　　一　产业技术研发取得新突破 …………………………………………………… （1）
　　二　服务县域经济发展取得新成效 ……………………………………………… （3）
　　三　夯实创新基础迈上新台阶 …………………………………………………… （6）
　　四　现代麻业跨越发展面临新挑战 ……………………………………………… （7）

第二章　种质资源与遗传改良研究进展 …………………………………………… （10）
　　一　苎麻 …………………………………………………………………………… （10）
　　二　亚麻 …………………………………………………………………………… （16）
　　三　红麻 …………………………………………………………………………… （25）
　　四　黄麻 …………………………………………………………………………… （27）
　　五　工业大麻 ……………………………………………………………………… （37）
　　六　剑麻 …………………………………………………………………………… （43）

第三章　生理与栽培研究进展 ……………………………………………………… （48）
　　一　苎麻 …………………………………………………………………………… （48）
　　二　亚麻 …………………………………………………………………………… （57）
　　三　黄/红麻 ………………………………………………………………………… （59）
　　四　工业大麻 ……………………………………………………………………… （63）
　　五　剑麻 …………………………………………………………………………… （67）

第四章　病虫草害防控研究进展 …………………………………………………… （74）
　　一　苎麻 …………………………………………………………………………… （74）
　　二　亚麻 …………………………………………………………………………… （79）
　　三　黄/红麻 ………………………………………………………………………… （80）

四　工业大麻 ……………………………………………………………………… (82)
　　五　剑麻 …………………………………………………………………………… (86)
　　六　共性防控技术研究 …………………………………………………………… (88)

第五章　机械化研究进展 ………………………………………………………… (91)
　　一　苎麻 …………………………………………………………………………… (91)
　　二　黄/红麻 ……………………………………………………………………… (98)
　　三　工业大麻 ……………………………………………………………………… (99)

第六章　加工技术研究进展 ……………………………………………………… (102)
　　一　脱胶技术研究 ………………………………………………………………… (102)
　　二　麻纤维性能改良 ……………………………………………………………… (107)
　　三　麻纤维膜研究与示范 ………………………………………………………… (120)
　　四　麻类副产品综合利用 ………………………………………………………… (128)

第七章　苎麻试验示范工作进展 ………………………………………………… (133)
　　一　宜春苎麻试验站 ……………………………………………………………… (133)
　　二　咸宁苎麻试验站 ……………………………………………………………… (135)
　　三　张家界苎麻试验站 …………………………………………………………… (138)
　　四　沅江麻类综合试验站 ………………………………………………………… (140)
　　五　涪陵苎麻试验站 ……………………………………………………………… (141)
　　六　达州麻类综合试验站 ………………………………………………………… (143)

第八章　亚麻试验示范工作进展 ………………………………………………… (145)
　　一　长春亚麻试验站 ……………………………………………………………… (145)
　　二　哈尔滨麻类综合试验站 ……………………………………………………… (147)
　　三　伊犁亚麻试验站 ……………………………………………………………… (148)

第九章　黄麻红麻试验示范工作进展 …………………………………………… (151)
　　一　萧山麻类综合试验站 ………………………………………………………… (151)
　　二　六安工业大麻红麻试验站 …………………………………………………… (152)
　　三　漳州黄/红麻试验站 ………………………………………………………… (153)
　　四　信阳麻类综合试验站 ………………………………………………………… (155)

五　南宁麻类综合试验站 ………………………………………………………………（157）

第十章　工业大麻试验示范工作进展 ……………………………………………………（159）
　　一　汾阳工业大麻试验站 ………………………………………………………………（159）
　　二　大庆工业大麻试验站 ………………………………………………………………（160）
　　三　西双版纳工业大麻试验站 …………………………………………………………（162）
　　四　大理工业大麻亚麻试验站 …………………………………………………………（164）
　　五　南宁麻类综合试验站 ………………………………………………………………（165）

第十一章　剑麻试验示范工作进展 ………………………………………………………（167）
　　一　湛江剑麻试验站 ……………………………………………………………………（167）
　　二　南宁剑麻试验站 ……………………………………………………………………（168）

第一章 概述

2018—2021年，是国家麻类产业技术体系"十三五"重点任务攻关的关键时期，也是促进麻类产业迈向"十四五"新阶段的关键时期。国家麻类产业技术体系围绕重点任务实施，以多学科、多团队大协作的组织方式开展研究，进行了科技创新与应用、产业调研、学术研讨、会议交流、技术示范与培训等一系列重要工作，创新体制机制，强化农业科技成果转化，优化农业技术推广服务，加强农业农村人才培育，为促进农业产业兴旺、农民脱贫致富提供强有力的科技支撑和人才保障。

一 产业技术研发取得新突破

麻类体系以聚焦国家最关心、产业最急需的重大技术需求和主产区产业兴旺的需求，向全体系专家收集重点任务清单，召集执行专家组凝练，充分考虑任务与产业关联度、对产业的贡献度和科技成果的创新度，征求行业司局意见，提出麻类作物绿色生产与轻型环保包装材料创新和应用等3项重大技术攻关任务和青冈县、大竹县2个重点服务县域作为重点攻关方向，各岗站紧密围绕重点任务开展工作，解决产业中卡脖子问题，取得重要进展，服务和引领产业发展。

(一) 构建麻类绿色发展技术体系，推动产业高效发展

紧抓推进农业绿色发展的战略部署，针对国家解决农田"白色污染"以及"禁塑令"的重大需求，凝练、部署、推进地膜用麻和轻型环保包装用麻高效生产技术研究，以苎麻为代表组建"膜用苎麻协同创新与推广示范工作组"，以科研组织与攻关机制改革为根本途径，落实了高密矮化麻园建设、机械化种收管理、绿色脱胶技术研发和成膜技术创新等任务。开展了麻类作物固土保水及逆境种植技术和病虫草害绿色高效防控技术研究，促进了中陡坡地、石漠化区、盐碱地、重金属污染耕地等区域生态恢复和绿色防控种植效益的提高。

麻地膜、麻育秧膜作为可完全生物降解的植物纤维膜，为破解"白色污染"难题提供了思路

和措施。麻地膜产品强度高、保温保湿效果好，使用后在土壤中可完全生物降解，无污染，长期使用有培肥和改良土壤作用，在蔬菜作物覆盖栽培和水稻机插秧苗育秧方面有很好的应用效果和前景。"十三五"期间，提出不同原料麻纤维膜配方7个，试制出不同功能的麻纤维膜样品4个，成本降低50%以上。麻育秧膜在水稻机插育秧中的成功应用，将麻类纤维的地位从区域特色经济作物，提升到保障国家粮食安全的战略层次。麻育秧膜水稻机插育秧技术有效解决了我国水稻机插中遇到的难起秧、易散秧、秧苗素质不稳定的瓶颈问题，并可显著提高稻谷产量，促进了水稻机插秧技术的发展。这项技术是促进水稻生产全程机械化的一项重大突破，先后在湖南、黑龙江、湖北、浙江等10多个省开展了麻育秧膜水稻机插育秧技术试验示范和推广，5年来累计应用面积超8 000万亩（15亩=1hm²，全书同），节本增效82亿元以上。

（二）开展麻类作物多用途技术研究，提高产业效益竞争力

为提高麻类产业效益竞争力，以提质增效为导向，"十三五"期间围绕麻类作物多用途培育了纤维用、饲料用、籽粒用、花叶用、油用以及兼用型的新品种87个，实施了纤饲两用麻类作物生产技术研究、功能型麻类作物品种选育、麻类作物轻简化可持续种植技术研究、麻类生物质高效利用关键技术研究等工作，促进了品种特性挖掘、功能型多用途产品研发、轻简化高效栽培等措施的融合，为大幅度提高产业服务效益奠定了基础。"十三五"期间开展培训和现场会近700场，技术咨询1.1余万人次，发放培训资料14余万份，培训技术人员1.3余万人、农民4余万人。

（三）推进麻类生产标准化，保障产业健康稳定发展

制定了36项技术标准，其中国家标准有7项，主要为苎麻、亚麻纤维性能测定标准，展现了科学、技术和实践经验规范化的综合结果，为麻纺织加工行业提供了科学性、权威性、适用性的标准参考。制定了符合地方特色的地方标准21项，包括云南、广西、湖南、湖北等多个省份，如饲用苎麻栽培技术规程、苎麻根腐线虫病综合防控技术规程、籽用工业大麻旱作高产栽培技术规程、早稻麻地膜机插秧育秧技术规程等，为当地提供了技术咨询和指导，促进了当地产业的发展。制定了行业标准9项，其中《工业大麻种子品种》《工业大麻种子质量》和《工业大麻种子常规种繁育技术规程》3个系列农业行业标准，为全国工业大麻的品种规范、种植生产和禁毒监管执法提供了标准依据，实现了工业大麻种子质量有标可依、繁育过程有章可循，对促进工业大麻产业健康稳定发展具有重大指导作用。

苎麻生产全程机械化移栽技术取得新进展。该技术集成了现代化设施栽培与管理技术，将苎麻育苗由季节性生产转变为周年连续生产，提出了苎麻水培种苗嫩梢复采技术，与传统土壤扦插相比，单批次繁殖系数提高1倍以上，全年提高5倍以上，缩短育苗周期8~10d/批、延长供种时间180d/年以上，有效提升工厂化育苗的效率，大幅度降低了育苗成本。研究和建立了营养块假植技术，移栽成活率由原来的80%以上稳定提高到90%以上，有效缩短缓苗期。利用苎麻水培和柱

状育苗块，解决了单一水培苗柔长根系导致机栽漏苗、阻苗的生产难题，使缓苗期缩短至7d以内。在秧苗移栽机的基础上，创新改进了移栽部件，使移栽工效达到24亩/d，比人工移栽效率提高10倍以上，成活率高，每亩节约移栽成本50%以上。该技术解决了限制苎麻产业发展机械化的瓶颈问题。

（四）支撑农业品牌建设，引领产业高质量发展

以打造区域特色品牌、加强产业规划咨询等方式，着力支撑打造麻类产业农业品牌，为广东省东方剑麻集团有限公司提供全产业链咨询服务，先后促成湛江剑麻列入全国农产品特色优势区、广东省级和国家级现代农业产业园区建设名录，增强企业品牌发展内生动力。促进工业大麻企业联合形成集群，支撑汉康、汉晟丰、绿洲、晋麻等企业创建涵盖种植、花叶加工、纤维加工和麻籽加工等在内的多元化品牌，其中协助汉康（云南）生物科技有限公司成为国内首家取得工业大麻加工许可资质企业、建成首个高纯度CBD产业化生产线。

为应对工业大麻产业快速发展，针对生产上大麻含毒量高、品种单一等突出问题，国家麻类产业技术体系深入开展了工业大麻种质资源创新及新品种选育研究，从源头保障了品种安全性和规范性。"十三五"期间共选育出以'云麻''庆大麻''汾麻''中汉麻'系列为主的工业大麻新品种21个。'云麻'系列是全国率先选育的品种，其中'云麻9号'大麻二酚（CBD）含量达1.89%，整个系列种植覆盖云南省13个州（市）的53个县（区）。'庆大麻'系列为纤维用品种，其中'庆大麻1号'具有高产、优质、低毒、抗性强、适应范围广等优点，纤维产量1 987.3 kg/hm^2，增产19.2%，种植推广面积占黑龙江省工业大麻种植面积的70%以上。'汾麻'系列为高蛋白、高油脂籽粒用品种，其中'汾麻3号'抗旱、抗逆性强，适应性广，麻籽质量和产量在全国最优。'中汉麻'系列为高CBD品种，其中'中汉麻4号'CBD含量达4.29%，为工业大麻在医药和大健康领域应用提供了种质保障。

二 服务县域经济发展取得新成效

根据农业农村部打造"一县一业"科技引领示范样板的工作要求，国家麻类产业技术体系遴选了四川大竹县和黑龙江省青冈县作为未来3~5年支撑县域经济发展的重点区域。积极与大竹、青冈县委县政府对接，从建设理念、目标、路径和内涵提出"一县一业"方案框架，明晰实施路径，提供顶层设计咨询和科技支撑，构建政府主导、体系支撑、企业实施、平台保障的模式。青冈县工业大麻从2016年的1 500亩发展到2021年的4万亩，纤维产量4 800t。工业大麻从种到收基本实现全程机械化，精量播种机、无人植保机、自走收获机等大型机械设备达到120台（套）；长麻纺纱企业由原来的1家发展到5家，全县纺织加工能力达到6万锭，精纺大麻纱由5 000t提升到7 500t，布匹约70万延长米；新增短麻纺织生产线1条，可加工短麻精纺纤维3 000t；1家麻屑制

造板材和 1 家麻屑制造托盘及角墩企业落户，年可利用麻屑约 3 万 t。

（一）创新工作机制，形成长效保障体系

将执行专家组按照专业对口、地域就近等原则，分别在两县组建工作领导小组，跨研究室、分区域成立了技术创新与服务小组，建立"定时"和"随时"工作机制，"定时"即在苎麻和工业大麻生产季节，定时通过多种方式调研与指导生产技术，制定重大病虫害预警与防控预案；"随时"即根据当地企业和种植大户提出的产业技术需求，随时提供技术支持，做到主动服务县域经济，实时解决各种技术难题。

为充分了解大竹县苎麻、青冈县工业大麻产业发展实情，首席科学家熊和平研究员组织专家分别于 2020 年 5 月 22—23 日、7 月 8—10 日前往四川大竹县、黑龙江青冈县开展产业调研，与当地市、县两级政府相关领导进行了深入交谈，并分别于 2020 年 7 月 20—22 日、8 月 22—24 日在四川大竹县、黑龙江青冈县召开了"国家麻类产业技术体系推进大竹苎麻（青冈工业大麻）'一县一业'工作启动会"，成立了国家麻类产业技术体系大竹苎麻（青冈工业大麻）产业工作站，与大竹县（青冈县）人民政府签订了合作框架协议，形成了长效科技保障体系，为打造大竹苎麻（青冈工业大麻）"一县一业"样板县发挥体系力量。

2021 年 4 月参加由达州市市委、市政府举办的"2021 年院士专家革命老区（达州）行——智汇达州，创新引领"活动，国家麻类产业技术体系多名专家参与活动并与达州市农业科学院签订"苎麻机械协同创新合作协议"，双方将围绕提升达州市苎麻收获与剥制加工机械化水平开展深入合作。

（二）构建全产业链支撑体系，提升产业发展能力

协助地方政府厘清"一县一业"工作思路，从建设理念、目标、路径和内涵提出"一县一业"建设方案框架。

青冈县工业大麻产业。一是原料种植方面，尝试利用工业大麻代替亚麻，以替代种植降低麻原料依赖进口的风险；二是战略对接方面，瞄准轻型包装，填补"禁塑令"所带来的市场空白；三是健康产业方面，围绕工业大麻多用途、健康产业，以高端需求为引导，通过工业化促进农业现代化。

大竹县苎麻产业。一是组建顶级专家智力团，制定大竹县苎麻产业发展中长期规划，明确战略目标和实现路径；二是寻找苎麻产业新的生长点，变革当前以原料生产和输出为主导产业的局面；三是以争取创建省级或国家农业产业园区为抓手，着力集聚政策、资本、科技和自然资源，强化产业发展基础。

体系征集了苎麻和工业大麻相关科技成果清单，遴选了适宜当地推广的技术，采取"科技+企业+农户"模式，成功实现了 2 项苎麻纤维纺织加工专利技术的转化以及苎麻品种'川苎15'转

让,并在石河镇五四村建设优质苎麻生产基地,企业与村民签订订单收购协议,体系专家提供技术服务;采用"科技+龙头企业+合作社+农民"模式,由科研单位负责科技成果创新、示范展示及技术服务,由企业负责土地流转、产品开发和加工销售,由合作社负责种植及田间管理等,农户通过流转土地、进企务工实现双增收,辐射全县工业大麻种植面积30 000亩,平均每户增收4 000元,为提升两地产业发展能力、推动县域经济高质量发展构建全产业链支撑体系。

(三) 开展优质新品种推广,技术培训提升麻农技能

推广种植'川苎8号''川苎11号''川苎16号'等优质高产品种,2021年大竹县31个乡镇共计种植13.5万亩,优质品种覆盖率达95%以上。为提高苎麻生产机械化水平,联合达州市农机推广站、大竹县苎麻产业发展中心开展苎麻打剥机械现场观摩会,现场指导农户从事机械化生产作业,提高麻农机械使用技能,提升大竹县苎麻机械化生产水平。

2021年青冈县建有千亩标准种植示范区3个,种植面积4万亩。在青冈县工业大麻科技示范园区进行'庆大麻1号'和'庆大麻2号'品种及配套绿色高效种植技术示范,原茎分别增产14.8%和16.5%,纤维增产14.0%和13.6%,起到了良好的示范带动效果,得到了当地政府、企业、农民合作社和农民的高度认可。全面加强对青冈县工业大麻种植生产的技术指导与服务,备春耕期间开展工业大麻种植备春耕物资准备与种子市场的调研并通过微信进行线上备春耕技术指导服务,大麻生产田播种期间制作《纤维用大麻种植技术》课件、《工业大麻优良新品种庆大麻1号》短视频进行技术培训和宣传推广。

(四) 创新研发思路,提升生产技术水平

与大竹县农业农村局签订协议,从宜机化种植模式、机械化收剥技术等方面开展深度合作,提供山地苎麻收割机和山地剥麻机,设计出乘坐式履带小型苎麻割铺机和乘坐式履带小型苎麻割铺机,交付企业开展试制工作。为拓展苎麻产业发展思路,利用麻类副产物复配木屑、麦麸等基质进行了不同猴头菇菌株栽培试验,为推广应用做好基础理论支撑。

研发工业大麻新产品,开展在棉纺设备上纺制大麻27.8tex纱的研究,为青冈县工业大麻原料生产与加工技术拓展思路和方向;开展工业大麻化妆品原料研究,微生物发酵提高了工业大麻提取物的抗氧化和抗过敏活性。探索开发了工业大麻仁食品,初步制得工业大麻仁乳,丰富了植物性蛋白饮料的种类,具有一定的市场竞争力。

(五) 深入企业一线,联合攻关技术难点

多位岗站专家赴四川大竹金丰麻业有限公司进行循环式苎麻生物脱胶新技术中试与改造,在脱胶车间现场安装调试发酵罐、脱胶罐等设备,对菌种无菌培养室进行了规划,建成了每天加工1t原麻的中试生产线,循环回用节水利用率大于80%。纤维性能改良岗位在大竹县玉竹麻业有限

公司深入开展了苎麻高支纱新产品的研究开发。

为攻克脱胶污染环境、效率低等瓶颈问题，研制出循环式苎麻生物脱胶新技术，循环回用节水利用率大于80%，脱胶废水污染程度降低70%以上，大大提升了大竹县苎麻初加工技术水平。为提高大竹县苎麻生产机械化水平，通过发放资料、讲座培训、技术指导、提供样机和现场演示等方式，指导合作社建立苎麻机械化生产示范基地，推进苎麻机械化生产作业模式推广，目前大部分新型经营主体已经接受苎麻机械打剥模式，机剥麻占比提升至30%左右，促进苎麻生产机械作业替代人力生产，提高农户种植苎麻的积极性。

针对大竹县和青冈县多用途苎麻和工业大麻种植过程中病虫草害频繁发生、防控技术水平不高等现状，通过防控预警、技术指导、发放技术资料、轻简化技术推广等形式，大力推进高效绿色防控技术，整体防治效果达70%以上，防控成本大幅度降低，实现了农药减量增效，为保障苎麻和工业大麻的纤维产量和饲用原料品质提供了技术支撑。

三 夯实创新基础迈上新台阶

（一）开展跨体系合作，促进学科交叉发展

汾阳工业大麻试验站与大豆体系专家协作，开展工业大麻轮作大豆、工业大麻套种大豆等栽培技术研究。亚麻品种改良岗位与油料体系亚麻病害防控岗位合作开展亚麻品种枯萎病抗病鉴定研究、与生猪体系地方资源评价利用岗位合作开展了亚麻籽在动物饲料上的应用研究、与水禽体系水禽岗位合作开展麻草鹅经济效益研究，发挥各自专业特长，使试验示范技术应用更准更广。亚麻生理与栽培岗位与特色油料体系胡麻抗逆育种岗位合作，在河北省张家口市开展了纤籽兼用亚麻品种筛选；与绿肥体系旱地绿肥种质资源整理与评价岗位合作，在哈尔滨地区开展了亚麻绿肥复种试验。

跨体系产业经济岗位聚焦农业科技社会化服务培育与发展机制问题，提交了《供销社农业科技社会化服务培育与发展机制研究》子课题报告。工业大麻生理与栽培团队和云南大学材料与能源学院合作，共同研发以工业大麻为原材料制作的纳米材料；与云南大学生态与环境学院合作，共同开展微生物强化工业大麻修复镉（Cd）污染土壤效应及机制研究；与云南省微生物研究所合作，共同研究工业大麻根际微生物群落特征。初加工机械化岗位团队与茶叶体系茶园生产管理机械化岗位合作，研制成功第3代黄麻菜联合收割机。

（二）联合体系外科研力量，提升科研创新能力

黄麻红麻生理与栽培岗位与中国农业科学院深圳农业基因组研究所合作，开展广西巴马特色种质资源火麻遗传多样性及其遗传进化研究。亚麻品种改良岗位与河北省张家口市农业科学院等单位开展了亚麻新品种DUS测试、品种适应性试验、新品种展示推广、服务培训等工作，为今后

品种选育、品种登记、开展科技服务工作奠定基础。亚麻生理与栽培岗位与华南理工大学开展亚麻多功能利用研究，筛选亚麻木酚素高含量品系，研究木酚素在亚麻籽发芽过程中的含量变化，为开发高木酚素新产品奠定了基础。

剑麻品种改良岗位与湛江农垦、广西农垦建立了长期的剑麻科技协作机制，及时掌握剑麻生产动态，保障科研与生产融合；与中非农投坦桑尼亚公司建立了剑麻科技与信息的交流机制，及时了解国外剑麻生产动态，推动剑麻科研国际合作。南宁剑麻试验站与广西农垦热带农业研究院合作，编写剑麻发展路线图，参与中国科协首次以项目形式下达的剑麻白皮书编写任务。育种技术与方法岗位和中国中医科学院中药资源中心就工业大麻资源搜集、分子育种平台建立、药用前景等问题进行交流。

（三）加强行业横向交流，促进产业协同发展

受云南省工业大麻行业协会邀请参加首届云南省工业大麻产业发展学术研讨会，作为学术代表就中国食品药品检定研究院关于将大麻相关原料列为化妆品禁用组分的意见参与行业讨论，行业各方深入交流了意见，凝聚了共识，并向中国食品药品检定研究院呈报了相关行业意见。

受中国纺织工程学会麻纺织专业委员会邀请就新形势下麻原料供给若干问题进行了探讨交流，分析了国内麻原料供给新形势，从构建国内国际双循环的原料供给体系、工农结合的麻纺碳中和技术体系等方面提出策略，与麻纺织行业各方进行交流。

联合中国作物学会麻类专业委员会参加国际麻类多用途利用会议，为有效应对新形势下麻类产业发展不确定性，研讨世界麻类作物产业发展趋势，提出麻类多用途、多维度的融合理论。

四 现代麻业跨越发展面临新挑战

（一）绿色转型压力加剧，节能增效制约发展

麻类作物固碳能力突出且对土壤、气候的适应能力强。一方面，在我国限塑令、碳减排、碳达标、美丽中国建设等绿色发展政策的逐步落实下，符合国家"双碳"要求的麻类作物种植将得到国家政策的持续支持。另一方面，麻纤维作为纯天然的植物纤维，具有绿色、环保的优良特性。麻纤维制品开始受到越来越多时尚人士的追捧，麻纤维的市场需求未来将进一步扩大。但同时也面临着生产效率偏低等问题。

节能方面，我国麻类种植环节的机械化水平低、劳动力成本高等因素严重制约着麻类种植规模化发展，同时我国对麻类原料对外依存度高，需求量大，造成供不应求；麻产品加工环节的生产设备陈旧落后、用工较多等因素，降低了主营业务的利润空间，导致近年来麻纺行业规模以上企业数量大幅度减少。减排方面，集中绿色循环脱胶技术推广、麻类纤维非织造产品研发有待进一步深化。麻类集中绿色循环脱胶技术有效缓解传统麻类脱胶的能耗高、污染大问题。然而，绿

色循环脱胶技术目前仅在部分苎麻产业示范县实现工厂化应用，尚未在全国麻类产业中大规模推广，麻纺企业在环保减排上的压力仍没有得到根本性缓解。增效方面，我国麻行业为实现转型升级，开始将品牌重心从附加价值低的纤维纺织品转移到新材料、食品、生物医药、轻简化可降解麻纤维膜包装材料等高附加值产品，而现阶段较低的麻产品研发水平难以匹配上述产业转型需求，严重制约麻类产业可持续发展。

（二）"两头在外"格局没有根本转变

我国麻类原料依赖进口，产品依赖出口，原料和市场"两头在外"的格局没有得到根本转变。新冠肺炎疫情和国际贸易摩擦加剧导致我国麻类原材料进口受阻，市场供需矛盾进一步加深。由于国内原料生产下滑，导致国内相关产业缺少对国际国内两个市场的统筹和调节能力，缺少对重大疫情、灾害和产业变革的适应能力。2020年，亚麻进口数量降至16.33万t，同比下降21.5%；进口金额为4.53亿美元，同比下降33.0%。黄麻受新冠肺炎疫情影响进口数量下滑至2.58万t，进口金额约为1 820万美元。国内市场对麻类产品的需求量日益增长造成了麻类原材料供不应求的现状。而新冠肺炎疫情对进口贸易的影响进一步加剧了麻类市场的供需矛盾，致使原料价格维持高位。例如，苎麻纤维市场价格达到1.8万~2.0万元/t、亚麻纤维在3万元/t左右、黄/红麻纤维0.8万元/t、剑麻纤维1.2万~1.3万元/t，大麻纤维在1.2万元/t。

我国麻类产品大多以原料（精干麻）、半成品（纱、线、坯布）等形式出口。从2020年中国规模以上麻纺织企业营业收入分布情况来看，麻纤维纺纱加工行业营业收入112.94亿元，占全行业47%；麻织造加工行业营业收入122.64亿元，占全行业52%；与此形成鲜明对比的是，我国麻产品精加工与高端产品较少，产品的最终附加值较低，严重制约了麻类产业的深度发展。

（三）市场需求转变加速，产品与技术更新滞后

我国麻纺织行业属于劳动密集型产业，劳动力成本已成为影响我国麻类种植和麻纺产品出口竞争力的重要因素。目前麻纺织品出口多数为初加工的精干麻、麻条、麻纱、胚布等初级产品，产品技术含量低、附加值低、经济效益差，企业尚未建立产业高端品牌和销售渠道，品牌效应不鲜明，削弱了在国际市场中的竞争优势。此外，招工难、留不住员工以及融资难等问题明显，极大地制约了麻纺企业的运营。

我国麻纺织行业近年来虽然一直在努力开拓内需市场，但还是难以改变以出口为主的行业格局。2020年的出口麻类产品多数为初加工的精干麻、麻条、麻纱、胚布等初级产品。为提升出口麻类产品竞争力，未来麻类深加工产品将向高档次、高附加值方向发展。提升麻产品附加价值，丰富麻产品的多样性，从而增强产品在国内外市场的核心竞争力。一是提升产品质量。麻类生产企业要重点分析市场需求，注重产学研结合进行突破与革新，不断开发出高技术含量、高质量的特色产品。二是深化产品加工。企业只有改变初级产品为主的出口现状，引进先进加工技术和设

备，进行深度加工，开发出高档次、高附加值的多用途综合产品，才能扩张麻类产品在国内外的销售市场。三是多样化产品开发。加速麻类多用途开发与应用发展，提供多样化的麻产品，力求满足不同层次的产品需求、提高国内外麻产品市场的核心竞争力。

在原料供给环节，尽管我国麻类种植面积和产量逐年稳步增加，但实收面积却不大，轻简化机械是麻类产业收获加工环节提质增效的关键。由于麻类种植机具落后、劳动力成本不断升高等制约因素，我国麻类规模化种植推进难度大。黄麻纤维环保非织造布制备技术创新了黄麻纤维可降解混配方案，解决了黄麻纤维非织造产品强度不足的技术难题。然而，随着人们绿色环保意识的不断提高，现阶段麻类非织造产品难以满足消费者对非织造产品多样化的需求，推进麻纤维环保非织造制备技术仍存在许多难题待研发和攻克。

第二章 种质资源与遗传改良研究进展

一 苎麻

（一）苎麻新品种选育与功能性状比较

1. 苎麻种质资源农艺性状鉴定与评价

为了从丰富的苎麻种质资源中充分发掘利用有益基因，利用方差分析、主成分分析和聚类分析方法，对收集的 94 份苎麻种质的 7 个主要农艺性状进行评价分析。利用主成分分析将苎麻的 7 个性状简化为 4 个主成分因子，其累积贡献率高达 90.35%。其中第一主成分以株高、茎粗、有效株率的影响为主。第二主成分各个性状系数均为正，可以看作是苎麻种质农艺性状的综合反映。第三主成分以分株数、总株数的影响为主。第四主成分以有效株率的影响为主。采用系统聚类分析，将 94 份苎麻种质材料在阈值为 3.79 时聚为 3 个大类，可划分为高株细茎型、矮株粗茎型和 1 个特殊型。上述结果将苎麻种质资源农艺性状简化为 4 个主成分因子，并将 94 个苎麻品种分为 3 种类型。

2. 苎麻新品种（系）选育

新品系'1301'（中苎4号）原麻产量187.08kg/亩，与对照'中苎3号'相当，但其茎粗比对照细，叶茎比大，并且纤维成熟期植株叶片较多，可收获叶片做饲料，也可作为饲料作物种植，田间长势一致，抗病性强，耐旱、营养品质好，是优良的纤饲兼用苎麻品种。从杂交后代和大面积种植田间筛选出 16 份发蔸强、前期生长快、叶茎比大的苎麻单蔸，为后期扩繁进行品系比较及综合评价。

'湘饲纤兼用苎1号'是一个高产优质的饲纤兼用苎麻新品种。是从地方品种'咸丰大叶绿'的自然变异单株中系统选育的新品种，既可以作为饲用苎麻栽培也可以作为常规纤维用苎麻栽培。两年 5 点饲用区域试验结果显示：鲜产量为 123 148.9 ~ 138 624.7kg/hm²，平均鲜产量

131 936.9kg/hm², 比对照增产17.15%~20.34%, 且丰产稳产性好; 粗蛋白含量为22.5%, 优于对照, 粗纤维含量18.5%、粗脂肪含量6.5%、灰分含量13.6%、钙含量3.6%, 均低于对照, 磷含量0.4%左右, 与对照无差异。纤维用区域试验结果显示: 平均纤维产量2 599.5kg/hm², 比对照平均值低5.2%左右; 生产试验平均纤维产量为2 676kg/hm², 减产6.5%以内; 平均纤维支数2 394.8支, 比对照'湘苎3号'和'中苎1号'分别提高15.22%和22.06%。

开展膜用苎麻、纤饲两用苎麻品种选育工作, 育成'1301''Z0663''X2016-1'3个苎麻新品系。其中'1301'较对照在叶茎比、纤维成熟期叶片保留量、营养品质等方面具有突出优势; 'Z0663'头麻纤维细度超过2 400支, 年平均纤维细度2 100支, 纤维品质优良; 'X2016-1'较对照'中苎3号'原麻增产3.54%。这3个品种已申请安徽省非主要农作物品种登记, 分别定名为'中苎4号''中苎5号'和'中苎6号'。

3. 耐重金属镉苎麻品种选育及大田修复研究

通过水培的方式培养苎麻亲本材料, 花期时配制了45个杂交组合, 并将其杂交后代种植于镉污染大田, 对其中的20个后代的吸镉能力进行了评价, 选取了茎镉含量大于1mg/kg、叶片镉含量大于0.5mg/kg, 并且田间性状表现良好的杂交后代株系('2019-HM1'和'2019-HM2'), 对其扩大繁殖后开展多点试验。

在长沙北山试验点, 以镉低富集玉米品种和镉高富集苎麻品系为材料, 开展间作修复试验。结果发现, 玉米植株不同部位的镉含量从高到低排列是根>叶>茎>苞衣>籽粒, 籽粒的镉含量只有0.05mg/kg, 对人畜是安全的, 叶和茎的含量均超过了0.5mg/kg, 超过了行业饲料用的镉含量标准。不同苎麻品种的镉含量差异大, 最低的是T1, 为0.6mg/kg, 最大的是1301-2, 为1.9mg/kg, 所有品种均是茎的镉含量大于叶片镉含量。

以'中苎2号'和'中饲苎1号'为材料, 在湘潭市河口镇镉污染农田开展苎麻修复评价试验。结果显示, 苎麻在镉污染中度土壤中生长良好, 经过4年修复, 修复地土壤镉含量从1.83mg/kg降低至0.8mg/kg左右, 修复效果良好。修复后的'中苎2号'纤维支数仍能达1 900m/g以上, 可作为优质纤维原料; '中饲苎1号'的粗蛋白含量在21%以上, 经过安全处理措施后仍可作为优质蛋白饲料。其中, '中饲苎1号'修复的土壤中镉含量比'中苎2号'修复的略高。

4. 不同苎麻品种(系)性状和功能成分比较

以2013—2015年苎麻品种(系)区域试验的6个参试品种(系)及对照'中苎1号'为对象, 研究了不同品种在植株性状、茎秆抗折力、木质素含量、抗倒指数的差异, 采用相关性分析对各测试指标间的关系进行了研究。结果表明: 不同苎麻品种间在株高、茎粗、壁厚、茎段重量、木质素含量及抗折力方面差异显著, 抗倒指数与茎粗和壁厚呈显著正相关, 与茎段重量和抗折力呈极显著正相关, 相关系数为0.931和0.987; 与株高、皮厚、木质素含量间未达显著相关; 抗折力与茎段重量呈极显著正相关, 与株高、茎粗和壁厚相关性达到显著水平, 与皮厚、木质素含量相关性不显著。

研究了5个苎麻新品种（系）头麻梢部、中部、根部的化学成分差异。结果表明，同一品种不同部位的脂蜡质、木质素、水溶物、果胶、半纤维素含量均为梢部最高，中部和根部差异无明显规律；纤维素含量除'中苎4号'外，其他均为中部最高，因此，在测定苎麻化学成分含量时，应尽量选择中部测定。同一部位不同品种间比较，水溶物和果胶含量最低的品种均为'中苎3号'，脂蜡质和半纤维素含量最低的为'X2016-Ⅱ'，木质素含量最低的为'中苎6号'，纤维素含量最高的是'中苎3号'，研究结果为苎麻纤维化学成分分析及品种的应用提供参考。

（二）苎麻分子生物学基础研究

1. 苎麻基因组三代测序完成

苎麻完成了基因组三代测序、染色体拼接组装、基因功能注释、苎麻纤维品质重要性状分子调控机理等工作，绘制了包括所有14条染色体的苎麻精细基因组图谱；结合苎麻核心种质的简化基因组进行QTL分析，分别获得227个和31个与纤维品质显著关联的QTL及关键基因，同时分别获得了301个和46个与纤维产量显著相关的QTL及关键基因，并发现有多个QTL同时控制苎麻纤维品质与纤维产量，解析了苎麻纤维细度与纤维产量呈反比关系的分子机理，为苎麻高纤维品质品种遗传改良提供参考。

2. 苎麻核心种质的简化基因组测序和全基因组关联分析

取112份苎麻核心种质幼嫩叶片开展SLAF-seq测序，共开发502 578个SALF标签，平均测序深度达到12.34×。利用BWA将测序reads比对到苎麻参考基因组上，并使用GATK和samtools软件两种方法开发SNP。以两种方法得到的SNP标记交集作为最终可靠的SNP标记，最终获得了2955 337个群体SNP标记。根据完整度>0.8、次要基因型频率>0.05过滤，共得到215 376个高一致性的群体SNP用于后续的遗传进化相关分析。对215 376个高一致性的群体SNP在苎麻基因组上的分布及对基因编码的影响进行了分析。

基于215 376个高一致性的群体SNP，对112份苎麻核心种质进行了系统进化树分析，通过MEGA5软件，neighbor-joining算法，构建样品的群体进化树；通过admixture软件，对112份苎麻核心种质进行了群体结构分析，发现$K=5$时交叉验证误差最低，表明112份苎麻核心种质可以分为5个群体；通过plink2软件进行LD分析，获得LD-decay衰减图，结果表明该群体苎麻的LD衰减至最大值一半（$r^2=0.14$）为1.30kb，低于其他经济作物。

利用多个关联分析模型GLM-Q、MLM-Q+K和EMMAX进行了纤维产量和细度表型与SNP基因型的关联分析。基于quantile-quantile（Q-Q）图，表明EMMAX模型结果最好。共挖掘到43个与纤维产量和细度相关的SNP标记，其中7个与苎麻三麻茎粗相关的SNP标记，1个与三麻纤维细度相关，1个与三麻皮厚相关，7个与二麻出麻率相关，27个与三麻出麻率相关。

3. 苎麻分株数分子育种

构建了112份苎麻自然群体核心种质，并以此为材料进行简化基因组测序，通过GWAS分析获得与苎麻分株数相关的显著SNP，经苎麻基因组比对分析，获得6个与苎麻分株数相关的基因。利用CRISPR/cas9技术，构建了苎麻分株调控基因 *BnERT1* 的基因敲除载体，拟在苎麻中验证 *BnERT1* 基因的功能。

4. 氮代谢相关基因克隆

开展了苎麻硝酸盐转运蛋白1.1基因（nitrate transporter 1.1，*NRT1.1*）的克隆和表达分析。硝酸盐转运蛋白1.1在植物对硝酸盐的吸收与利用过程中具有非常重要的作用，明确其对苎麻的作用机制，有助于提高苎麻的氮素利用率。克隆得到苎麻 *BnNRT1.1* 基因的全长cDNA序列，共1 869bp，其中开放阅读框（ORF）1 776bp，编码591个氨基酸。生物信息学分析结果表明，苎麻 *BnNRT1.1* 基因编码的蛋白质分子量为65.25 kD，等电点为8.85，为疏水性蛋白，具有12个跨膜结构域和15个磷酸化位点，在信号转导与氮素转运等代谢途径中具有重要功能。

系统进化分析表明苎麻 *BnNRT1.1* 基因与樱桃、白梨、桑树等 *NRT1* 基因具有同源关系。组织特异性表达分析发现，*BnNRT1.1* 主要在苎麻根中表达，而在茎、叶中的表达量相对较低；硝酸盐诱导处理发现，*BnNRT1.1* 在苎麻氮高效品种'龙潭大麻'中的表达量高于氮低效品种'青皮杆麻'，并且诱导处理3d后不同品种中 *BnNRT1.1* 表达量均达到最大值。该研究结果为苎麻对硝酸盐的吸收、转运和调控提供了分子生物学基础，为苎麻氮高效品种的分子育种奠定了基础。

5. 苎麻响应镉胁迫分子机理研究

通过小RNA测序分析策略，发现73个与苎麻耐受重金属镉胁迫相关的新miRNA，q-PCR随机验证了其中的4个miRNA表达量，发现该miRNA与其靶基因的表达量呈反比关系，表明该miRNA参与调控苎麻响应镉胁迫过程。

PCS（植物络合素）在植物重金属解毒方面具有重要作用：克隆了 *BnPCS1*、*BnGCL1*、*BnGS1*、*BnMLP1* 和 *BnCLBP3* 镉响应基因，对 *BnPCS1* 进行了生物信息学分析，构建了苎麻叶片均一化cDNA文库和诱饵载体pGBKT7-BnPCS1，利用酵母双杂交系统进行BnPCS1互作蛋白的筛选。通过构建的诱饵载体pGBKT7-BnPCS1与苎麻均一化cDNA文库杂交，鉴定出两个BnPCS1的互作蛋白，分别为伴侣蛋白ClpB3和前体mRNA加工因子39。

6. 苎麻根再生关联基因QTL定位与初步验证

以'合江青麻'דZhong苎1号'的F_1杂交群体（样品数为305个）为材料，进行苎麻高密度遗传连锁图谱的构建。在无外源激素条件下，分别统计F_1杂交群体水培扦插培养第3天根原基萌发点数量、培养第5天根原基萌发点数量，连锁分析获得苎麻扦插苗水生根诱导从头再生相关的QTL 3个（图2-1）。

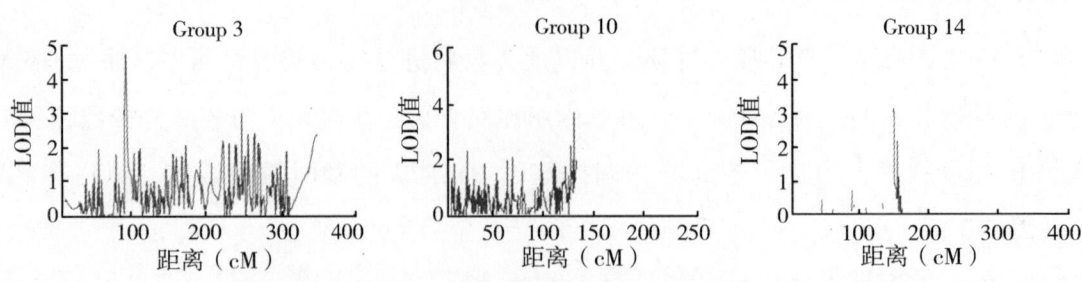

图 2-1　苎麻根原基萌发相关的 QTL

在无外源激素的水培条件下扦插苗嫩梢 2~3d 即可从头再生形成不定根原基。分别取土栽及不定根发育不同时期（水培第 3 天和第 5 天）的根系样品，通过 BGISEQ-500 测序平台获得了水培条件下苎麻根系转录组及差异基因表达谱系。对筛选出的差异基因作 GO 富集分析，并结合 QTL 定位结果，通过 PlantTFDB 数据库检索并发掘到一个与苎麻扦插苗根从头再生紧密关联的转录因子 WUSCHEL-related homeobox，该基因启动子区中含多个生长素响应元件，其表达特征受内源生长素的正向调控显著（图 2-2）。

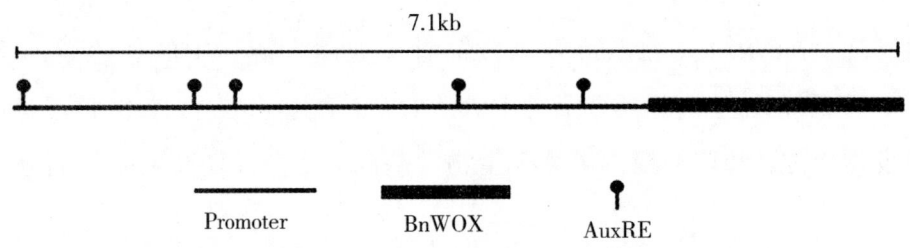

图 2-2　苎麻 WUSCHEL-related homeobox 基因结构示意图

7. 水培苎麻不定根分子调控机理研究

通过水培实验开展苎麻不定根分子调控机理研究。以'中苎 2 号'和'华苎 4 号'为材料进行水培实验，发现'中苎 2 号'生根速率更快、不定根数目更多，然后分别以两个品种的根和叶构建了 12 个 cDNA 文库，进行转录组测序，挖掘相关的调控基因及基因调控网络。以未经诱导生根的材料为对照，经过诱导生根的'中苎 2 号'和'华苎 4 号'材料中分别获得 5 195 个和 4 411 个差异表达的基因，'中苎 2 号'上调表达基因的数量显著高于下调表达基因的数量，而'华苎 4 号'与之相反。基因功能注释发现，光合作用、淀粉和糖代谢途径、细胞壁大分子代谢等途径是水培苎麻不定根发生的关键调控途径，并且发现植物激素茉莉酸与乙烯协调作用调控苎麻不定根的发生。

8. 苎麻纤维发育基因的功能鉴定

构建了苎麻的 2 个 *NAC* 基因和 1 个 *MYB* 基因的过量表达载体，并遗传转化到拟南芥中，组织切片观察它们均能促进拟南芥的纤维发育，导致茎纤维束增多、次生壁加厚。*MYB46* 和 *MYB83* 是拟南芥纤维发育调控次级开关，验证发现他们在转基因植株受 *BnNAC24* 驱动表达，表达量明显上升。据此，我们推测在拟南芥中，*BnNAC24* 作为主开关，通过调控 *MYB46/MYB83*，控制拟南芥的纤维发育。

通过亚细胞定位证明 *BnMYB01* 基因编码蛋白含带有核定位序列，通过酵母转录激活试验发现蛋白含有一个转录激活结构域。由于核定位序列和转录激活结构域均为转录因子特有的蛋白结构，证明了 *BnMYB01* 确为转录调控蛋白编码基因。

9. 苎麻半纤维素含量全基因组关联分析

利用 1 336 689 个 SNP 对 319 份苎麻核心种质的头麻和二麻半纤维素含量进行全基因组关联分析，以 $-\lg(P) > 6.64$ 为阈值，在头麻中检测到 7 个显著性关联 SNP 位点，分别位于 1 号、4 号、8 号以及 14 号染色体上。在二麻中检测到 68 个显著性关联 SNP 位点，分别位于 1 号、2 号、5 号、10 号、11 号以及 13 号染色体上。未检测到在两个环境中均显著的 SNP 位点，但是在两个环境的不同位点均检测到 β-半乳糖苷酶基因。头麻和二麻种质中共检测到 9 个可能与半纤维素含量相关的候选基因，头麻中特异性检测到编码 α-甘露糖苷酶的两个基因，以及 1 个 NAC 结构域的转录因子；二麻中特异性检测到 *MYB* 家族转录因子 *APL* 基因、葡萄糖醛酸基转移酶基因，以及 β-1,4-木糖基转移酶基因 *IRX9H* 各一个（表 2-1）。

表 2-1 群体的半纤维素含量统计分析

半纤维素	平均值（%）	最大值（%）	最小值（%）	极差（%）	变异系数（%）	偏度	峰度
头麻	14.24	22.91	11.43	11.48	9.41	1.39	6.51
二麻	14.92	20.19	9.11	11.08	11.06	0.28	0.63

10. 苎麻性别分化研究

对苎麻雌花全长转录组测序，得到基因 50 457 个。GO 注释了 41 394 个基因，获得了 717 个细胞组成（Cellular Component）条目，1 885 个分子功能（molecular function）条目，2 743 个生物过程（Biological Process）条目。KEGG 注释到 32 141 个基因和 139 条通路（pathway），共预测 4 394 个转录因子（TF），得到 26 614 个 SSR。利用 Venn 图获得雌雄分化相关基因 788 个（上调 493，下调 295），这些基因与植物激素、生殖发育、转录因子相关（表 2-2）。

表 2-2 苎麻雌花全长转录组测序结果

项目	数量（个）	GC 含量（%）	N50（bp）	最小长度（bp）	平均长度（bp）	最大长度（bp）	总碱基数（个）
基因	50 457	46.6154	1 928	225	1 812	7 626	91 436 606

(三) 苎麻繁育技术研究

1. 苎麻嫩梢水培工厂化育苗技术

苎麻嫩梢水培工厂化育苗技术集成了现代化设施栽培与管理技术，将苎麻育苗由季节性生产转变为周年连续生产，提出了苎麻水培种苗嫩梢复采技术，与传统土壤扦插相比，单批次繁殖系数提高1倍以上，全年提高5倍以上，缩短育苗周期8~10d/批、延长供种时间180d/年以上，有效提升了工厂化育苗的效率，并大幅度降低了育苗成本。研究和建立了营养块假植技术，移栽成活率由原来的80%以上稳定提高到90%以上，并有效缩短了缓苗期，为苎麻移栽实现机械化提供了有效途径。该技术实现了苎麻嫩梢水培管理的自动化、工厂化，年度育苗批次提高5倍以上，实现全年连续生产，降低育苗人工成本44.2%，整体降低育苗成本30.9%。

2. 苎麻嫩梢水培生根特性研究

生根是苎麻水生驯化与水培工厂化育苗的第一步。针对以往研究缺乏对不同基因型及不同取材来源苎麻嫩梢水培生根特性的探讨，且嫩梢扦插繁殖系数难以提高的问题，研究以96个品种为研究对象，比较不同基因型苎麻嫩梢水培生根效果，进而分析不同来源扦插材料的生根特性差异，以期为苎麻水培工厂化育苗提供依据。研究发现，不同品种苎麻嫩梢在水生环境中生根率存在显著差异，变异范围为26.7%~100.0%，其中生根率90%以上的品种占49.0%，低于80%的品种占31.2%；大田来源的苎麻侧枝与水培苎麻种苗主茎的水培生根率（93.3%）没有显著差异，但均显著高于大田苎麻主茎（67.7%）。研究认为不同基因型苎麻水培生根率变异丰富，具有较强的水培驯化和改良潜力，水培种苗主茎做水培扦插新材料是可行的。

二 亚麻

(一) 优质亚麻新品种选育

1. 育成优质高纤亚麻新品种

'华亚1号'是一个集高产、高纤、抗倒、优质、适应性广于一体强优势高纤型的亚麻新品种，2018年获得国家非主要农作物品种登记证书。该品种是以'AGTHAR'为母本，以从俄罗斯引进资源'D95029'筛选到的多胚单株'D95029-7-3'为父本配制杂交组合'H07020'，经连续4代自交，选择优良株系，再进行株系试验和品比试验，筛选出优良株系'H07020-2'进行多地选择和鉴定而育成。该品种在黑龙江鉴定原茎产量7 300kg/hm²，纤维产量1 940.9kg/hm²，出麻率33.3%，种子产量1 275.0kg/hm²，均高于对照，雨露沤制脱胶纤维强度182N。

'华亚4号'是由荷兰引进的亚麻资源'NEW'变异单株系选育成，高产、高纤、抗倒特征明显，2019年获得国家非主要农作物品种登记证书。从'NEW'中选择高麻率优良变异单株，采用系统选育方法于2013年筛选出优良单株株系'NEW-3'，2018年黑龙江鉴定原茎产量7 322.2kg/hm²，比对照品种'黑亚16号'增产17.9%，纤维产量1 997.8kg/hm²，比对照增产54.4%，全麻率33.6%，比对照高7.8个百分点。

'华亚5号'以'D95029'（引自俄罗斯，具多胚特性）为母本，以自育品系'95015-20'（来自'87019-44'×'Argos'杂交后代）为父本配制杂交组合'H02150'，从其杂交后代选择多胚单倍体苗，用秋水仙碱加倍获得双单倍体植株，经连续4代自交，选择稳定遗传的优良株系，再通过株系比较试验，筛选出高纤株系'H02150①-20（50.6）'。2018年黑龙江鉴定原茎产量6 611.1kg/hm²，比对照品种'黑亚16号'增产6.4%；纤维产量1 707.0kg/hm²，比对照增产32.0%；全麻率32.0%，比对照高6.2%。2019年获得国家非主要农作物品种登记证书。

'华亚8号'以'87035'为母本，'黑亚10号'为父本，配制杂交组合'97175'，杂交后代连续自交4代，决选优良单株，采用系统选育方法决选出优良株系'97175-72'，经多点多地试验鉴定而育成。该品种属于中熟品种，苗期生长健壮，茎叶绿色，花兰色，花序长而集中，茎秆直立有弹性，抗倒伏，抗旱、抗病性较强，较耐盐碱，种皮褐色，千粒重4.1~4.5g。在黑龙江和云南种植表现极强的高产高纤特性：平均原茎产量7 977.8kg/hm²，纤维产量1 386.5kg/hm²，种子产量759.3kg/hm²，分别比对照增产18.9%、18.8%、1.1%；出麻率28.5%。2020年获得国家非主要农作物品种登记证书。

'华亚11号'为中早熟型品种，花蓝色，茎绿色，叶披针形，叶片相对细长，抗病、抗倒性强。该品种是1997年以'87035'为母本，以'黑亚10号'为父本，配制杂交组合'97175'，杂交后代连续自交4代，决选优良单株，采用系统选育方法决选出优良株系'97175-50-16'。2017—2018年在黑龙江省试验中，原茎产量5 622.2~6 377.8kg/hm²，纤维产量达到1 499.1~1 610.3kg/hm²，比对照品种'黑亚16号'增产5.5%~15.9%，达极显著水平；种子产量777.8~1 140.6kg/hm²；全麻率33.0%~29.6%，比对照高2.1~3.8个百分点。2021年通过安徽省非主要农作物品种鉴定登记。

2. 育成油纤兼用型亚麻新品种

油纤兼用型亚麻品种'华亚2号'和'华亚3号'于2018年通过非主要农作物品种登记。'华亚6号'是由波兰亚麻资源'Pekinense'变异单株系选育成，是油纤兼用型亚麻。该品种种子产量高，花呈粉红色，具观赏性。亲本'Pekinense'是2005年从波兰引进的种质资源，2008年从'Pekinense'中优选大粉花DFH系列变异单株，2013年系统选育出优良株系'DFH-1'，2019年度种子产量1 174.9kg/hm²、原茎产量5 866.7kg/hm²，纤维产量913.0kg/hm²，并获得非主要农作物品种登记证书。

'华亚7号'为油纤兼用中早熟型亚麻品种，生长速度快，高抗枯萎病和炭疽病、抗倒、耐旱、耐涝性强，种子产量高，综合性状优良。是以多胚种质'D95029'为母本，以自选品'95015-20'（'87019-44'×'Argos'）为父本配制杂交组合'H02150'，选多胚单倍体苗加倍，经连续4代自交，选择遗传稳定优良株系'H02150-7-1'进行多地选择和抗病性鉴定育成的。该品种在适应区出苗至成熟期生育日数为78d，株高80.0cm，工艺长度56.3cm，茎粗0.2cm，披针叶形，叶绿色，茎绿色，花蓝色，球型蒴果，褐色果皮，分枝数5.3个，干茎制成率74.5%，长麻率25.9%。2019年在黑龙江省比较试验中，原茎产量6 244.4~6 755.6kg/hm²，纤维产量达到1 210.0kg/hm²，种子产量1 139.4kg/hm²，全麻率25.9%。

3. 纤维用亚麻新种质（品系）鉴定与评价

采用随机区组3次重复试验对参试63份品系进行鉴定，筛选出高纤品系'NK39/H07021-19-2V-4-8/2019K23-1.2.3.4VVVV'和'NK15/②H07021-19-2V-4-8/2019K23-5.6VVV'，原茎产量分别为8 911.1kg/hm²、8 733.3kg/hm²，纤维产量分别为2 342.6kg/hm²、2 220.3kg/hm²、全麻率分别为30.5%、29.6%，种子产量分别为884.4kg/hm²、415.7kg/hm²，均比对照品种'黑亚16号'高。两品系纤维产量高，综合性状优良，两年鉴定结果重复性较好。

评价亚麻新品系'H09054-4-9-5''P-H09020-2-5-5①-1-2-4''01002-1-3-6'农艺性状和产量性状为高纤品系，且纤维强度高、柔软度好，纤维强度分别为232.3N、195N、204.8 N，可挠度41.5 mm、40.0 mm、46.5 mm，原茎产量分别为7 955.6kg/hm²、9 766.7kg/hm²、8 866.7kg/hm²，全麻率为29.2%、32.5%、26.0%，比对照'黑亚16号'高7.7%、10.8%、4.3%，纤维产量分别为1 952.6kg/hm²、2 759.4kg/hm²、1 936.6kg/hm²，全麻产量比对照增产59.7%、125.6%和58.4%。

2021年采用诱变方法创制高纤亚麻新种质'NK61//H02147-22［0.3%EMS］-9-4-9-5兰/2019K5-4.5''NK14/2-2［0.3%EMS］H02147-22-9-6-1倒/2019K18-1'，纤维产量分别为2 021.2kg/hm²、1 714.5kg/hm²。分别比对照品种'黑亚16号'增产65.3%和40.2%（表2-3）；比诱变亲本增产28.6%和9.1%。

鉴定国外引进亚麻品种资源5份：'Bonita''Damara''drakkar''Calisfa''aramis'，显示5个国外品种纤维产量均比对照增产36.1%以上，全麻率比对照高3.6个百分点以上，其中'Calisfa'属于种子、纤维双高产材料。同时对国外亚麻品种'amine'农艺性状、产量性状及纤维强度和可挠度等指标进行鉴定与评价，该品种原茎产量、纤维产量、种子产量、麻率分别为8 355.6kg/hm²、2 106.0kg/hm²、785.8kg/hm²、31.3%，均高于对照品种'黑亚16号'。纤维强度204.6 N，可挠度40.5 mm。

4. 纤籽兼用型亚麻种质创新及品种选育

创制高油亚麻新种质1份，纤籽赏兼用粉花亚麻种质3份，利用引进资源采用系统选育方法和多胚诱导方法快速创制出一批粉花和高油亚麻新种质：'81/20NK''71/20NK''28/20NK''33/20NK'。其中'33/20NK'籽实粗脂肪含量40.95%，比对照品种'黑亚16号'（粗脂肪含量32.25%）高8.7%。

选育纤油兼用型亚麻新品系'NK32//盆H09020-2-5-5①-1-2-4'，该品系2021年在黑龙江鉴定种子产量、原茎产量、纤维产量分别为1 266.1kg/hm²、7 466.7kg/hm²、1 667.1kg/hm²，比对照增产8.5%以上，出麻率26.5%。

5. 亚麻高木酚素新种质的创制

利用前期工作基础从300份亚麻核心种质中筛选木酚素极高和极低组种质资源材料各20份，再利用所筛选到的高木酚素品种为亲本，采用多胚亚麻或新引进的高木酚素亚麻种质'B-6'（木酚素含量9 000.0mg/kg）对其进行诱导或杂交，以创制高木酚素亚麻新种质（表2-3）。

表2-3 从300份核心种质中筛选出的极高组和极低组木酚素材料

极低组	木酚素含量（mg/kg）	极高组	木酚素含量（mg/kg）
New1	247.83	Pin2004-7-10	2 935.30
omega	359.83	2013大庆盐碱地	2 990.19
k6540-1	393.32	H2012-269	3 050.91
m0228-1	393.55	双亚5号	3 116.97
原2009-82	395.57	原2010-3	3 125.82
k7972-1	464.21	H03112	3 133.27
Amina	484.18	olinete	3 205.86
K-5316	516.81	原2006-23-8-8-8	3 218.50
zy0327-2	519.08	双亚7号	3 228.81
k7649	519.22	m0313-3	4 253.48
m03057-26	529.23	双亚1号	4 296.01
原2009-89	539.26	双亚2号	4 331.67
波6	548.80	原2013-179	5 336.88
原2010-2	608.38	原2012-295	5 906.08
Joe's Tostyrcwels	673.78	原2005-12	6 133.50
717-7-7	674.92	m0269-1	6 353.65
k6531-2	677.44	y0314-3-2	6 381.60
原2010-30	683.29	y0304-8-11	6 399.67
y0419-8-4	683.93	y0314-2-4	6 077.85
7号-1	688.56	双亚4号	6 646.64

通过对300份亚麻核心种质材料木酚素含量测定，筛选出亚麻木酚素含量极高和极低组材料各20份，极低组材料木酚素含量在0.247 83~0.688 56mg/g，最低的材料为'New1'，木酚素含量0.247 83mg/g；极高组材料木酚素含量在2.935 3~6.466 4mg/g，最高的材料为'双亚4号'，木酚素含量6.466 4mg/g。

选上述研究中木酚素含量最高的材料'双亚4号'与新引材料'B-6'配制正反交杂交组合；F_1代共收获单株168株，单株保存，下年单株种植株行，共收回株行167行，成株系，以'B-6'为母本、'双亚4号'为父本的组合的F_2代株系收获89个，编号MFS-1~MFS-89，反交组合收获

F₂代株系78个,编号MFS-90~MFS-167;从F₂代开始对这167个株系木酚素含量进行检测,筛选出高木酚素株系一个'MFS-58',其木酚素含量为12 357.2mg/kg,居167份材料之首。

6. 多胚诱导核不育材料快速创建无融合生殖亚麻种子

前期无融合生殖亚麻种子的创制工作,采用多胚种质在现蕾期对花蕾进行去雄、套袋、第2天采用失活花粉授粉处理、再连续3~4d生长调节剂滴注子房的方法,极其繁琐,且成功率极低。本研究采用多胚诱导核不育材料快速创建无融合生殖亚麻种子方法理论可行。试验结果显示参试母本材料都有不育株出现,每个组合不育株所占比例不同,极少部分组合中会有植株出现蒴果膨大不结籽的情况。2019年,以2018年创制的组合中的不育株为母本获得不育组合65个,其中'MH2019039''MH2019041''MH2019044''MH2019071''MH2019075'共5个组合中的20个不育株发生了无融合生殖,并获得种子。研究表明多胚诱导雄性不育材料不经授粉可自行转育即具备发生无融合生殖的能力,可以获得无融合生殖种子并可遗传。

(二) 亚麻分子机理研究

1. 亚麻耐盐碱基因转化体系建立

利用已克隆到耐盐碱基因对生产中优良高纤亚麻品种进行转化改良研究,初步建立亚麻耐盐碱基因转化体系。

(1) 受体基因型的筛选及亚麻组织离体培养再生系统的建立

基因型是影响亚麻愈伤组织诱导和培养的一个重要因素。从30份供试材料中筛选出在下胚轴、成熟胚中均具有较高再生率的优良基因型品种9个,分别为'226-79''大紫花''9801-6''YK0506-10''YK0505-1''法1''CDC Bethune''zy1010-1''中亚2号',其中,'226-79'的诱导率最高,下胚轴和成熟胚的不定芽诱导率分别为99%和70%。该研究结果为建立高效的亚麻遗传转化体系奠定了基础(图2-3)。

图2-3 不同基因型亚麻的组织培养

(2) 根据RNA-Seq数据对46个 *CesA/Csls* 基因进行了不同组织部位表达模式分析

研究发现,多数 *CesA/Csl* 基因在亚麻根部组织中表达量最高,茎部组织中次之,叶片中表达量最低。利用SPSS软件将 *CesA/Csl* 基因表达量与纤维素、半纤维素含量进行相关性分析。结果表明：2个 *LuCesA8* 基因的表达量与纤维素含量呈显著正相关（$P<0.05$）。2个 *LuCesA3* 基因、3个 *LuCesA6* 基因、2个 *LuCslA*、4个 *LuCslC* 的表达量与半纤维素含量呈显著正相关（$P<0.05$）。利用 Cytoscape 3.6.1 软件构建 CesA/Csl 蛋白互作网络，在网络中发现5个与 CesA/Csl 蛋白互作的转录因子，包括 *LuNAC10*（Lus10015392）、*LuNAC12*（Lus10001664）、*LuNAM*（Lus10017915）、*LuMYB42*（Lus10038913）和 *LuMYB46*（Lus10027369），这些转录因子可能在纤维素、半纤维素合成中发挥重要的调控作用（图2-4）。

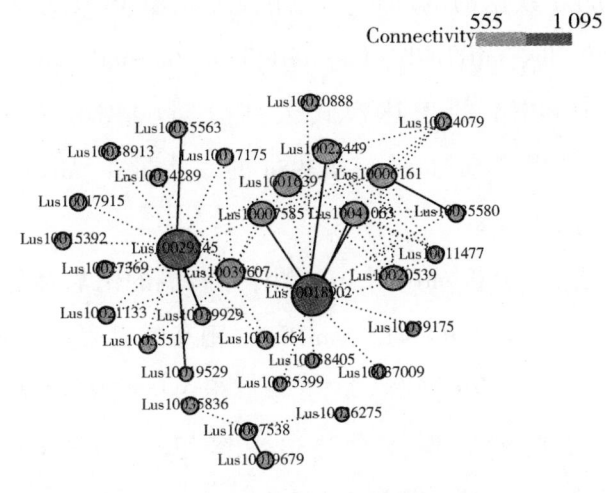

图2-4 亚麻 CesA/Csl 蛋白网络

（3）转化及转基因株系的 PCR 检测

利用已建立的农杆菌介导的遗传转化系统进行亚麻转化，对已获得的转化再生植株株系中的抗性筛选基因 *hpt*（潮霉素）特异引物（*HPTII* 基因）进行 PCR 验证，阴性对照中均未有扩增产物，转基因烟草中能扩增出明显的特异性条带，转基因亚麻中也能扩增出特异性条带，但条带较弱。后续对亚麻转化株基因组 DNA 进行多次扩增，特异性条带消失，推测转基因亚麻株系有可能是嵌合体，外源基因并未在亚麻基因组中稳定遗传。

2. 亚麻纤维发育相关差异表达基因的分析

利用高通量测序技术对2个不同纤维含量的亚麻品种（白花和 Agatha）在2个不同纤维发育时期（快速生长期和绿熟期）的 microRNA 表达模式进行了分析。首先构建了12个小 RNA 文库（4份材料，3次重复），利用高通量测序技术调查了样品间 microRNA 的表达差异。结果表明，从12个文库中鉴定出已知 microRNA 数量为48~54个，新 microRNA 数量为545~678个。样品中小 RNA 的长度分布很广，范围在10~36nt，主要分布在18~25nt，其中24nt和21nt最多，其次是23nt和22nt。白花在两个发育时期的差异表达 microRNA 与 Agatha 在两个发育时期的差异表达 microRNA 的聚类分析结果表明，两组比对中显著下调表达的 microRNA 多于显著上调表达的 microRNA。通过两组比对可以发现亚麻纤维发育过程中固有的保守 microRNA，以及白花或者 Agatha 纤维发育过程中特有的 microRNA，这些 microRNA 可能在亚麻纤维发育过程中起到重要作用，甚至决定纤维含量的多少。

为进一步解析亚麻纤维发育分子机理，培育亚麻高纤品种，利用荧光定量 PCR 技术对 miRNA-seq 测序发现的亚麻纤维发育相关的差异表达 microRNA 进行验证，同时，结合 RNA-seq 测序数据，寻找表达模式相反的 microRNA-靶基因对，为在转录后调控水平找到与亚麻纤维发育相关的 microRNA 提供数据支持。

miRNA-seq 测序的荧光定量 PCR 验证：

为了确定 miRNA-seq 测序数据的准确性，利用荧光定量 PCR 方法随机挑选 6 个 microRNA（lus-miR156b、lus-miR166f、lus-miR167b、lus-miR397a、lus-miR398a、lus-miR408a）进行试验验证。结果表明，这些 microRNA 的表达模式大部分与 miRNA-seq 测序结果一致，说明 miRNA-seq 测序比较准确。值得注意的是，miR398a 的表达量在 miRNA-seq 测序数据中和 RT-PCR 实验中都很高（图 2-5）。

与 RNA-Seq 测序数据对比，分析 miRNA-seq 测序中预测的靶基因表达量，从而确定表达模式相反的 microRNA-靶基因对。结果表明，41 个 miRNA-靶基因对表达模式相反，这些靶基因包括 SBP 结构域蛋白、高亲和力硝酸盐转运蛋白、MYB 家族蛋白、R2R3-*MYB* 转录因子、UDPG-6-脱氢酶、己糖激酶样蛋白、细胞壁完整性及胁迫应答组分、DELLA 结构域蛋白 GAIP-B、APETALA2、亚硫酸还原酶等，说明这些靶基因与其对应的 microRNA 在亚麻纤维发育过程中发挥着重要的作用。

3. 亚麻种质资源进化变异全基因组研究

为探知不同用途亚麻在进化过程中的变异，对参试材料进行了基于 SLAF 测序的主成分分析、进化分析和群体结构分析。以上分析都表明了不同用途亚麻之间存在着明显的变异。主成分分析和群体结构分析表明，油用、纤用及油纤兼用亚麻间存在不同程度的基因渗入现象（图 2-6 至图 2-8）。

通过 SLAF 测序，共开发出 584 987 个群体 SNP，根据完整度>0.8、MAF>0.05 过滤，共得到 34 932 个高一致性的群体 SNP。连锁不平衡分析表明，油用亚麻资源的 LD 衰退距离明显低于纤用和兼用型。另外，通过 Fu and Li's D^* 和 Fu and Li's F^* 检验发现纤用和兼用型亚麻资源比油用资源具有更高的选择压。因此，推断油用亚麻是纤用和兼用型亚麻的祖先，纤用亚麻较兼用亚麻出现得更早，在进化过程中兼用亚麻很大一部分基因组成来自纤用亚麻。

4. 亚麻高木酚素候选基因挖掘

开展了基于重测序的亚麻木酚素含量 BSA 分析。以木酚素含量极高的品种'双亚 4 号'（6.64mg/g）和极低的品种 NEW1（0.82mg/g）为亲本构建了 $F_{2:3}$ 群体，选取木酚素含量极高的 30 个株系和极低的 30 个株系分别构建高池和低池，对双亲和混池进行基于重测序的 BSA 分析。共检测出 436 355 个 SNP 标记和 17 608 个 InDel 标记，ED 关联算法和 SNP-index 关联算法交集得到 1 个与性状相关的候选区域，在 scaffold422 的 125 001~163 058bp 处得到 1 个候选区，将候选基因定

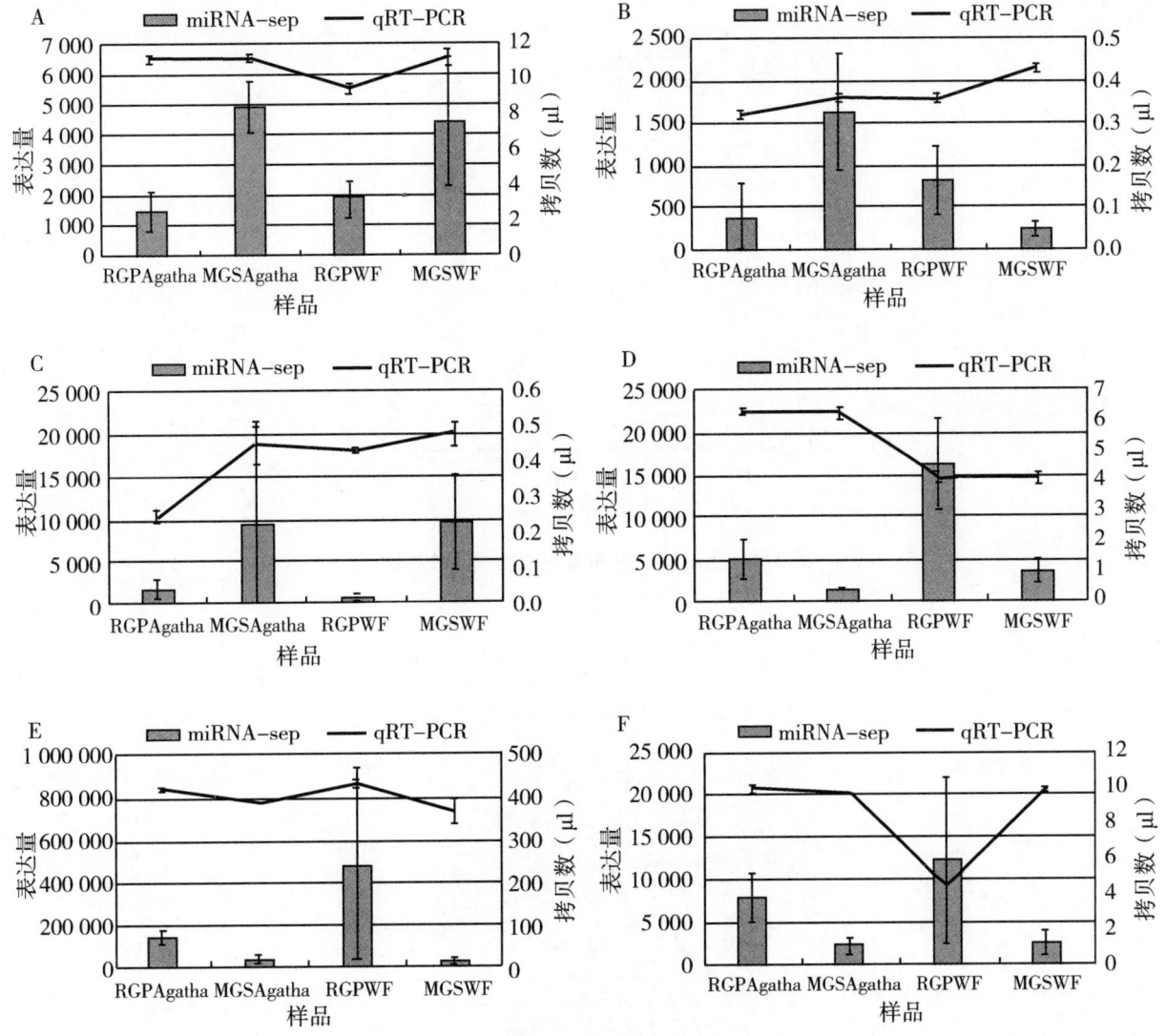

图 2-5 荧光定量 PCR 验证

(注：A. lus-miR156b；B. lus-miR166f；C. lus-miR167b；D. lus-miR397a；E. lus-miR398a；F. lus-miR408a)

位在 380.6kb 范围内。

为了验证 GWAS 和 BSA 分析的结果，进一步开展了亚麻木酚素含量的 RNA-seq 分析，对高、低木酚素含量亚麻品种'双亚 4 号'和'NEW1'种子的 3 个不同发育时期的转录组进行分析，获得了大量差异表达的 Unigene。通过 GO 分类和 Pathway 富集性分析将这些差异表达 Unigene 归类于 128 个代谢途径，其中包含与木酚素合成相关的苯丙氨酸生物合成代谢途径。苯丙氨酸是木酚素生物合成的原始材料，故分析其代谢过程中的关键基因即可挖掘到调控木酚素合成的候选基因。将苯丙氨酸代谢途径的 Unigene 序列在 KEGG 数据库中进行比对，获得了一些关键基因的功能注释。

通过 GWAS、BSA 和 RNA-seq 三种方法联合分析，筛选出了亚麻木酚素合成唯一的候选基因 *Lus10005950*，RNA-seq 同时也验证了 *Lus10005950* 在双亚 4 种子发育过程中持续上调表达。以亚麻木酚素含量差异显著的 5 个品种为材料，进行了候选基因 *Lus10005950* 的克隆及测序，发现木酚

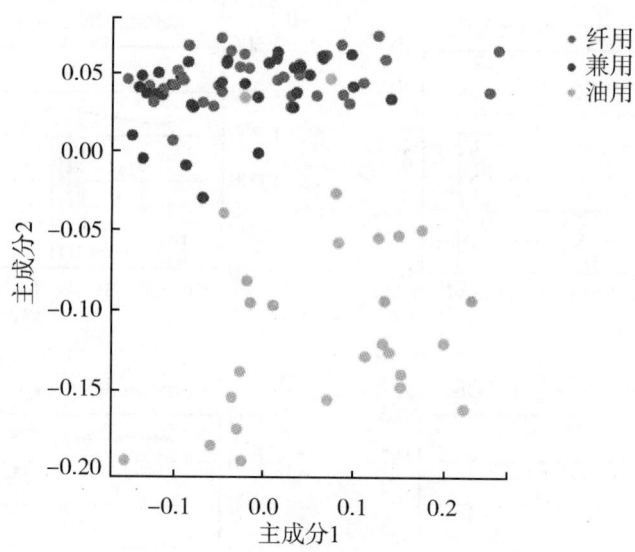

图 2-6 亚麻核心种质资源的主成分分析图

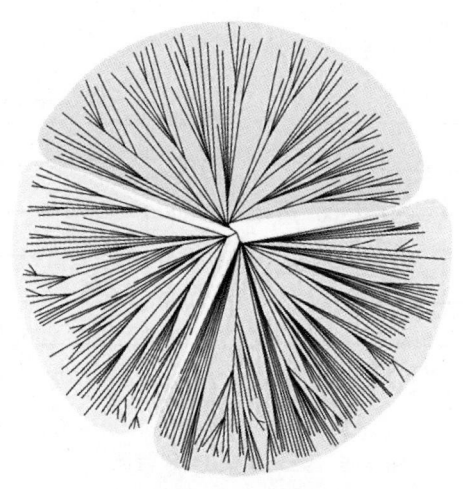

图 2-7 亚麻核心种质资源的进化树

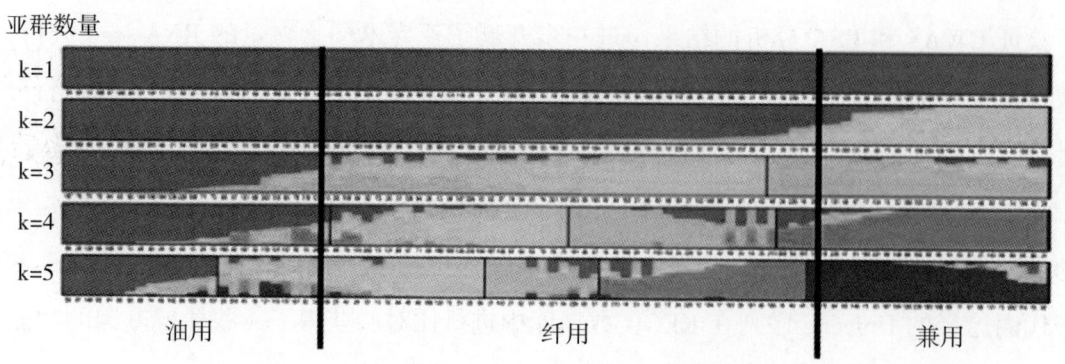

图 2-8 亚麻核心种质资源的群体结构

素含量不同的品种中 $Lus10005950$ 基因的序列存在差异。而后以高木酚素亚麻品种为材料进行了

VIGS 病毒沉默验证。将 *Lus10005950* 构建到 TRV VIGS 载体上，接种亚麻幼苗植株叶片，观察到亚麻幼苗新生叶片出现白化的表型特征。

三 红麻

（一）红麻品种选育

'中红麻 T207' 是一个高产、抗病、优质、适应性广，适宜于长江流域和黄淮海流域推广种植的红麻新品种。以高产优质种质 'T17' 与高产抗病种质 '7804' 为亲本杂交选育而成。茎色淡红，叶形为掌状裂叶，株型紧凑，具有生长势旺、群体整齐、有效株数多、植株高大粗壮、茎秆较硬上下粗细均匀、抗倒性强、适应性广等特性。黄淮海及长江流域春播一般株高 4m 左右，茎粗 2cm，皮厚 1.5mm，纤维产量 270kg/亩，比对照 '红引 135' 增产 8.3%。高抗红麻炭疽病，人工接种鉴定炭疽病指数 DI<19.6。2016—2018 年，在湖南沅江、安徽六安、河南信阳、福建漳州和浙江萧山多点品系比较试验，表现稳定，一致性好。平均干皮产量 609.7kg/亩，比 '红引 135'（CK）增产 9.3%。

'中红麻 T15' 是一个高产、抗病、优质、适应性广，适宜于长江流域和黄淮海流域推广种植的红麻新品种。以国外高产优质种质 'EV41' 与高产抗病种质 '7804' 为亲本杂交选育而成。绿茎、深裂叶，具有群体整齐、杆硬、有效株数多、抗倒伏、适应性广等特点。2014—2017 年，在湖南沅江、安徽六安、河南信阳、福建漳州和浙江萧山多点品系比较试验，表现稳定，一致性好。平均干皮产量 607.2kg/亩，比 '红引 135'（CK）增产 9.1%。

在三亚对 300 份红麻品种开展比较试验。品系 '124' 和 '259' 的鲜重亩产量最高，分别为 5 236.137kg/亩和 5 194.47kg/亩。选出鲜重亩产量高于 4t，且纤维支数高于 280Nm、强力大于 400cN 的品系 6 个（表 2-4），是优质的纤维用原料。

表 2-4 高纤红麻品种农艺性状比较

编号	株数（株）	总重（kg）	亩产量（kg/亩）	纤维支数（Nm）	强力（cN）
124	65	75.4	5 236.137	282	459
259	104	74.8	5 194.47	280	538
134	89	64.65	4 489.606	284	425
177	126	61.9	4 298.633	281	464
183	101	59.05	4 100.715	286	468
211	118	57.8	4 013.909	280	428

（二）红麻功能性关键基因挖掘

1. 红麻 InDel 标记开发及其与单基因遗传的叶形连锁标记鉴定

基于前期转录组测序获得 90 175 个 unigene，开发 7 453 个 InDel 标记。其中，<5bp、5~10bp 和 >10bp 的 InDel 标记频率分布分别为 71.50%、23.05% 和 5.45%。利用 24 份红麻种质资源检测 337 InDel 标记多态性，305（90.5%）个 InDel 表现出多态性。

红麻的叶片形态有掌状裂叶型和全叶型两种。对于掌状裂叶型品种，随着其生育进程，叶片的裂叶数经历全叶、三裂叶、五裂叶、七裂叶、五裂叶、三裂叶、披针叶的变化。前期的全叶、三裂叶时期生长速度较慢，五裂叶、七裂叶期是麻株营养生长最旺盛的时期，后期的三裂叶和披针叶时期是麻株的生殖生长期。裂叶数的变化与生育进程明显有关。因此，鉴定与克隆控制红麻叶形的基因有利于同时改良红麻纤维产量和品质。利用'福红 952'与'赞引 1 号'衍生的 F_2 和 $F_{2:3}$ 群体，通过集团分离分析法找到了一个与叶形性状共分离的 InDel 分子标记。

2. 红麻开花期的遗传及其连锁分子标记的开发

开花期早晚是影响红麻纤维产量和品质的重要性状，分析其遗传特点，并开发与红麻花期基因紧密连锁的分子标记，为红麻分子育种工作奠定了基础。本研究以'福红 952B'为父本、'赞引 1 号'为母本创建的 F_2 代分离群体为材料，通过遗传分析发现该组合存在一个主效基因，继而利用集团分离分析法开发与其连锁的标记。结果显示，从 306 对 SRAP 引物组合和 32 个 SSR 标记中筛选到 2 个与开花期主效基因连锁的标记，即 Me13Em15 和 Me6Em5。其中 Me6Em5 引物对扩增的差异条带长度为 630 bp，通过后代验证与红麻的开花期性状连锁。这些结果为红麻开花期主效基因克隆及分子标记辅助选择育种提供了依据。

3. 棉花 SSR 标记在红麻中的通用性

红麻与棉花是锦葵科不同属的天然纤维作物，利用棉花 SSR 引物的通用性可以丰富红麻 SSR 标记。本研究从陆地棉每条染色体上随机均匀挑选 10 对 SSR 引物，共 260 对，对 24 份不同来源的红麻种质进行多态性分析。结果显示，139 对（53.5%）引物扩增出了清晰的条带，128 对（49.2%）引物表现出多态性，共扩增出 292 条带，平均每对引物扩增出 2.1 条带，平均多态信息量为 0.541 9。表明这些引物在红麻中的通用性和多态性好。位于陆地棉染色体 A1、A5 和 D8 上的 SSR 引物在红麻中扩增多态性较高。聚类分析表明，24 份红麻种质可分为 2 个类群，进一步划分为 4 个亚群，与地理来源和系谱关系较一致。这些结果既证实了棉花 SSR 引物应用于红麻是可行的，又有助于红麻与棉花比较基因组学和遗传育种研究。

4. 利用 SLAF-seq 技术成功建立了红麻 SNP 鉴定技术

红麻目前已开发的标记往往准确度低，难以构建高密度标记的遗传连锁图谱。特异位点扩增片段测序（SLAF-seq）是新近发展起来的一种高通量策略，用于进行新的单核多态性（SNP）发现和大规模基因分型。它在遗传关联研究中发挥了重要作用，为基因发现提供了新的机会。SLAF seq 被用于获得红麻中的 SNP 标记物，总共产生了 174.86M 个读数和 618 576 个平均测序深度为 44.15 的高质量 SLAF，每个个体的测序深度从 24.39 倍到 74.88 倍不等。同时鉴定出 53 606 个 SNP 标记，由 618 576 个 SLAF 组成。为了验证预测的 SNP 标记，使用 23 838 个标记对两种不同红麻群体的多态性进行了调查。在此基础上，随机选取 32 份种质资源进行系统发育分析，3 种分离方法在确定支系方面得到相似的结果。这些结果表明 SLAF-seq 技术可以成功地用于红麻大规模 SNP 鉴定和基因分型，进行 QTL 精细定位以及分子标记辅助育种。

四　黄麻

（一）黄麻新品种选育与示范推广

1. 纤用黄麻品种选育与推广

'中黄麻 12 号'是一个高产、抗病、优质、极晚熟、适应性广的长果黄麻新品种。是由'摩维 1 号'中高大、极晚熟变异单株多年多代定向选择而成，植株高大粗壮，茎秆粗细较均匀，分枝少、分枝位高、抗病、抗倒伏，工艺生长期约 150d，全生育期 200d 以上。2016—2017 年，在湖南长沙和沅江、安徽六安、河南信阳等试点品系比较试验中平均干皮产量 462.1kg/亩，比'O-1'（CK）增产 8.5%。

'中黄麻 14 号'是一个高产、抗病、优质、高镉吸附容量、适应性广的黄麻新品种，具有群体整齐高大、杆硬抗倒、茎上下粗细较均匀等特点。工艺生长期约为 135d，亩有效株数 1.1 万~1.2 万株，亩干叶产量 180~260kg。2017—2018 年，在湖南长沙和沅江、安徽六安、河南信阳等试点品系比较试验中表现突出，表型一致，高产稳产，具高镉吸附特性，适应性广。平均干叶产量 210kg/亩，比'O-1'（CK）增产 9.6%，平均干叶镉吸附容量 18.9mg/g，比'O-1'（CK）提高 48.9%。

'福黄麻 12 号'，2018 年参加安徽省黄麻新品种区试，比对照'福黄麻 3 号'、宽叶长果分别增产 24.46%、26.45%，均达到了差异极显著水平。2019 年通过安徽省新品种鉴定登记。'福黄麻 13 号'，2018 年参加安徽省黄麻新品种区试，比对照'福黄麻 3 号'、宽叶长果分别增产 18.54%、20.44%，均达到了差异极显著水平。2019 年通过安徽省新品种鉴定登记。

在河南信阳选取 13 个纤维用黄麻新品种（福黄麻 1~13 号）进行品种比较试验。从参试黄麻品种纤维产量来看，'福黄麻 2 号'产量最高，达到 3 700.9kg/hm^2，比对照增产 8.6%；其次是'福黄麻 3 号'和'福黄麻 4 号'，产量分别为 3 651.6kg/hm^2 和 3 604.0kg/hm^2，分别比对照增产 7.1% 和 5.8%。从综合产量和主要经济性状来看，在 13 个黄麻品种中，以福黄麻 2 号、3 号、4

号、8号、10号在河南麻区综合表现好、产量高、增产潜力大、适应性强，是值得推广利用的优良品种。

在浙江萧山参试的11个黄麻品系（种）中，以'福黄麻7号'的纤维产量最高，为7 031.85kg/hm²；'福农560'居第二位，为6 938.25kg/hm²。鲜叶产量方面，'福农560'和'福黄麻7号'分别居第一和第三位；麻骨产量则分列第二、第三位。从总的生物产量分析，'福农560'和'福黄麻7号'分别位于所有参试品系（种）的第一和第二位，分别为29.97t/hm²和27.79t/hm²。综合来看，'福黄麻7号'和'福农560'在浙江萧山的丰产性表现良好，是综合利用的优异种质材料。

在福建漳州选择13个黄麻新品种进行筛选试验，麻骨和麻皮总产量以'福黄麻5号'最高，达1 293.1kg/亩，比对照'黄麻179'增产14.03%，'福黄麻13号''福黄麻6号''福黄麻7号''福黄麻1号''福黄麻3号'比对照增产3.29%~10.16%，其他品种产量略低于对照。

2. 菜用黄麻品种选育与推广

'帝王菜3号'是利用非洲引进种质马里野生与甜黄麻杂交，通过多年多代连续混合选择和单株选择的方法选育而成。该品种绿茎、叶片厚实鲜嫩，出苗整齐快速，采摘后分枝能力较强且生长较快，嫩茎叶适口性好，口感清脆润滑、风味上佳，外观翠绿清香，抗病虫能力强，全生育期无需施用农药。2015—2017年，在湖南望城和沅江两试点品系比较试验中，平均嫩茎叶产量1 618.4kg/亩，比'甜黄麻'（CK）增产8.7%，是新型绿色、环保、健康的高营养菜用黄麻新品种，全国各地均能种植。

'帝王菜4号'是利用引进优异种质'摩维1号'与食用优异种质甜黄麻杂交，经多年多代连续混合选择和单株定向选择的方法育成。该品种出苗整齐快速，苗高30~35cm即可摘顶，分枝能力强且生长快，一周左右能达到采摘要求。嫩茎叶适口性好，口感清脆润滑、风味上佳，外观翠绿清香，抗病虫能力强，全生育期无需施用农药，是新型绿色、环保、健康的高营养蔬菜品种。2016—2018年，在湖南望城和沅江2试点品系比较试验中，表现稳定，一致性好。平均嫩茎叶产量1 658.3kg/亩，比'甜黄麻'（CK）增产9.4%。

食用黄麻叶系列新品种嫩茎叶丰产性高，在福建南平王台镇示范，平均亩产嫩叶茎2 500kg，叶片嫩滑清爽可口，是麻茶、麻精细粉、饮料、化妆品等加工特殊医学食品的优质、高产、高效新品种。

3. 饲用黄麻价值评价

为探索黄麻饲料化的可行性，开展菜用黄麻饲用价值的评价与分析研究，结合相对饲用价值（Relative Feed Value，RFV）与有机物消化率值（Organic Matter Digestibility，OMD）对饲用综合价值进行综合评定，同时初步探索了采收时间对长果种黄麻饲料品质与质量的影响。试验结果显示：6个不同品种的长果种黄麻的粗纤维含量（CF）、粗蛋白含量（CP）、粗脂肪含量（EE）、干物质含量（DM）、灰分含量（Ash）、酸性洗涤纤维（ADF）、中性洗涤纤维（NDF）的平均值分别为：27.74%、14.63%、2.90%、16.19%、14.34%、40.71%、51.34%；相对饲用价值（RFV）、有机物质消化率（OMD）、可消化干物质（DDM）和干物质采食量（DMI）平均值分别为：103.75%、60.275%、57.18%、2.33%。根据相关性分析结果，CP与RFV呈显著正相关，EE与RFV呈显著负相关，而CF、Ash、DM与RFV不具显著相关性。

根据综合评定结果，'17F-9-繁红'和'17F-13-绿高繁'的饲用价值相对较高，'福农4号''宽叶长果''17F-9-绿'饲用价值相对中等，'福农6号'饲用价值相对较低。此外，采收时间对黄麻的粗蛋白质、粗灰分、粗纤维、中性洗涤纤维、酸性洗涤纤维、干物质采食量、可消化干物质、相对饲用价值和有机物质消化率没有显著影响，但不同采收时间组的干物质量和粗脂肪含量存在显著性差异。综上所述，6种长果种黄麻的饲用价值从高到低的排序为：'17F-9-繁红''17F-13-绿高繁''福农4号''宽叶长果''17F-9-绿''福农6号'。

（二）黄麻强重金属吸附种质筛选及其机理研究

1. 强重金属吸附种质评价与筛选

测定了36份黄麻种质的干叶产量和干叶对重金属的去除效率，综合考虑干叶产量和叶用黄麻对重金属的去除率，筛选出了强重金属Cu（Ⅱ）吸附的叶用黄麻种质HMG1和HMG2；强重金属Pb（Ⅱ）吸附的叶用黄麻种质DS/059C和HMG3；强重金属Cd（Ⅱ）吸附的叶用黄麻种质HMG1和HMG2；强重金属Cr（Ⅵ）吸附的叶用黄麻种质竹昌麻和HMG4。当黄麻投加量为1~4g/L时，以上各种质对100mg/L的重金属离子Cu（Ⅱ）、Pb（Ⅱ）、Cd（Ⅱ）和Cr（Ⅵ）的去除率均可达到90%以上。

2. 阴离子型改性黄麻吸附Cr（Ⅵ）的机制研究

将氢氧化钠预处理后的黄麻杆芯粉末和环氧氯丙烷加入到反应介质中进行醚化后，再用胺基试剂作为交联剂，将氨基嫁接到黄麻中，制备了阴离子型改性黄麻吸附剂。该吸附剂可通过其表面—NH_2、—COOH和—OH等官能基团与重金属阴离子Cr（Ⅵ）之间的静电吸引、螯合作用等将Cr（Ⅵ）从水溶液中去除。该吸附剂对Cr（Ⅳ）的吸附能力随Cr（Ⅳ）离子浓度的增大而增大，当Cr（Ⅳ）浓度增大到395mg/L时，其平衡吸附容量可达148.4mg/g。

3. 黄麻叶凝胶微球的制备及应用

通过海藻酸钙微球包裹黄麻叶粉末制备了一种原料来源丰富易得、价格低廉、可生物降解、环境友好，尺寸可控且易于工业化生产的用于重金属吸附的黄麻叶凝胶微球。该黄麻叶凝胶微球对重金属Pb（Ⅱ）、Cd（Ⅱ）和Cr（Ⅵ）都具有一定的吸附效果，尤其适合于吸附含铬的重金属废水。

（三）黄麻基础生物信息学研究

1. 率先公布黄麻染色体水平的参考基因组

以黄麻圆果种'黄麻179'和长果种'宽叶长果'为材料，采用二代+三代的测序策略，同时结合Hi-C染色体构象捕获技术，首次完成黄麻染色体水平全基因组测序和组装工作，其基因组大小分别为336Mbp和361Mbp，contig N50分别为46Mb和50Mb，分别鉴定到25 874个和28 479个蛋白编码基因。比较基因组学分析发现，黄麻和雷蒙德氏棉之间的物种分化发生在3 800万年前。尽管黄麻两个栽培种表现出良好的共线性，但长果种黄麻基因组比圆果种多25Mbp，包含有13个假定的倒位，这可能是两者具有不同生长习性和生殖隔离的重要原因。

2. 黄麻的起源与驯化

为了更好地解析黄麻的起源与驯化，对来自世界各地的300份不同的黄麻种质资源（242份圆果种黄麻品种（系）、57份长果种黄麻品种（系）和1份近缘种假黄麻）进行了重测序。群体遗传学分析显示，黄麻在20 000年前开始出现瓶颈事件，与水稻出现瓶颈事件的时期比较接近，反映了原始人类社会对基本需求（衣和食）的同步性。在末次盛冰期（Last Glacial Maximum, LGM），圆果种黄麻仅存在于亚洲南部，而长果种黄麻存在于非洲东部和亚洲南部。随着非洲东部气温的升高和干旱的加剧，非洲黄麻种质资源日趋匮乏，而亚洲南部雨量充沛、环境适宜，逐步成为黄麻的主要生产地，表明黄麻种质资源分布的变化与人类活动和环境变化密切相关。暗示着长果种黄麻起源于非洲东部并于亚洲南部经过第二次驯化，而圆果种黄麻起源并驯化于亚洲南部。

3. 黄麻应用核心种质的DNA分子身份证构建

构建并研究黄麻应用核心种质是促进黄麻遗传育种和挖掘优异基因的必要途径。在300份黄麻种质资源的农艺性状观察统计基础上，构建了黄麻应用核心种质，包含61份品种（系），可划分为高产、优质、抗病等16种应用类型。为准确鉴定这61份应用核心种质，以46对核心引物为基础，筛选出多态性位点丰富的12对荧光核心引物，构建出该应用核心种质的字符串DNA分子身份证，进而构建了相应的条形码和二维码DNA分子身份证，可迅速被电子设备识别。这些结果可促进黄麻种质资源的高效利用及快速分子鉴定（图2-9）。

4. 黄麻转录组测序与EST-SSR开发

为了获得长果种黄麻的转录组数据，在黄麻植株生长旺盛期（30d）采集了4个独立的组织样本（叶、根、茎秆和茎皮）进行总RNA提取，构建4个测序文库，利用Illumina技术进行RNA-seq。所获得的测序数据通过Trinity软件进行组装，并在NCBI公共数据库进行功能注释；通过MISA软件开发EST-SSR标记。为了评价新开发的EST-SSR多态性，我们选取了110对位于转录因子（TFs）上的EST-SSR引物，以不同来源的24份黄麻材料进行琼脂糖凝胶电泳PCR产物检测。

图 2-9 黄麻种质资源分子身份证电子码

为了丰富已有的 SLAF 遗传连锁图谱的标记密度,利用上述的新开发的 EST-SSR,结合课题组前期开发的 InDel 和 SLAF,利用 Join-Map 软件重新构建重组自交系的遗传连锁图谱。采用比色法(蒽酮法)对重组自交系的两个阶段(旺盛生长期和工艺成熟期)的纤维素含量进行了两年(2017 年和 2018 年)鉴定。利用 ICImapping 软件进行纤维素含量 QTL 定位。

由 Illumina 双末端测序获得 128 132 782 个 clean 读序(4 Gb)。从头测序并装配了 70 792 条平均长度为 752bp 的 Unigene。通过序列相似性检索已知的蛋白质,27 962(57.16%)的基因至少在一个公共数据库注释。在这些被注释的功能基因中,27 930(39.45%)和 3 387(47.84%)个 Unigene 分别在 GO 和 KOG 注释,有 15 201 个功能基因被映射到 130 个 KEGG 通路。其中,172 个基因参与与纤维素生物合成的淀粉和蔗糖的代谢途径。在此基础上,鉴定了纤维素生物合成相关基因,包括 4 个 UGPase、10 个 CESA、55 个 CSL、14 个 SUS、1 个 KOR 和 4 个 COBRA。利用 70 792 个 Unigene 序列鉴定了 1 462 对 EST-SSR 引物。其中,最丰富的重复类型是三核苷酸(53.6%)。三核苷酸和二核苷酸重复类型中以 GA 或 AG 重复为主,是黄麻基因组中最丰富的重复类型。

利用包含转录因子的 110 对 SSR 引物分析其在 24 份黄麻种质中的多态性。在多态性检测中,102 对引物在供试材料中扩增出带型且都存在多态性,说明这些新开发的 SSR 引物质量好。102 对 SSR 的平均 PIC 值为 0.38。102 对多态性 SSR 引物成功地将 24 个黄麻种质分为 5 个类群,表明这些品种(系)间存在较大的遗传变异。

5. 黄麻全基因组 SSR 鉴定与特征分析

从圆果种黄麻测序品种 CVL-1 的基因组、基因、CDS 和 cDNA 中挖掘 SSR 信息,利用 SSR Primer 软件查找 SSR 位点,并分析其分布特征(表 2-5)。结果表明,基于基因组序列共开发了 153 242 个基因组 SSR,平均密度为 467.20 个 SSRMb^{-1};基于 cDNA 序列开发了 10 747 个 SSR,平均密度为 260.85 SSRMb^{-1}。大部分重复基元为二至四核苷酸,占 76.91%,其中 cDNA 序列 SSR 中三核苷酸重复基元数量较多而基因组 SSR 中二核苷酸重复基元数量较多。对于不同类型的 SSR 重复基元，随着重复单元数量的增加，其基因组和 cDNA 的 SSR 分布频率呈现逐步降低特征。黄麻全基因组 SSR 标记鉴定，不仅可以丰富黄麻分子标记的数量，而且为剖析黄麻重要农艺性状的遗传机制奠定基础。

表 2-5 黄麻 SSR 的分布特征

序列类型	大小（Mb）	GC 含量（%）	Ⅰ 类 SSR[a]		Ⅱ 类 SSR		总 SSR	
			数目	密度（SSR Mb^{-1}）	数目	密度（SSR Mb^{-1}）	数目	密度（SSR Mb^{-1}）
cDNA	41.20	57.79	1 251	30.36	9 496	230.49	10 747	260.85
CDS	29.80	59.33	592	19.87	4 862	163.15	5 454	183.02
基因	96.30	54.39	7 865	81.67	28 428	295.20	36 293	376.87
基因组	330.00	54.03	38 917	118.65	114 325	348.55	153 242	467.20

注：Ⅰ 类 SSR 指重复序列长度大于 20bp，Ⅱ 类 SSR 指重复序列长度大于 12bp 且小于 20bp。

6. 黄麻线粒体和叶绿体基因组 SSR 遗传多样性分析

为研究黄麻亚细胞基因组的遗传多样性，利用已公布的黄麻线粒体基因组序列，利用 MISA 软件开发了 100 对黄麻线粒体 SSR 引物（mtSSR），然后选择具有多态性的引物对 48 个黄麻种质资源进行遗传性分析。结果表明：所用的 100 对 mtSSR 引物总共扩增出条带 261 个，其中有 95 条多态性条带，多态性条带的比率为 36.4%。运用 Ntsys-pc2.10 软件对统计的数据聚类分析，得到 mtSSR 聚类树状图。聚类分析表明，48 个品种黄麻聚类出来的遗传相似系数在 0.81~1.00，说明所用黄麻资源间的线粒体基因组遗传差异较小，亲缘关系较近。在遗传相似系数为 0.90 可以将 48 个品种分成三大类；第一大类中，在遗传相似系数为 0.94 又可以分为三类；在遗传相似系数为 0.951，又可以把第一类分为两小类。黄麻线粒体遗传多样性分析结果，可为黄麻新品种选育，发掘优良基因及品种鉴定等方面研究提供借鉴。

叶绿体微卫星标记为单亲遗传（除部分裸子植物外），有独立的进化路线，它在植物遗传多样性、群体遗传结构、系统发育分析及杂种鉴定等研究上用途广泛，是研究谱系地理的有效手段。基于黄麻叶绿体基因组序列开发了 45 对 SSR 分子标记，为黄麻遗传多样性和系统发育分析奠定了良好基础。

7. 黄麻栽培种系统发育关系的 InDel 标记分析

研究以黄麻国家区域试验对照品种长果种'宽叶长果'和圆果种'黄麻 179'为材料，进行叶绿体基因组组装，通过比较黄麻圆果种和长果种的叶绿体基因组，共找到 4 个高度变异区，均位于单拷贝区而不是反向重复区。经鉴定，圆果种黄麻的叶绿体基因组有 66 个简单重复序列（SSR）位点而长果种有 56 个 SSR 位点。黄麻圆果种和长果种的叶绿体基因组差异较大，包括 2 417 个单核苷酸多态性位点和 294 个插入缺失位点，其中种间特异标记 cpInDel205 能完全区分这两个种的不同品种。

8. 基于转录组测序的黄麻 SNP 标记开发与验证

以'黄麻179'和'爱店'野生种为材料，进行了转录组测序分析，在此基础开发了 SNP 引物并对其有效性进行了验证。结果表明：①组装后的黄麻 unigene 序列共72 674条，序列总长度为29 705 997bp，检测到的 SNP 位点总数为67 567个，平均每440bp 有 1 个 SNP。②利用 oligo8 设计了 39 对分别与木质素合成酶基因和 MYB 转录因子相关的 SNP 引物，再使用 dCAPS Finder2.0 筛选 26 对可能有多态性的引物，对其多态性进行了验证，获得了 11 对具有多态性的 SNP 引物，多态性比率为 43.2%。③SNP 标记能有效地将 12 份不同类型的黄麻种质区别开来，表明 SNP 是适用于黄麻的较理想的分子标记方法，为黄麻遗传基础研究提供了可靠工具。

9. 长果种黄麻 MYB 转录因子家族的鉴定及生物信息学分析

MYB 族转录因子是指含有 MYB 结构域的一类转录因子，能与基因的顺式作用元件结合，进而调控基因的表达，在植物信号传导和基因表达调控网络中起重要作用。通过分析以长果种黄麻'福农5号'根茎转录组序列含有 MYB 功能的基因序列，通过生物信息学手段，首次筛选得到 32 个长果种黄麻 MYB 转录因子，并对其进行了分类和保守结构域分析；与拟南芥的已知功能的 MYB 基因保守结构域构建进化树进行聚类分析，结果表明，32 个长果种黄麻 MYB 可分为两大类，分别与拟南芥 MYB 转录因子中参与木质素、纤维素发育、逆境胁迫应激反应相似功能，推测这些 MYB 转录因子在黄麻中也具备相似的功能。

（四）黄麻功能性基因的挖掘

1. 黄麻纤维品质重要遗传位点的挖掘

长果种黄麻纤维素含量 QTL 分析。为了提高黄麻纤维品质，利用前期开发标记 585 个 SSR、5 074个 SLAF 和 173 个 InDel 标记重新构建 104 份 F8 重组自交系群体的遗传连锁图谱。结果表明，该遗传连锁图谱全长 604.5cM，包含 835 个标记，平均间距为 2.84cm，7 条连锁群均发生偏分离现象。结合纤维素含量的表型数据进行 QTL 定位，两年分别检测到 5 个 QTL 和 4 个 QTL，分别解释 14.46% 和 16.01% 的表型变异。其中，qBFC1-1QTL 在两年中均能被稳定检测到，表现为主效 QTL。这些结果可为分子标记辅助育种提供资源，也可为黄麻纤维遗传剖析和次生细胞壁发育奠定基础。

构建了黄麻、红麻的 CesA/Csl 基因家族数据库。在全基因组水平上分别成功鉴定了 26 个黄麻、54 个红麻纤维素合酶超家族基因 CesA/Csls，分析了该基因家族的系统进化、基因结构、序列基序（motif）、染色体定位及组织表达特性，结果表明：CesA/Csls 基因结构和蛋白基序具有组间多样性和组内保守性，不同的家族成员在不同组织、非生物逆境胁迫下具有一定的时空表达特异性。黄麻、红麻 CesA/Csls 基因家族数据库的构建可为黄麻、红麻纤维发育的机理研究奠定坚实基础。

圆果种和长果种黄麻应答 GA_3 处理的表达模式分析。研究表明，类纤维素合酶（cellulase synthase-like，CSL）基因在黄麻韧皮部纤维发育中存在功能分化；赤霉素 GA_3 处理下，大多数木质素合成途径基因的表达量显著降低，暗示着赤霉素处理下可以通过降低木质素合成途径基因的表达量来改善黄麻的纤维品质。

全基因组关联分析（GWAS）。鉴定了数百个控制纤维品质相关性状（包括纤维细度、纤维素含量和木质素含量）的重要基因位点。结合选择性清除分析发现，纤维细度 QTL 的微丝酶家族蛋白基因 CcSFP1、蛋白质精氨酸甲基转移酶基因 CcPRMT7 等候选基因位于选择性清除区域，推测这些基因受到了驯化选择。利用竞争性等位基因特异性 PCR（Kompetitive Allele Specific PCR，KASP）和转基因技术验证了控制黄麻纤维品质的候选基因 CcCOBRA1 和 CcC4H1 的功能。这些基因的挖掘，可为黄麻纤维品质的遗传改良提供关键基因位点。

2. 黄麻抗炭疽病转录组分析

采用致病力强的炭疽菌 HM-S-PT-B，分别于苗期侵染黄麻抗病株系 RIJ98 和感病株系 RIJ13。利用高通量 IlluminaHiSeq 方法，对接菌后不同时间点（12h、24h、48h 和 72h）的黄麻茎叶进行转录组测序和数据分析。结果表明：通过可变剪接预测分析、基因结构优化分析以及新基因的发掘，共发掘新基因 3 599 个，其中 3 045 个得到了功能注释，占新基因总数的 84.61%。其中，通过 KEGG 得到注释的新基因数最少，为 858 个，而 NR 数据库注释的新基因数目最多，为 3 025 个。从接菌后 12h 到 72h，抗病和感病黄麻株系差异基因的数目均显著增加。感病株系 RIJ13 的差异基因从 12h 的 2 928 个增加到 72h 的 6 370 个，而抗病株系 RIJ98 的差异基因从 12h 的 2 163 个增加到 72h 的 6 458 个。差异基因中上调基因呈现出同样的随时间推移而增加的趋势。结果还发现，感病株系的差异基因表达最多的时间段为 24~48h，而抗病株系的差异基因表达最多的时间段为 48~72h，表明侵染后 48h 是差异基因表达的关键时间点。同时，98%以上的差异基因的功能得到了注释。在所用的数据库中，NR 和 eggNOG 注释的差异基因数目最多，Pfam、Swiss-Prot 和 GO 其次。另外，在侵染后不同时间点，感病株系 RIJ13 和抗病株系 RIJ98 在炭疽病抗性相关抗病基因的表达量上存在着较明显的差异，尤其在侵染后 72h，表达量差异显著。

通过 KEGG 对差异表达基因的代谢通路相关功能注释基因进行分析和研究，结果表明，得到注释的基因功能各不相同，可以分为细胞过程、环境信息过程、遗传信息过程、代谢和组织系统等五大类。其中有 27 个基因是和植物与病原菌互作直接相关的，占注释基因数目的 4.43%。进一步研究表明，和炭疽病抗性相关的基因中，CC-NBS-LRR 中编号为 Newgene-4345、Newgene-22870 和 Newgene-17275 的基因，STK 中编号为 CCACVL1-18860 和 CCACVL1-25039 的基因，以及 RCT 中编号为 Gene28378、2826、15197 和 17035 的基因，在侵染后 72h 时，抗病株系 RIJ98 和感病株系 RIJ13 的校准表达量表现出明显的差异，表明这些基因有可能是黄麻抗炭疽病的关键基因，将对其进行后续表达和功能验证等研究。

3. 长果种黄麻 NAC 转录因子家族的鉴定与分析

植物 NAC（NAM/ATAF/CUC）转录因子家族是植物特有的一类转录因子，也是目前植物特有的一类转录因子之一，在植物的生长发育、器官建成及逆境胁迫和激素信号应答中均发挥重要作用。首先利用麻菜福农5号苗期的根、茎、叶进行转录组测序，共获得功能注释的Unigene 46 892条。然后根据拟南芥中已经鉴定出来的NAC基因及其编码的氨基酸序列，构建隐马氏模型，利用Hmmer3.2软件进行功能结构域检索，得到候选蛋白质序列，将这些候选序列利用Pfam和SMART在线分析NAM的结构域有无，同时利用NCBI和PlantTFDB V4.0数据库数据库对候选序列进一步鉴定分析。共获得含有NAC转录因子结构域Unigene 18条，利用DNAman9.0进行多重比对、MEGA7.0软件构建系统进化树，可将这些转录因子分为8类。其结果如下（图2-10）。

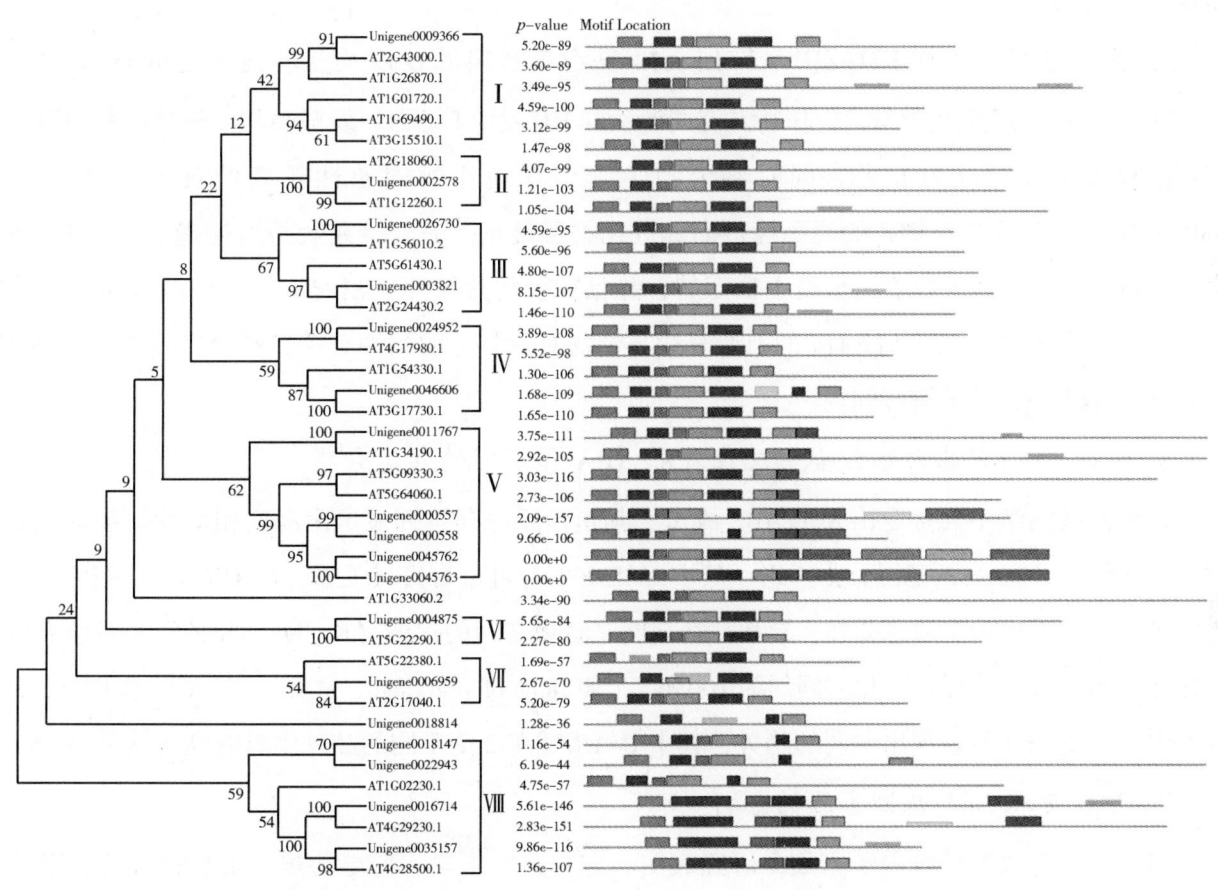

图2-10 长果种黄麻与拟南芥NAC转录因子家族蛋白系统和保守基序（motif）分析

4. 黄麻CCoAOMT基因的表达差异分析

以圆果种黄麻'黄麻179'和长果种黄麻'福农5号'为材料，在出苗后60d，对CCoAOMT基因家族的12个基因在茎基部、中部和上部的表达进行了分析，结果表明，不论是在长果种黄麻还是圆果种黄麻中，也不论茎秆位置如何，CCoAOMT2基因的表达量均最高，显著高于其他11个基因，表明该基因在CCoAOMT基因家族中起着最关键的作用，因此在后续研究中将其作为重点进行关注。而出苗后45d的试验结果也表明，不论在长果种黄麻还是圆果种黄麻中，CCoAOMT2基因的表达量均最高，与其他基因达极显著或者显著差异。值得注意的是，在圆果种黄麻中，CCoAOMT1基因的表达量亦较高，仅次于CCoAOMT2，但在长果种黄麻中，CCoAOMT1基因的表达量却非常低。

以 6 份具有不同纤维品质的黄麻品种为材料，对出苗后 15d、30d、45d 和 60d 等不同生育时期 CCoAOMT2 基因的表达进行了分析。结果发现，在不同黄麻品种中，CCoAOMT2 基因的表达量随发育时期表现出不同的趋势。在'福农 5 号''黄麻 179'和'宽叶长果'中，出苗后 15d CCoAOMT2 基因的表达量最高，且不同发育阶段表达量差异不显著。而在琼粤青和卢滨圆果中，出苗后 60d CCoAOMT2 基因的表达量最高，且与出苗后 45d 的差异达极显著水平，两者之间有一个跃升。上述结果表明，CCoAOMT2 基因在黄麻不同生育时期的表达受品种本身的影响，和基因型有关。

5. 黄麻与其他物种 HD-ZIP I 和 LEA14 蛋白序列同源性以及盐胁迫表达分析

在黄麻中鉴定到 10 个与其他作物具有同源性的 HD-ZIP I 蛋白，发现其与双子叶植物的蛋白序列相似程度高于单子叶植物。同时鉴定到 1 个与其他作物同源性较高的黄麻 LEA14 蛋白 OMP00313.1，发现它与棉花的同源性最高，进化关系最近。另外，在盐胁迫处理下，LEA14 在 2 个不同黄麻品种叶片中的表达量高于根部的，并且在较耐盐品种'福农 1 号'中的表达量总体上高于'中黄麻 1 号'，表明 LEA14 的上调表达与植物对盐胁迫的耐性有关，同时发现盐胁迫后 48h 是 LEA14 基因表达的关键时间点。

6. 黄麻 CoABF 基因家族鉴定及在外源 ABA 作用下的表达分析

在黄麻基因组中共鉴定出 8 个 ABF 成员，其蛋白质序列排列显示出高度相似性。基于 7 种作物的进化分析，将 ABF 基因分为 4 组，其中 CoABF 1 与可可有直接关系，CoABF 2~CoABF 8 与圆果种黄麻的关系更为密切。此外，异义替换与同义替换之间的比例（Ka/Ks）和种间共线性显示了进化上清晰的纯化选择，分化时间约为 100Mya（Millions of years ago，Mya）。在 ABA 作用下，8 个 CoABF 基因的表达量表现出不同的趋势，其中 CoABF3 在 2 个不同的品种中具有高表达量。

7. 开展黄麻 ERF 基因家族的分析

ERF 是一个大的转录因子家族，研究表明，它与盐、干旱、低温胁迫、抗病性及外源激素等生物和非生物胁迫紧密相关，从 PlantTFDB 数据库中获得了拟南芥的 ERF 基因家族，在此基础上，用 Blast 软件对黄麻蛋白序列进行比对，在黄麻中获得了 53 个 ERF 基因。同时将其序列与拟南芥和水稻的 ERF 基因进行了比对，构建了系统进化树。

8. 黄麻 WRKY 基因家族分析

WRKY 基因家族是一类只存在于植物中的转录因子，在对植物生长发育和环境胁迫的防御反应中起重要作用。研究以黄麻优良品种'黄麻 179'和赤霉素敏感型矮秆种质'爱店野黄麻'为材料，通过转录组测序，共鉴定了 43 个 CcWRKY 转录因子。系统发育关系和基因结构分析表明，这些基因具有功能多样性。

五 工业大麻

(一) 工业大麻种质资源筛选与评价

1. 工业大麻种质资源收集与鉴定

2018 年对 15 份大麻种质资源进行鉴定评价，其中国外 3 份，即荷兰（LM）、美国（WJZ）和加拿大（YJ）各 1 份。株高从 81.4cm 到 450.3cm，生育期从 76d 到 170d，株高与茎粗和生育期呈正相关。从基本生物量考虑，'资 280''资 400' 和 '资 401' 生物量在生产种植利用的极限值以下，不适宜低纬度地区种植（表 2-6）。

表 2-6 大麻种质资源农艺性状

序号	资源编号	株高(cm)	茎粗(cm)	分枝数(个)	第一分枝高(cm)	工艺成熟期(d)	全生育期(d)
1	资 224-B	306.1	1.25	8.0	201.6	96	116
2	资 280	81.38	0.46	3.2	17.1	50	76
3	资 400	119.1	0.76	5.8	46.83	56	95
4	资 401	102.8	0.58	4.8	32.13	49	76
5	资 409	382.56	2.05	16.6	123.56	106	162
6	资 90	351.0	1.86	20.3	66.25	105	151
7	资 157	351.6	1.83	23.2	101.9	94	157
8	资 191	373.6	2.15	25.9	43.15	95	158
9	资 430	367.5	1.87	17.5	138.1	94	149
10	资 505	369.9	2.27	22.7	55.35	104	158
11	资 509	415.2	2.74	30.3	53.47	104	156
12	资 516	422.6	2.09	25.2	90.2	120	160
13	资 520	422.4	2.72	32.6	30.6	116	168
14	资 525	450.3	2.17	24.3	125.9	124	170
15	资 529	349.6	2.24	22.1	51.05	110	161

2019 年对在昆明种植的 15 份大麻种质资源开展了鉴定评价工作，主要是对其株高、茎粗、第一分枝高、分枝数和生育期等生物学性状和农艺性状进行统计和评价，其中早熟品种 3 个、晚熟品种 12 个（表 2-7）。

表 2-7 2019 年种质资源表型性状

序号	资源编号	株高(cm)	茎粗(cm)	分枝数(个)	第一分枝高(cm)	千粒重(g)	工艺成熟期(d)	全生育期(d)
1	资 1	319.5	1.6	14.9	105	30.5	90	151
2	资 2	295.2	1.2	15.2	74.2	35.2	91	153

(续表)

序号	资源编号	株高(cm)	茎粗(cm)	分枝数(个)	第一分枝高(cm)	千粒重(g)	工艺成熟期(d)	全生育期(d)
3	资3	290.4	1.3	12.6	81.2	18.2	86	138
4	资4	373.5	1.9	17.8	156.8	15.0	87	150
5	资5	165.9	0.7	5	42	20.8	48	72
6	资6	76.8	0.4	—	—	19.2	45	68
7	资7	42.5	0.3	—	—	21.2	43	62
8	资8	48.7	0.2	—	—	20.6	41	61
9	资9	335	1.9	16	144.7	21.8	86	141
10	资10	374.3	1.7	26.6	70.9	23.4	124	168
11	资11	327.2	1.6	18.6	102.8	40.2	96	152
12	资12	283.3	1.3	11.7	115.5	17.2	88	150
13	资13	313.4	1.6	25	54.5	21.3	96	153
14	资14	378.8	2.2	21.0	90	52.0	95	152
15	资15	352.1	2.0	20.0	67.7	48.6	96	156

2. 不同工业大麻资源原麻化学成分分析

对10份工业大麻品种及部分资源原麻进行检测评价（表2-8）。从纤维素、半纤维素、木质素、果胶、水溶物、脂蜡质、灰分和原麻总胶8个成分指标来看，6号（'资230B'）、4号（'云麻7号'♂）、1号（'云麻1号'）和10号（'资290'）较好，因其纤维素含量高，木质素含量低。

表2-8 10份工业大麻原麻的化学成分分析 （单位:%）

编号	纤维素	半纤维素	木质素	果胶	水溶物	脂蜡质	灰分	原麻总胶
1	46.54	21.12	7.50	8.69	13.38	2.78	7.04	49.67
2	44.99	21.50	8.40	9.39	13.85	1.89	6.26	50.56
3	44.80	21.37	7.10	9.40	13.73	3.62	7.65	48.35
4	50.01	20.04	4.50	9.87	12.10	3.49	5.89	44.32
5	43.73	19.80	5.60	12.07	16.64	2.16	8.43	50.96
6	51.37	22.80	3.67	9.11	10.37	2.69	6.41	44.19
7	44.40	23.83	6.00	9.58	14.20	2.00	8.18	47.96
8	38.81	24.40	8.90	12.41	13.88	1.61	9.26	54.55
9	42.59	24.83	7.30	11.19	11.69	1.41	7.56	48.28
10	46.05	22.88	7.40	10.09	12.49	1.10	10.41	50.00

工业大麻原麻经过传统方法脱胶、烘干后在恒温恒湿室平衡48h后采用中段切段称重法测试纤

维细度，每个试样的根数不低于1 000根；并采用XQ-1C型高强高模纤维强伸度仪测试纤维的强伸性，每种纤维测试50根，拉伸隔距20mm，拉伸速度20mm/min，预加张力0.5cN。进行回潮率、细度、强度、伸长率、模量和比功6项指标检测（表2-9），从细度来看，5号（'资230B'）、3号（'云麻7号'♀）和1号（'云麻1号'）较好，因为其纤维细度细；从强伸性能来看，3号（'云麻7号'♀）、5号（'资230B'）、1号（'云麻1号'）和4号（'云麻7号'♂）较好，因为强度和伸长综合性好。

表2-9　10份工业大麻纤维的强伸性

编号	回潮率（%）	细度（dtex）	强度（cN/dtex）	强度 CV（%）	伸长率（%）	伸长率 CV（%）	模量（cN/dtex）	比功（cN/dtex）
1	6.50	10.75	11.00	57.50	3.51	34.10	143.87	0.20
2	6.27	14.63	6.92	60.80	3.51	31.60	97.01	0.13
3	6.61	9.34	13.38	60.50	4.17	26.50	135.29	0.28
4	6.57	12.46	9.28	43.40	3.84	29.80	93.73	0.18
5	6.09	8.63	10.59	56.20	3.37	35.60	168.91	0.21
6	6.56	12.08	9.47	60.70	3.62	31.10	106.39	0.17
7	6.62	13.71	7.08	41.30	4.29	23.10	111.70	0.14
8	6.50	15.74	6.66	53.30	3.82	30.00	86.89	0.13
9	6.67	12.86	8.06	63.60	3.36	43.60	105.78	0.14
10	6.49	14.41	8.37	59.90	3.77	24.80	91.47	0.15

3. 不同工业大麻资源饲用营养价值分析

2018年度重点从麻籽的粗蛋白和粗脂肪含量方面考察不同品种的营养价值，分析10个品种和资源材料，10个样品中粗蛋白含量在20.1%~29.5%，其中'云麻1号'最高，'Z592'次之为24.5%（表2-10）。粗脂肪含量在22.5%~31.2%，'云麻1号'和'Z179B2'最高，'Z230-B'和'云麻7号'次之，分别为30.6%和30.2%。综合评价，'云麻1号'、'云麻7号'、'Z230-B'和'Z179B2'均有较高的饲用（含食用）价值。

表2-10　工业大麻麻籽粗蛋白和粗脂肪含量

样品号	粗蛋白质（%）	粗脂肪（%）
Z292	20.1	25.4
Z179B2	22.2	31.2
云麻1号	29.5	31.2
Z230B	23.6	30.6
Z123	23.1	28.5
Z661	21.1	25.7

(续表)

样品号	粗蛋白质（%）	粗脂肪（%）
Z662	23.0	22.5
云麻7号	22.8	30.2
Z290	21.9	28.9
Z592	24.5	23.5

（二）工业大麻新品种选育

1. 多用途工业大麻新品种培育

'云麻8号'丰产、稳产，纤维及籽粒品质好、药用成分CBD含量高，是一个集纤维、籽、药多用型的常规种品种，于2018年9月6日通过云南省品种鉴定。'云麻8号'雌雄异株，雌雄比例1∶1，平均株高3.6m左右，密植条件下基本无分枝。籽秆兼用型种植模式下，籽产量102.0kg/亩，麻糠产量134.9kg/亩，茎秆产量429.5kg/亩。纤维型种植模式下，纤维亩产122.0kg，花叶产量109.5kg/亩。THC平均含量为0.07%，CBD平均含量为1.33%；脱胶麻纤维强度10.03cN/dtex（厘牛/分特），籽粒含油量30.6%，蛋白质含量23.6%；千粒重32.13g。工艺成熟期天数为103～118d，全生育期173～192d。该品系是一个多用型的晚熟品种，其全生育期较我们现已育成品种中最早熟的'云麻2号'长40d以上，比晚熟的'云麻5号'要早17d左右。工艺成熟期天数较晚熟的'云麻7号'早12d左右。与'云麻7号'相比，CBD含量超47.78%。在籽秆兼用型种植模式下，'云麻8号'籽粒和麻糠的产量明显比'云麻7号'高，平均增产分别可达21.57%和9.76%。在纤维型种植模式下，花叶中药用成分CBD的产量比'云麻7号'高28.04%；在云南部分地区（如滇东北的昭通），纤维产量比对照'云麻7号'高4.41%。该新品系植株均匀性（一致性）好，耐高密植性较强，纤维品质好，籽粒含油量高。该品系兼具低THC高CBD的特性，在麻籽、纤维利用和药物开发方面均具有很高的价值，是一个多用型的晚熟工业大麻品种。

选育鉴定了2个多用途高CBD工业大麻新品种'云麻9号'和'云麻10号'，并通过省级品种鉴定。其中'云麻9号'花叶CBD含量1.89%，为中熟型矮化品种，株高2m左右，便于高密度种植和设施种植，突破了低纬度地区无矮化工业大麻品种的困境。'云麻10号'花叶CBD含量1.21%，为晚熟籽糠兼用型品种，其麻籽的蛋白和油脂含量较高、口味佳。

工业大麻新品种'中麻植雅1号'和'中麻喆雅1号'通过云南省组织的品种鉴定。经鉴定，2个工业大麻新品种花、叶中的大麻二酚（CBD）含量均超过6%，四氢大麻酚（THC）含量均低于0.3%。

工业大麻新品系'云麻高酚1号'通过专家田间鉴评，'云麻高酚1号'株型紧凑，茎秆硬实，花序发达，腺体丰富，叶片深绿色。2021年在嵩明县种植生育期65d左右，平均株高72.1cm，第三方检测花叶CBD（大麻二酚）含量平均值6.16%，THC（四氢大麻酚）含量平均值0.26%，选育单位自测 CBDA（大麻二酚酸）含量平均值 20.21%，CBD、CBDA 含量变异系数小于 10%。单季花叶亩产量为 215kg，具有较强的抗病性、抗倒伏性，以及极早熟、矮秆、耐密植等突出特性，特别适宜机械化种植。

2. 全雌工业大麻品种选育取得重大突破

在长期开展大麻素含量和大麻性别遗传研究的基础上，采用分子标记选择、杂交育种、人工调控授粉等技术手段，在世界上率先实现了适宜低纬度地区的工业大麻全雌品种的研发和高效制种技术，雌麻率达到 98% 以上，CBD 含量高达 2.09%，THC 含量仅为 0.14%，花叶产量较雌雄异株增加 22% 以上。工业大麻全雌品种的成功研发，将加速推进工业大麻在生物医药和大健康领域的应用，特别对花叶用（即 CBD 医药用途）生产起到颠覆性的影响。全雌品种花叶增产幅度大，因性状整齐一致，可实现全田一次性收获，大幅降低生产成本，提高种植和加工的经济效益。由于工业大麻全雌品种种植不产生种子，可避免私自留种带来的安全风险，有利于禁毒监管。

3. 工业大麻种子系列农业行业标准制定发布

制定了工业大麻相关行业标准。《工业大麻种子 品种》（NY/T 3252.1—2018）、《工业大麻种子 种子质量》（NY/T 3252.2—2018）和《工业大麻种子 常规种繁育技术规程》（NY/T 3252.3—2018）3 个系列农业行业标准由农业农村部于 2018 年 7 月 27 日发布《中华人民共和国农业农村部公告 第 50 号》，2018 年 12 月 1 日起实施。标准规定了什么是工业大麻品种，工业大麻种子的质量要求，繁种技术规程以及相应的检测技术规程，为全国工业大麻的品种规范、种植生产和禁毒监管执法提供了标准依据；为工业大麻的合法性及其安全监管提供科技支撑；对促进工业大麻规模化种植，从源头减少大麻非法种植活动，促进特色作物的合理利用，保障工业大麻产业安全可持续发展具有重要意义。

4. 工业大麻繁育技术研究

利用已筛选出的高 CBD 含量工业大麻品系，构建了从母株筛选及保存，无性扦插扩繁、扦插基质的优化、田间虫害防治等技术集成的设施栽培技术体系。通过该套技术体系使大麻扦插苗成活率达 95%，生根率提升 30%~35%，实现增产 30% 以上。该技术具备以下优点：①母株的筛选与保存：通过分子标记辅助技术结合化学检测技术从初始群体内筛选出低 THC 高 CBD 且生长势强、分枝数多的单株作为母株。②插条处理：与对照相比，使用激素进行生根处理的插条生根率明显高于未处理过的插条的生根率，其次，合适的激素种类在一定的浓度水平和一定的浸泡时间内，生根率可提高 30%~35%（图 2-11）。

扦插基质的优化：通过采用绿色无害的基质珍珠岩和草炭混合作为大麻扦插基质，相较于传统土培或水培，该基质既可减少土传病害的危害，还可显著提高大麻生根率和生根数目。育苗装置的选择：传统育苗技术多采用容器育苗或穴盘育苗，而本项目中选取无纺布袋作为扦插苗的定植装置，一方面可保障扦插苗生根期间的透气性，另一方面提高了移栽环节的便利性，还可避免伤到根系，从而保证扦插苗的存活率（图 2-12）。

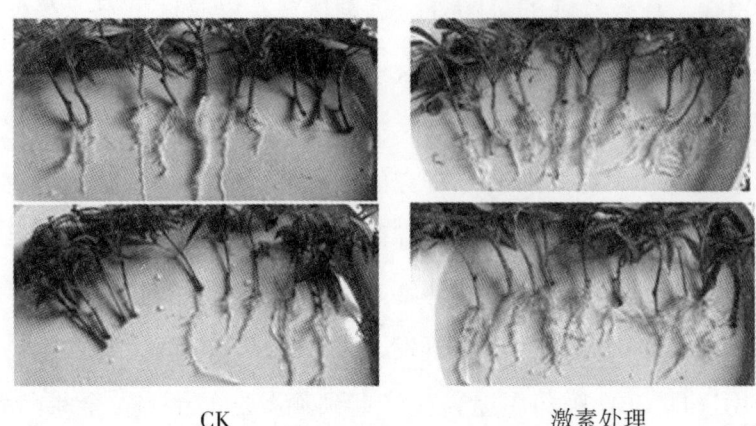

图 2-11　激素处理对扦插苗生根的影响

图 2-12　水培和基质扦插苗生根对比情况

(三) 工业大麻分子生物学研究

1. 工业大麻生育期的酚类等其他物质代谢调控分析

通过转录组与代谢组的联合解析，分析工业大麻生育期的酚类等其他物质代谢调控情况。分别对'云麻7号''中麻植雅1号'和'中麻喆雅1号'的雌雄蕊进行转录组和代谢组测序；分析不同样品的差异基因及差异代谢物；对差异基因做了 GO 与 KEGG 富集分析，初步分析了 CBD 含量等生理指标差异的内在原因。差异基因主要富集在内质网中的蛋白质加工、硒化合物代谢等。

2. 工业大麻核心种质重测序鉴定分析纤维相关性状

对 120 份核心种质进行全基因组测序，然后利用野生种（Wild）、驯化种（Landrace）和改良种（Improved）群体，分别对驯化和改良过程中受到选择的区域进行相关性分析，对大麻纤维产量和品质性状进行了初步解析，发现基于SV标记关联到的显著位点更倾向于在4号染色体上被检测到，而基于SNP变异关联到的显著位点更倾向于在10号染色体上被检测到。

3. 工业大麻镉胁迫下组学研究

对'云麻1号'进行正常环境、外源花青素环境、外源镉胁迫环境、外源花青素预处理后的镉胁迫环境的4个环境进行转录组与代谢组测定，结果表明：正常环境组对镉胁迫组中有4 503个明显差异基因与28个明显差异代谢物，主要富集在吲哚生物碱的生物合成，丙氨酸、天冬氨酸和谷氨酸代谢，酪氨酸代谢，苯丙烷生物合成，半胱氨酸和蛋氨酸的代谢。正常环境组对原花青素组有74个差异基因与8个明显差异代谢物，主要富集在嘧啶代谢。镉胁迫组对外源花青素预处理后的镉胁迫环境有585个差异基因与13个明显差异代谢物，主要富集在戊糖和葡萄糖醛酸酯的相互转化、α-亚麻酸代谢、半胱氨酸和蛋氨酸的代谢、苯丙烷生物合成。

六　剑麻

（一）剑麻种质资源鉴定与评价

1. 开展剑麻种质资源鉴定评价

收集79份种质资源种苗进行培育，更新建设龙舌兰麻种质资源保存圃，新搜集到龙舌兰种质3份。对68份剑麻资源进行斑马纹病抗性鉴定，筛选到高抗烟草疫霉种质9份；测定了28份种质资源的花序基础数据；开发出剑麻SSR分子标记技术，完成了42份种质的SSR分子标记鉴定和遗传多样分析，将42份种质在相关系数0.7处分为4大类；建立了剑麻根尖染色体观察方法，完成了52份剑麻种质资源的染色体观察和倍性鉴定，用水培法测定其根系萌发能力差异，筛选出'556''M8''H.11648''S09-9'等4份生根能力较强的种质，实验结果为固土保水剑麻品种筛选提供了依据。

2. 剑麻优质纤维特性种质资源鉴定

选择14个不同品种成龄麻叶片测定其纤维素、木质素含量及纤维细度，初步筛选到高纤维率、纤维细而均匀、低木质素含量剑麻品系1份（表2-11）。

表2-11　剑麻不同品种（系）纤维特性测定

序号	品系	纤维素含量（%）	木质素含量（%）	纤维细度（m/g）
1	10-3	71.3	8.5	41.44
2	10-5	67.1	11.2	60.20
3	10-6	62.2	14.5	64.77

(续表)

序号	品系	纤维素含量（%）	木质素含量（%）	纤维细度（m/g）
4	金边东1号	20.4	8.0	53.97
5	368	39.1	8.7	45.98
6	南亚2号	51.4	8.6	43.48
7	小刺番麻	51.5	8.7	41.98
8	广西76416	33.7	7.8	38.82
9	M7	59.4	8.0	76.98
10	粤西114	63.1	9.7	43.63
11	热麻1号	55.2	9.4	42.46
12	多叶剑麻	71.6	12.0	55.16
13	M8	56.2	7.7	53.02
14	有刺番麻	50.4	7.5	49.93

筛选12个优良种质分别测定叶片性状、纤维及麻渣产量，获得长纤维高纤维率优良单株2个（表2-12）。

表2-12 12个品系单株性状测定

序号	品系	叶长（cm）	叶宽（cm）	麻渣产量（kg）	叶片纤维含量（%）	平均单叶重（kg）
1	M6	142.2	15.6	7.4	3.38	1.6
2	南亚2号	143.1	11.9	4.9	3.87	0.9
3	H.11648	136.7	12.1	2.9	5.56	0.7
4	10-6	110	13	2.2	3.53	0.5
5	10-5	123	14	3.5	4.62	0.7
6	10-3	112	14	2.2	4.65	0.3
7	4-2-12	111.8	10.9	3	6.45	0.6
8	4-2-28	105.2	10.7	2.3	8.20	0.5
9	4-4-10	124.6	15.8	4.2	6.25	1.0
10	4-9-17	94.3	10	1.9	9.43	0.3
11	4-9-47	104.8	13.8	2.5	6.93	0.7
12	4-10-45	109	11	2.8	7.69	0.3

3. 纤饲两用剑麻种质资源综合评价

选择34份剑麻品系的成熟叶片，切取叶片中下部用BCA蛋白检测法测定了叶片的蛋白质含量,结果表明'皮带麻'与'金边毛里求斯'麻叶片可溶性蛋白质含量相对较高,可溶性蛋白质含量分别达33.7mg/g和41.1mg/g。综合2018—2019年度检测数据比较,57份种质中'M6''东1''东368''无刺番麻''番麻''南亚2号'等6个品系叶片可溶性蛋白质含量较高,其中'东368''南亚2号''无刺番麻'3个品系叶片可溶性蛋白质含量达5%以上(图2-13)。总体上剑麻品种叶片蛋白质含量大多在5%以下,蛋白含量偏低,在饲料化利用时应添加提升蛋白质的原料。

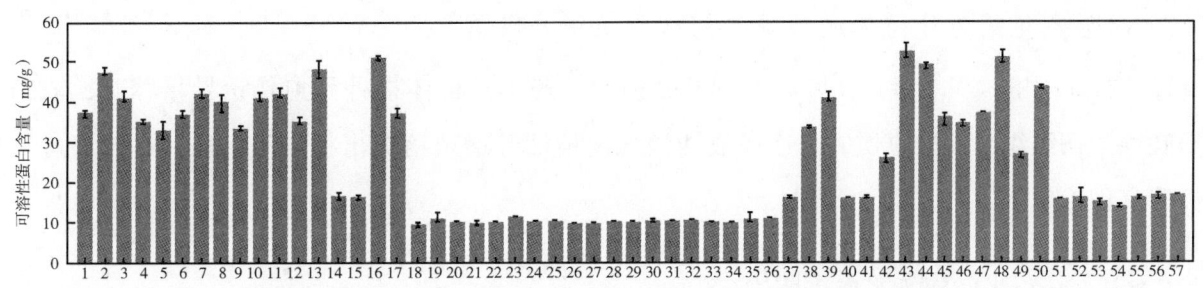

图2-13　57个不同剑麻品系的叶片可溶性蛋白质含量测定结果

1. 墨引1；2. 墨引6；3. 墨引7；4. 墨引10；5. 墨引12；6. 垦1；7. 垦2；8. 垦4；9. 09-8；10. 广西76416；11. 292；12. 桂幅；13. 东1；14. 东2；15. 东16；16. 东368；17. 117；18. Hly114-13；19. Hly114-14；20. Hly114-15；21. Hly114-16；22. Hly114-17；23. Hly114-18；24. Hly114-19；25. Hly114-5；26. Hly114-1；27. Hly114-2；28. Hly114-3；29. Hly114-4；30. Hly114-6；31. Hly114-9；32. Hly114-10；33. Hly114-7；34. Hly114-8；35. Hly114-11；36. Hly114-12；37. 假8；38. 皮带麻；39. 金边毛里求斯；40. 粤西114；41. 银边假菠萝；42. 假菠萝麻；43. 无刺番麻；44. 番麻；45. 金边东1号；46. 维里迪斯；47. 南亚1号；48. 南亚2号；49. H10-2；50. 10-3；51. H10-4；52. H10-5；53. H10-6；54. H10-7；55. H10-8；56. H10-9；57. H10-10。

(二) 剑麻新品种(系)培育与育种技术研究

1. 开展剑麻有性杂交育种与鉴评

推进剑麻有性杂交育种工作,2018年完成了5个组合的有性杂交,总授粉12 517朵,收获果实1 188个,最高结果率18.1%,平均结果率9.5%,新获一批杂交种子并播种,相应建立了1个抗病杂交后代群体；2020年筛选抗性强品系作为杂交亲本,选择5个组合进行有性杂交,共授粉花朵13 198朵,结果数3 042个,平均结果率23%,最高达36.3%,新获大批杂交种子并播种,大大丰富了剑麻育种新材料。

开展杂交后代的鉴定评价,定点观测系比区资源性状,筛选到优良单株27个并测定了各单株的纤维性状。获高纤维率(7%以上)优良材料8个,其中长纤维(110cm以上)材料3个；纤维率较高、纤维较细材料4个；纤维较粗材料2个；纤维长、纤维率高、纤维较粗材料1个。筛选优良杂交后代,建立了2个系比区共10亩,对'S09-8'和'H10-2'两个优良品系加快种苗组培繁殖,为进一步的区域试验和多点试种提供种苗保障。

2. 抗紫色卷叶病剑麻品种的选育

通过剑麻粉蚧为害诱发紫色卷叶病观察植株发病情况，从往年系比区中初步筛选到抗紫色卷叶病单株2个，对2个优良品系进行6个多月的苗期粉蚧虫害试验，结果表明：品系'S0908'的1 039株种苗中紫色卷叶病发病植株24株，发病率2.3%；品系'H1002'的1 080株种苗中紫色卷叶病发病植株20株，发病率1.85%；572株对照品种'H.11648'种苗中发病率达50%以上，2个品系初步表现出的抗性优于'H.11648'，可进一步开展抗病性测定。

3. 以剑麻花药为外植体成功诱导到愈伤组织并成苗

以'H.11648'和'金边弧叶'等剑麻品种的花药为外植体接种到愈伤诱导培养基，成功分化出胚性愈伤组织，通过愈伤成苗途径成功诱导出植株并增殖培育出批量组培苗，有效推进剑麻单倍体育种工作。

（三）剑麻分子生物学水平研究

1. 剑麻基因组测序、注释和比较基因组分析

流式细胞仪检测结果显示：'H.11648'基因组染色体为60条，二倍体，基因组大小为3.81Gb。Suvery评估结果显示：'H.11648'基因组大小约为3.82Gb，重复序列比例约72.98%，杂合率约0.38%，基因组的GC含量约40.19%，从基因组基本结构特征上看，属于高重复、大基因组的复杂基因组。根据调研图得到的该物种基因组基本情况，构建Nanopore文库，进行Nanopore三代测序，共得到约472.92Gb的数据量，经过数据质控后数据量为410.91Gb，reads平均长度达到28.12kb（Top 5%）。借助Canu软件对Clean Data纠错，然后基于纠错后的数据进行组装，获得初组装的基因组大小为4.89Gb，Contig N50为312.53Kb。

利用Hi-C测序数据，对组装的剑麻基因组分群，获得30条染色体信息，经注释分析，拼接得到4.88Gb基因组序列，contig N50为1.06Mb，94.55%拼接序列能定位到染色体并确定顺序和方向；预测得到58 841个基因，1 263个tRNA，1 718个rRNA，291个miRNA，5 264个假基因；选择了14个物种的基因组数据进行基因家族聚类分析，利用212个单个拷贝蛋白序列构建了进化树，利用基因家族聚类和带有分歧时间的进化树，预测了剑麻基因家族的收缩和扩张，通过正选择分析对每个基因家族蛋白序列进行比对，完成了比较基因组分析。

2. 剑麻抗病相关基因功能研究

从'H.11648'中克隆的 *AhPGIP1* 和 *AhPGIP2* 两个基因均具有 PGIP 基因家族共有的典型 LRR 结构域，定量分析表明 *AhPGIP1* 和 *AhPGIP2* 可能参与了剑麻对不同逆境胁迫的应答反应。水杨酸、盐、茉莉酸甲酯、ABA、伤和烟草疫霉处理可提高 *AhPGIP1* 的表达水平，低温对 *AhPGIP1* 的表达无明显影响。水杨酸、盐、伤、茉莉酸甲酯和低温处理可提高 *AhPGIP2* 的表达量，ABA处理抑制 *AhPGIP2* 的表达。在接种烟草疫霉过程中，*AhPGIP2* 表达量先下降再上升，在接种72h达到最高。

AhPGIP1 和 *AhPGIP2* 在不同组织中的表达情况分别为叶>茎>花>根。

分别构建含有 *AhPGIP1* 和 *AhPGIP2* 以及绿色荧光蛋白的植物表达载体，采用注射法瞬时表达烟草，荧光显微镜观测，发现 *AhPGIP1* 和 *AhPGIP2* 分别定位在细胞壁上；分别在剑麻和烟草中瞬时表达 *AhPGIP1* 和 *AhPGIP2* 后，接种烟草疫霉，同时观测叶片的发病情况，发现瞬时表达 *AhPGIP1* 和 *AhPGIP2* 后剑麻和烟草叶片病斑明显比对照小，即瞬时表达 *AhPGIP1* 和 *AhPGIP2* 均可提高剑麻和烟草对烟草疫霉的抗性。

3. 剑麻抗烟草疫霉分子机理研究

（1）烟草疫霉文库构建。在已经构建剑麻文库的基础上，构建了烟草疫霉文库。文库总容量为 $3.45×10^6$ cfu，转化效率为 $6.82×10^5$ cfu/μg pGBKT7-Rec。文库细胞密度为 $5.25×10^8$/mL。文库滴度为 $1.96×10^7$ cfu/mL。插入片段在 0.2kb~2.0kb，重组率为 100%。

（2）筛选烟草疫霉与剑麻间相互作用蛋白。采用 SD/-Trp/-Leu/-His/-Ade（加入 50mmol/L 3-AT）培养基为筛选培养基，经 3 次转板共获得 22 个克隆。测序并将测序序列与烟草疫霉基因组比对，发现 4 个基因编码的氨基酸含有信号肽序列，其中 3 个为 RXLR 类效应蛋白，1 个为 CRN 类效应蛋白。

（3）烟草疫霉 CRN 效应蛋白基因的克隆。CRN 是卵菌（烟草疫霉属于卵菌）基因组编码的第二大类效应蛋白，为研究烟草疫霉 CRN 效应蛋白对剑麻的致病机制，从烟草疫霉中克隆了 28 个 CRN 效应蛋白，从 28 个 CRN 效应蛋白中，鉴定到一个诱导细胞程序性死亡的 CRN 效应蛋白（Pn-CRN0793）。以能诱导细胞程序性死亡的 BAX 为对照，分析 CRN 对程序性死亡的抑制作用，采用农杆菌注射的方式在烟草叶片中顺式表达 9 个 CRN 效应蛋白，发现了 8 个抑制细胞程序性死亡的 CRN 效应蛋白。

（4）剑麻抗病相关基因的抗病性分析

构建 β-1-3 葡聚糖基因的植物瞬时表达载体，采用农杆菌侵染法将 β-1-3 葡聚糖基因在烟草和剑麻叶片瞬时表达，之后在表达部位接种烟草疫霉菌。结果显示 β-1-3 葡聚糖基因在一定程度上能提高烟草和剑麻对烟草疫霉的抗性。

4. 剑麻花粉管通道法转基因技术研究

不同品种柱头可授性与花粉活性差异极大影响着有性杂交育种工作，为解决剑麻远缘杂交不亲和难题，开展了剑麻花粉管通道法转基因技术研究，对不同转化质粒浓度、授粉后注射时间设置梯度对比试验，获得 105 个果、866 颗种子，目前种子已经播种并发芽。

第三章 生理与栽培研究进展

一 苎麻

(一) 苎麻生理生化基础研究

1. 苎麻根际促生菌生理研究

分离筛选得到9株苎麻土壤根际芽孢杆菌，开展了4株菌的生理生化鉴定，结果表明，4株菌具有产氨、产IAA、解磷等作用；进行了苎麻种子萌发试验，在种子萌发过程中施入芽孢杆菌抑制苎麻种子萌发，发芽率统计表明，除了'金4'发芽率与对照稍有提高，其他菌施入后苎麻种子发芽率均呈下降趋势，这说明除'金4'外其他8株菌对苎麻种子萌发具有抑制作用，但随着苎麻苗期不断生长，3~4片叶子时苎麻苗的长势开始出现明显差异，生长一个月后长势达到极显著差异。将这些施菌的苎麻移栽到田间后，除了有2株菌比对照低，其余均表现出高于对照的株高。研究结果为将来苎麻根际促生菌制剂的研制及应用提供了很好的物质基础，也为苎麻绿色减肥生产提供了良好的产品基础。

2. 苎麻果胶生理特性及低果胶苎麻资源筛选

将苎麻果胶含量的测定方法进行了优化，使用改良的方法脱胶后的苎麻纤维残胶少，脱胶率高，外观洁白，丝状细腻柔滑，整体蓬松轻韧柔软，透气性能好，可以完全在织物中直接应用，且非常适合用于生产轻薄透气的苎麻纺织面料。采用此优化的方法将约300份苎麻品种的原麻果胶进行了测定，结果表明苎麻原麻果胶含量在3.77%~13.27%范围内，不同品种果胶含量差异非常明显，果胶含量低于5%的有16个品种资源，高于10%的有78个。因此筛选出低果胶含量、高产优质的苎麻品种用于生产，可降低脱胶难度，助力实现绿色脱胶。对果胶含量这个性状进行了全基因组关联（GWAS）分析，获得了5个与果胶含量相关的SNP位点，分别位于5号、6号、11号及12号染色体上。克隆了果胶甲酯酶基因 *Bnt14G019616*，具有提高果胶含量等作用，在拟南芥中进行功能验证，果胶含量与纤维含量呈显著负相关。

3. 苎麻氮素营养机理研究

以'中苎1号'（ZZ1）和'青叶苎麻'（QYZM）为对象，利用扦插苗进行水培条件下氮素胁迫效应研究。

（1）低氮胁迫对苎麻株高的影响。对株高的研究发现低氮胁迫影响苎麻品种的高度，低氮条件下，'青叶苎麻'显著高于'中苎1号'；正常氮素条件下，'青叶苎麻'与'白叶苎麻'高度无显著差异。因此土壤肥力差的耕种地区，更适合种植青叶苎麻。

（2）氮素水平对苎麻新生分枝数的影响。随着氮素的增加，'青叶苎麻'与'中苎1号'的分枝数均增加，但相同氮素条件下，'中苎1号'与'青叶苎麻'的分枝数有显著差别，'青叶苎麻'的分枝数显著高于'白叶苎麻'，表明ZZ1分枝数受氮素水平的影响较大，其对低氮的耐受性较弱。

（3）'中苎1号'和'青叶苎麻'对低氮胁迫的转录组差异研究。随着低氮胁迫时间的延长，ZZ1与QYZM受低氮胁迫的差异基因数目均增多，早期胁迫6h时ZZ1差异显著基因数为49个，QYZM差异显著基因为47个，其中共同差异基因有2个；低氮胁迫7d时ZZ1差异显著基因578个，QYZM差异显著基因为313个，胁迫7d时ZZ1与QYZM共有差异基因有28个。ZZ1中持续受低氮胁迫影响的基因有12个，QYZM中持续受低氮胁迫的基因为13个，两者间无共同差异基因。

（4）ZZ1与QYZM低氮胁迫差异基因KEGG分析。ZZ1早期低氮（6h）响应差异基因显著富集在4条KEGG pathway，主要功能涉及亚油酸代谢、酪氨酸代谢和植物碱的生物合成；低氮胁迫7d时基因显著富集在17条KEGG pathway通路，这些基因主要参与类黄酮、萜烯类、苯丙酸、异喹啉、角质与蜡质、姜辣素和类固醇等的生物合成，酪氨酸、甘氨酸、丝氨酸、苏氨酸和丙氨酸的代谢，以及植物节奏调控等通路。QYZM低氮胁迫6h时，差异基因无显著富集通路；7d时差异基因显著富集在15条KEGG pathway，功能涉及亚麻酸、谷胱甘肽、脂类、亚磷酸、磷酸肌醇等代谢途径、植物昼夜节律、类黄酮合成、植物激素传导、MAPK信号通路等。ZZ1与QYZM的类黄酮生物合成通路与植物昼夜节律受低氮胁迫差异显著。与ZZ1相比，QYZM对低氮胁迫的早期响应不明显，表明QYZM更加耐受低氮胁迫。

4. 苎麻磷高效利用机理研究

为了解苎麻如何适应低磷胁迫，选择低磷耐受型'华苎5号'（H5）和低磷敏感型'细叶绿'（XYL）进行研究。将在正常磷浓度（500μmol/L）和低磷（5μmol/L）下处理15d两基因型的根和叶组织进行生理学和转录组分析。与XYL相比，磷饥饿对H5的生长影响较小。低磷胁迫下，H5比细叶绿具有更高的干物质重和磷含量。在H5和XYL中分别鉴定出总共952个和2 036个差异表达基因。这些差异基因参与脂质重塑、转运、根系分泌物合成、氧化还原稳态和激素、钙信号转导等过程。与低磷敏感型XYL相比，10个参与脂质重塑基因，6个磷转运蛋白基因，3个PEPC基因，2个SPX基因，1个柠檬酸合酶基因和2个strigolactone合成相关基因，在低磷耐受型H5中有更高的表达或仅在 H5 中被诱导。此外，根据低磷胁迫的关键机制，构建了假定模型，用以说明 H5 比 XYL 具有更高的磷效率。

5. 苎麻品种对干旱胁迫的生理生化响应

以'中苎 1 号''多倍体 1 号'和'湘苎 7 号'为试验材料，采用盆栽模拟干旱胁迫法，设置常规灌溉（土壤含水量为田间最大持水量的 75%~80%，CK）、持续干旱 6d、持续干旱 12d 和持续干旱 24d 共 4 个处理，探索干旱持续天数对苎麻生长及生理生化的影响。结果表明：干旱胁迫影响苎麻长势，导致生长速率降低。苎麻萎蔫程度与干旱胁迫持续天数呈正相关。随着干旱胁迫时间的延长，从生长速度、叶片 SPAD（叶绿素含量）值、根系活力的下降程度来看，3 个品种受到的影响大小为：'多倍体 1 号' > '中苎 1 号' > '湘苎 7 号'；从影响根系过氧化物酶（POD）活性来看，在持续干旱 12d 处理下，'多倍体 1 号'POD 值达到了峰值，而'中苎 1 号'和'湘苎 7 号'与干旱程度呈现出正比例关系。胁迫持续天数越久对苎麻的影响越大，且不同苎麻品种间存在差异。综合分析得出：在持续干旱条件下，3 个苎麻品种的抗旱性强弱顺序为'湘苎 7 号' > '中苎 1 号' > '多倍体 1 号'。

6. 外源硒对饲用苎麻草产量和营养价值的影响

为了提高饲用苎麻营养价值，本研究采用随机区组设计，以苎麻饲用专用品种'中饲苎 1 号'为研究试材，通过两年大田试验和一年盆栽试验，土壤基施不同量亚硒酸钠（0、0.25、0.50、0.75 和 1.00kg Se/hm²），研究外源硒对饲用苎麻生物产量、粗蛋白、粗脂肪、粗灰分、中性洗涤纤维、酸性洗涤纤维、相对饲喂价值和营养元素硒（Se）、磷（P）、钾（K）及钙（Ca）含量的调控。结果表明，外源硒对饲用苎麻生物产量无显著性影响，而对其营养价值有一定的影响，但变化幅度因施硒量、年份和刈割时间有所不同。与对照（0kg Se/hm²）相比，0.25、0.50、0.75 和 1.00kg Se/hm² 处理中两年大田试验平均粗蛋白含量分别提高 1.52%、0.96%、-0.10% 和 -4.29%；粗脂肪含量分别下降 0.25%、3.93%、1.54% 和 9.34%；粗灰分含量分别提高 1.37%、1.23%、2.29% 和 0.85%；酸性洗涤纤维含量分别增加 1.92%、2.15%、2.32% 和 3.22%；中性洗涤纤维含量变幅分别为 -2.97%、-0.97%、2.01% 和 2.63%；相对饲喂价值变幅分别为 1.74%、-0.103%、-3.14% 和 -4.30%；Ca 含量变幅分别为 0.07%、-2.01%、1.27% 和 -0.59%；P 含量分别提高 7.26%、7.68%、4.63% 和 4.54%；K 含量变幅分别为 4.59%、12.31%、-2.04% 和 2.83%；Se 含量随着施硒量的增加逐渐增加，最高可达到 2.07mg/kg。通过主成分分析结合模糊数学中隶属函数法综合评价表明，0.25~0.50kg Se/hm² 为该地区效果最佳施硒量，有利于提高饲用苎麻的营养价值。

（二）苎麻轻简绿色种植技术研究

1. 滴灌对苎麻节水栽培影响

探讨滴灌对盆栽'华苎 4 号'产量和品质的影响，滴灌处理鲜重和鲜茎重分别比 CK 显著增加

35.8%、46.4%，但鲜皮重和有效分株率差异不显著。滴灌处理株高较CK增加23.4%，滴灌处理的叶片SPAD值较CK降低18.3%，茎粗差异不显著。滴灌处理苗期、旺长期、成熟期浇水量均低于CK组（低31.82%、34.10%和31.67%），全生育期，滴灌处理浇水量比CK低32.95%。滴灌处理苎麻根系土壤的蔗糖酶、脲酶、过氧化氢酶、碱性磷酸酶活性显著高于对照。其中，滴灌组比CK组的蔗糖酶活性提升37.75%，土壤脲酶活性提升39.76%，过氧化氢酶活性提升9.45%，碱性磷酸酶活性提升31.76%。

2. 饲用苎麻农机农艺相融合种植技术

以饲用苎麻'青饲苎1号'为材料，厢面2m，厢沟为50cm，设计4个不同密度与行距处理。在1 600~3 300蔸/亩的种植密度范围内，两年的饲用苎麻产量随着种植密度增加而增加，但影响不显著。从第一年产量数据可知，随着种植密度的增加，年产量在显著增加，最佳种植密度为2 666蔸/亩；但第二年，由于高密度处理的弱蔸与缺蔸原因，4个密度产量差异不显著。数据表明，随着种植密度的增加，单蔸分株数显著下降；茎粗显著下降；叶片数显著下降。随着种植密度的增加，株高变化不明显；叶茎比下降，但变化不显著。考虑到机械化的行走道、麻蔸健壮（耐刈割）等因素，低纤维青叶苎麻品种'青饲苎1号'适宜机械化的种植布局应以低密度布局为主，即1 600蔸/亩，行走道的苎麻行距为80cm、株距为50cm。

3. 苎麻直播育苗技术的研究

以'华苎4号'为研究对象开展直播及育苗研究。主要从丸粒化种子直播机械选型、直播方式（薄膜覆盖）和生长调节剂矮化处理等方面开展研究。

苎麻直播育苗：采用播前种子预处理和地膜覆盖（麻地膜和普通地膜），保证苎麻苗期水分供应，为一播全苗成苗提供支持。结果显示覆盖麻地膜，种子直播出苗效果较好，优于覆盖普通地膜、稻草和未覆盖处理。育苗基质采用基质：蛭石：珍珠岩=4：1：1（体积比），使用穴盘的效果最好。早春苗点仅用稻草、稻壳作遮阴覆盖，用地膜覆盖保水、保温；'华苎4号'12d现苗，'中苎1号'13d现苗。自出苗到成苗均需60d左右。而春末到夏初播种的除稻草、谷壳、地膜覆盖外另加盖四针遮阴网，出苗期普遍提前2~3d，即播种后10d均可现苗，苗期普遍缩短5d，即55d就可长10片真叶（2条左右小萝卜根）。

4. 饲用苎麻高生物量套作生产技术研究

以'中饲苎1号'为研究对象，宽行种植，窄行间套作饲料油菜等饲用作物，完成饲用苎麻高生物量套作试验。进行苎麻与3种饲料作物：T1黑麦草（一年生黑麦草）、T2大麦（华2328）、T3饲料油菜（华油杂62）间套作试验。试验对不同套作栽培模式下饲用苎麻叶片和茎秆的鲜重和干重总产量进行了对比分析。T1和T2模式苎麻叶片干重产量分别为0.469kg/m^{2}和0.468kg/m^2，茎秆干重产量分别为0.217kg/m^{2}和0.218kg/m^2，干重产量最高，显著高于T3和CK0模式。套作栽培模式可增加苎麻干重总产量，苎麻/大麦栽培模式苎麻鲜重总产量和总干重最高，对蛋白质含量等无影响，是适宜机械化播种和收获的套作模式。

5. 减施氮肥对苎麻产量的影响

苎麻头麻全年总产量随着施氮量的减少先升高后降低,二麻、三麻原麻产量随着施氮量的减少而降低,85%氮肥处理下总原麻产量最高。与100%氮肥处理相比,85%氮肥处理提高了头麻、三麻的株高和鲜茎出麻率,三麻有效株率,使苎麻原麻总产量增加了1.33%。

苎麻的干物质积累量随着施氮量的减少先升高后降低,85%氮肥处理下地上部干物质积累量较100%氮肥处理增加了9.90%。85%氮肥处理促进了苎麻地上部干物质积累。

苎麻氮积累量随着施氮量的减少先升高后降低,85%氮肥处理下全年总氮积累量最高。头麻、二麻成熟期,85%氮肥处理下氮积累量最高,较100%氮肥处理分别增加了10.95%和10.04%,三麻成熟期70%氮肥处理下氮积累量最高,较100%氮肥处理增加了31.94%。与100%氮肥处理相比,70%、85%氮肥处理提高了苎麻的氮肥利用率、氮肥农学利用率、氮肥偏生产力、氮收获指数。

6. 苎麻智能化精准施肥与产量估测技术

(1) 基于无人机可见光遥感的苎麻冠层氮素营养动态诊断。利用无人机采集苎麻各生长阶段的冠层数码图像,基于HSV颜色通道图像采用阈值分割法剔除土壤、杂草等背景的干扰,进而提取苎麻冠层叶片图像的RGB平均颜色分量并计算12项色彩参数;然后分析各色彩参数在苎麻生育进程内的动态变化,同时以SPAD值为辅助验证指标,分析不同生育期苎麻冠层图像色彩参数与SPAD值的关系;最后采用主成分分析法对色彩参数进行降维,筛选出适宜于'湘苎3号'和'湘苎7号'苗期、封行期和成熟期苎麻氮素营养监测的最佳颜色参数。研究结果证明应用无人机可见光遥感进行苎麻氮素营养动态诊断是可行的。

(2) 基于多元回归和BP神经网络的苎麻产量估测模型比较研究。基于2010—2019年获取的长期定位田间试验实测数据,选取株高、茎粗、分株数、有效株率和鲜皮厚度5个因子作为自变量,分别构建了鲜皮产量及原麻产量的多元回归模型和BP神经网络模型。结果表明BP神经网络产量模型估测的鲜皮产量和原麻产量在精度和稳定性方面均明显优于回归模型。BP神经网络方法获得的'中苎1号'鲜皮产量和原麻产量与实测值的决定系数R^2分别为0.93和0.97,相对误差0.8%~17.23%,平均相对误差分别为5.78%和4.88%,说明基于BP神经网络构建的苎麻产量估测模型精准度和稳定性较好。

7. 近红外技术快速测定苎麻成分

为了快速、高效、准确地测定苎麻叶中半纤维素、纤维素、木质素和Cd含量,研究采用近红外光谱技术的扫描光谱结合苎麻叶半纤维素、纤维素、木质素和Cd含量的化学测定值,基于化学定量学方法,采用定量偏最小二乘分析法(QPLS),运用不同预处理方法和化学计量学方法建立校正模型,对比各模型性能参数,筛选出最优定标模型并用检验集对模型进行验证。结果表明:纤维素、半纤维素、木质素和Cd建立模型相关系数分别为0.983 8、0.981 0、0.988 2和0.987 4。半纤维素绝对误差均在1以下,误差较小;Cd的预测值和化学值的绝对误差在0.04以下,误差小，故可选择该模型对苎麻叶半纤维素和 Cd 含量进行快速准确预测。

(三) 苎麻逆境调控机理研究

1. 铜胁迫条件下苎麻生理响应研究

苎麻对铜的吸收分布，根系中盐酸提取态（50%）和醋酸提取态（20%）铜最多，根系细胞中，主要分布在细胞液（35%）、细胞器（35%），其次在细胞壁（15%）和细胞核（15%）。

水培条件下，苎麻可耐受 50mg/L 的铜胁迫。苎麻根系吸收铜符合米氏方程，亲和系数 $K_m = 2.854$ mg/L，最大吸收速率 $V_{max} = 7.09$ mg/（kg·h）。1 000mg/kg 的铜污染土壤下，苎麻生长受铜胁迫的影响均不明显，每盆施用 10 g 过磷酸钙，产量最高，纤维强力明显提升，对铜的富集效果较为显著，具有较短的生育期和较大的生物量，可作为铜污染土壤植物修复的优势作物。

2. 苎麻响应低磷胁迫机制的模型构建

增加从土壤中吸收磷和从内部细胞中释放结合的 Pi 是更好地适应低磷环境的关键。构建了基于转录水平的理论模型，植物激素和磷转运蛋白作为传感器和信使，对外界磷水平的变化迅速做出反应。生长素和 SL（独脚金内酯）的合成增强了侧根和根毛的发育。根发出的主要系统信号（如 Pi、SL 和 CK）通过木质部传递到枝条，引发一系列反应。SL 的合成抑制了芽分枝。随后，次生系统信号（如 Pi 和蔗糖）在芽中产生，并通过韧皮部传递到根部。在叶片细胞中，酶系统清除活性氧（ROS），脂质重塑释放大量的 P，含有磷的分子也被降解成 P。在根细胞中，植物细胞利用非 P 依赖性酶（PPi-PFK）绕过 ATP 或 P 依赖的糖代谢生化反应，同时根系合成大量有机酸及酸性磷酸酶到土壤中以溶解有机磷。

检测到响应低磷胁迫的这些生物代谢过程，在这些过程中涉及的大多数重要基因在 H5（'华苎 5 号'，磷吸收高效型）上调。结果表明，确实存在两种不同基因型之间低磷胁迫响应机制的差异，H5 的低 P 耐受性主要是由于大多数参与磷脂重塑，磷转运蛋白、酸性磷酸酶和有机酸合成相关的基因被高度诱导，因此可以更好地利用内部磷和具有更高的磷转运能力。

3. 水分胁迫对苎麻产量和品质的影响

（1）苎麻幼苗应答渍水胁迫的转录组分析。对渍水胁迫和对照处理的 72h 苗期苎麻不同器官进行转录组分析，结果表明，KEGG 数据库代谢通路共得到 38 916 个基因，6 150 个基因参与翻译途径，渍水处理的叶片、韧皮部、根和木质部与 CK 相比差异表达基因分别有 177 个、398 个、82 个和 498 个。叶片差异基因显著富集到脂质运输、脂质定位。挑选部分响应渍水胁迫的重要差异基因（expansin 基因、AOX 与 GPX 以及内源激素）进行分析，其中韧皮部 expansin 基因下调 1.9~4.9 倍，GPX 基因上调 1.2 倍。韧皮部与木质部赤霉素合成有关基因上调表达 4.4~4.6 倍。纤维发育相关的 expansin 基因被下调，ROS 清除与内源激素基因（ABA、GA、SA）的表达模式不同，表示期望通过调节内源激素水平来抵抗渍水伤害。

（2）纤用苎麻干旱胁迫。苗期干旱胁迫下，株高、茎粗、单株鲜重、单茎鲜重、单株麻皮鲜重以及皮厚等与正常灌水相比均未受到显著影响；旺长期干旱胁迫下，株高、茎粗、单株鲜重、单茎鲜重、单株麻皮鲜重均显著减小，皮厚未受到显著性影响；成熟期干旱胁迫下，株高、单株鲜重、单茎鲜重、单株麻皮鲜重也会显著减小，而茎粗和皮厚较正常灌水处理无显著性差异。纤维中蜡脂质、水溶物、果胶和木质素含量与正常灌水处理相比均没有显著性变化；在苗期干旱胁迫下纤维中半纤维素的含量会显著减少，旺长期和成熟期干旱胁迫处理则无显著性变化；苗期和成熟期干旱胁迫处理对纤维素含量无显著性影响，但是旺长期干旱胁迫处理会显著增加纤维素含量。在苗期和旺长期干旱胁迫下，纤维断裂强力均未受到显著性影响，成熟期干旱胁迫处理会使断裂强力显著性下降；断裂伸长率在苗期、旺长期和成熟期3个时期干旱胁迫处理下均无显著性变化。在苗期和旺长期适度的干旱胁迫能提高纤维的综合品质，成熟期干旱胁迫时纤维断裂强力下降，不利于纤维的品质，但纤维细度提高。

（3）饲用苎麻苗期、旺长期干旱胁迫。苎麻株高、茎粗、总鲜重、单株鲜重以及单株干重均会受到显著影响而降低，茎叶比则是在苗期干旱胁迫下显著升高，旺长期干旱胁迫下显著降低。粗蛋白含量无影响，粗脂肪含量显著高于正常灌水处理，粗灰分含量显著下降。试验表明在苗期遭遇干旱胁迫时，苎麻植株的饲用营养价值提高；在旺长期干旱胁迫时，粗蛋白和粗脂肪含量均显著减少，且粗纤维含量显著增加，苎麻饲用品质下降，因此旺长期干旱胁迫会显著影响苎麻植株的饲用品质，表明在生产中要充分满足饲用苎麻旺长期的水分需求。

4. 地下水位对苎麻生长发育影响的研究

地下水位试验于2018年3月在华中农业大学校内遮雨网室进行。以'华苎4号'实生苗为试验材料，以喷蒸馏水（CK1）和正常灌溉无渍水（CK2）为对照。在旺长期分别进行3个水位处理（20cm、40cm、60cm）与3个时间处理（24h、48h、96h），共9个处理。可以发现二麻旺长期地下水位上升会导致三麻光合特性明显下降。除ABA（脱落酸）后处理有着较好的恢复作用，其他各处理对三麻光合作用的恢复作用有限，ABA后处理的净光合速率与CK2相比无显著差异，相较于CK1恢复明显，净光合速率提升到达了44.5%，同时相较于其他处理也有着较好的恢复效果，比净光合速率第二好的SA前处理高26.2%。在气孔导度、胞间CO_2浓度和蒸腾速率中ABA后处理的苎麻也有着较好的表现。

较高的地下水位和渍水会抑制植物光合作用，该抑制效果在小麦、玉米、油菜中均有报道，这可能是由于渍水降低光合作用相关酶如丙酮酸羧化酶（PEPCase）、核酮糖1，5-二磷酸羧化酶（RuBPCase）的活性所导致的。同时渍水也会导致叶绿体膜受损，严重影响光合作用。植物生长调节剂ABA、SA、6-BA（6-苄氨基嘌呤）对渍水均有一定的缓解作用，渍水前喷施SA对苎麻抵抗渍水和渍水后恢复有着较好的效果，但依旧无法恢复到与CK2一样的正常状态。渍水前喷施SA与渍水后喷施ABA有较好的调节作用，能明显缓解二麻渍水对三麻的影响，其中渍水后喷施ABA甚至能够恢复到与CK2一样的水平。

5. 重度镉污染农田麻类治理式休耕示范

植物强化吸收萃取修复方法，是一种较经济实用、可有效降低二次污染的重金属污染耕地治理式休耕方式，可实现被污染农田"边修复、边生产"的目的。其模式构建如图3-1所示。

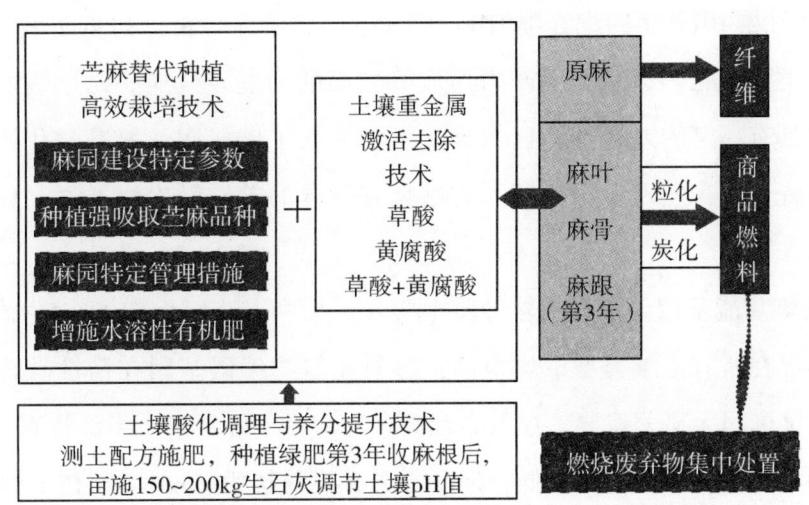

图3-1 重度镉污染农田麻类治理式休耕模式构建技术路线图

该模式是在中国科学院亚热带农业生态所重金属超标农田安全利用研究团队已有的两项国家授权发明专利（ZL 201210475776.X、ZL 201210475303.X）和一项湖南省技术发明一等奖成果（《镉铅污染农田原位钝化修复与安全生产技术体系创建及应用》）的基础上，对重金属污染农田替代种植作物高产栽培、土壤重金属激活去除、作物替代种植产品及副产物无害化处置与有效利用、土壤酸化调理与养分提升等关键技术的组装集成再创新，突破了农田重金属污染全方位修复治理与安全高效利用的技术瓶颈。该模式的主要技术有：

（1）镉污染农田麻类作物替代种植高效栽培技术。包括：选种特定苎麻品种、选用特定麻园建设参数、应用特定田间管理措施，并在测土配方施肥的基础上，增施水溶性有机肥。

（2）土壤重金属激活去除技术。施用氨三乙酸三钠、乙二胺二琥珀酸以及由植物原料制备而成的新一代螯合剂谷氨酸二乙酸四钠等土壤重金属激活剂，可使麻叶吸收与积累的镉量增加50%左右，麻骨、麻根分别增加25%与30%。

（3）生物质燃料粒化/炭化加工技术。是指在常温条件下利用压辊和环模对粉碎后的麻叶、麻骨、麻根等原料进行冷态致密成型加工，或经干燥、成型、碳化等工序形成生物质燃料。其燃烧后的产物按固废集中处置。

（4）土壤酸化调理与养分提升技术。在采用苎麻测土配方施肥的基础上，通过施用生石灰调节土壤pH值、种植绿肥提升土壤肥力水平。

(四) 多年生种植区域土壤理化性质分析

1. 长期植麻区域土壤理化性质的分析

通过对长期植麻（12年，湖南祁阳定位试验）的5种土壤根际（潮土 CT、紫色土 ZT、石灰岩红壤 SR、板页岩红壤 BR、第四纪红壤 HR）的宏基因组测序分析，初步明确了苎麻园土壤微生物在维护与提升麻类土壤肥力、麻类生产力形成等方面的功能及效应。结果表明，不同类型的土壤微生物群落结构具有一定的差异性，且主要微生物参与了碳代谢及氨基酸代谢。通过对差异显著微生物类群的系统分析，发现不同类型的土壤具有特异的差异微生物类群，且关键基因的比例差异显著。

（1）碳循环关键功能基因。中石灰岩母质土壤α淀粉酶、支链淀粉酶、β-葡萄糖苷酶和几丁质酶编码基因总丰度在所有土壤类型中均最高；过氧化氢酶编码基因在惰性碳降解功能基因中占比最大，但5种土壤之间无显著差异，板页岩红壤参与淀粉、纤维素、半纤维素、几丁质等脂肪烃及其衍生物降解的功能基因丰度整体较低，但参与芳香烃降解的 vanA 丰度在5种土壤中最高。

（2）氮磷循环关键功能基因。氨氧化功能基因丰度在板岩红壤中丰度最高；潮土中 Nar 和 nap 型硝酸还原基因丰度高于其他土壤，nxr 型硝酸还原基因在紫色土中丰度最高；石灰岩母质土壤中碱性磷酸酶编码基因 phoD 显著较高而 phoA 显著较低，但酸性磷酸酶编码基因丰度对母质不敏感；母质类型对磷转运和磷酸化调节基因影响显著。

（3）微生物相对丰度与土壤理化性质关联分析。发现 pH 值是影响不同母质土壤中苎麻根际微生物相对丰度差异的首要因素，其中变形菌门的 *Pseudomonas* sp. ACNB 等在高 pH 值下丰度更高，而酸杆菌门的 *Terriglobus* sp. TAA43 等更适应低 pH 值土壤；微生物相对丰度与总磷和总钾的关系具有同步性，但与总氮关系整体不显著；与 SOC 相比，DOC 含量与不同母质土壤微生物相对丰度的关系更密切。

2. 多年生苎麻可持续增加亚热带旱地土壤固碳潜力及其机理

选取不同种植年限（0、5、10、15、20年）苎麻园作为对象，研究了种植苎麻对亚热带地区旱地土壤碳储量的持续增加效应及其机理。对于20年麻园，其土壤碳储量的年增加率为 0.93Mg/hm^2，其中最大增加速率在种麻5～10年间，达到 1.65Mg/hm^2。这种持续增加效应主要归功于0～50cm 土层，尤其是20～40cm 土层土壤碳含量的提升。在供试土壤上，苎麻种植显著增加了通过地上部和根系的碳投入量（166%～534%），耕层土壤全氮、C/N 值、田间持水量（5%～39%）以及微生物碳代谢多样性（7%～19%）。麻园土壤呼吸对于芳香化合物、氨基酸、糖类的代谢降低了10%～98%，对于羧酸类化合物的代谢降低了37%～91%。结构方程模型分析表明，增加土壤碳输入，尤其是根系的输入，通过改善土壤氮营养和碳代谢功能驱动了麻园土壤碳储量的持续增加（表3-1，图3-2）。

表 3-1 土壤有机输入及其主要理化性质对土壤固碳的贡献

	有机输入	土壤水稳性	土壤全氮	土壤碳氮比	土壤微生物代谢多样性
直接作用	0.72	0.096	0.21	−0.25	−0.17
间接作用	0.21	0.002	0.04	0.04	0.00
小计	0.93	0.098	0.25	−0.21	−0.17

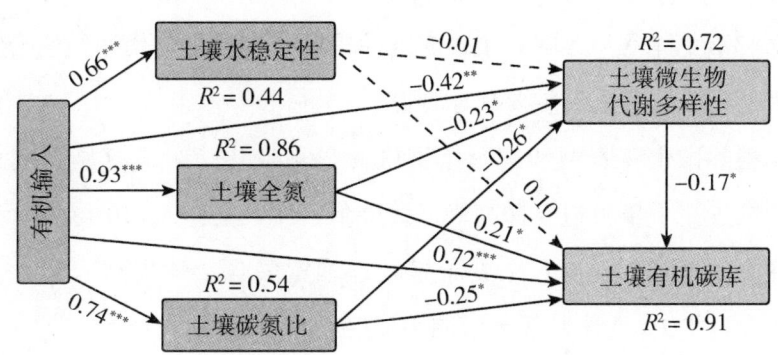

图 3-2 种植苎麻土壤固碳的持续机制

二、亚麻

(一) 亚麻高效种植技术研究

1. 亚麻复种牧草栽培模式技术

在黑龙江第一积温带通过种植抗倒早熟品种'中亚麻1号', 4月下旬播种7月下旬收获, 开始种植适宜牧草品种 (如甜高粱草、高丹草), 亩产干重1 352.5~1 497.0kg, 每亩增加效益600~800元, 充分利用该地区种植亚麻后剩下的有效积温, 提高亚麻种植的竞争力, 促进产业良性发展。

2. 油纤两用亚麻的高效收获与雨露沤制技术

在新疆亚麻主产区建立了适合新疆地区地膜用亚麻原料高产高效轻简化生产模式1套。兼用亚麻茎秆机械化破碎收获后的雨露沤制试验采用常规雨露、碾压雨露和堆压雨露3种方式, 随机区组设计。结果发现, 堆压雨露由于保湿性较好, 具有较高的沤制效率。新技术模式较常规栽培技术额外增产亚麻二粗纤维15~22kg, 依照二粗价格12 000元/t计算, 可增加收益180~264元, 减去原茎秆可销售收入80元, 可增加纯收益100~236元, 依照当地高产亩收入900元计算, 可节本增效11.11%~26.22%。同时开展的纤用亚麻雨露沤制试验研究了三级不同程度的碎茎方式对沤麻效率的影响, 试验发现, 一级碎茎方式可较为平和地提高沤麻效率, 二、三级碎茎虽然能提高沤麻效率, 但是会导致纤维拉力明显下降。该方法的研发能够节省沤麻的时间和空间, 从而提高沤制的效率。

(二) 亚麻抗逆调控机理研究

1. 干旱对亚麻生长的影响

通过 PEG 模拟短期干旱胁迫，3 个油用亚麻'陇亚 10 号'（LY10）、'伊亚 3 号'（YIY3）、'伊亚 4 号'（YIY4）与 3 个纤用亚麻'中亚 3 号'（ZY3）、'云亚 4 号'（YY4）、'天鑫 3 号'（TX3）中 LY10 与 ZY3 抗性较强，YIY4 与 TX3 抗性较弱。转录组与代谢组联合分析确定了亚麻应答干旱胁迫关键基因 6 个，茉莉酸为重要代谢通路。

干旱胁迫后亚麻根际微生物真菌和细菌丰富度无显著变化，组成有显著变化，子囊菌门和放线菌门增加，其余均减少。干旱胁迫下株高极显著降低，中度胁迫 LY10 与 ZY3 变幅小于同组其他品种。纤用亚麻的变幅小于油用亚麻；中度干旱处理辅氨酸含量均提高，重度干旱处理脯氨酸变化品种差异大；纤用亚麻 POD 活性显著高于油用亚麻。

2. 三种寡糖对亚麻镉吸收调控技术研究

通过 2020—2021 年研究发现，与喷水对照处理相比，喷施 DA-诱抗素、几丁寡糖素和壳寡糖可以平均分别增加亚麻地上部和根部 Cd 的含量 33.8% 和 33.3%；综合生物量和 Cd 浓度计算移除量发现，喷水处理在土壤 Cd 浓度为 40mg/kg 和 80mg/kg 时，Cd 移除量分别为 14.3g/亩和 13.2g/亩；与喷水对照相比，在土壤 Cd 浓度为 40mg/kg 时，喷施 15mg/亩的壳寡糖对亚麻 Cd 移除量增加量最大，高达 12.6%，Cd 浓度为 80mg/kg 时，喷施 15mg/亩的 DA-诱抗素对亚麻 Cd 移除量增加量最大，高达 41.7%；喷施寡糖可以提高亚麻对重金属的积累效果，提高重金属污染土壤的修复效率。

3. 亚麻的绿色诱抗试验研究

采用了 4 种根际促生菌：施氏假单胞菌、产朊假丝酵母菌、恶臭假单胞菌和枯草芽孢杆菌，研究其对亚麻农艺性状和重金属镉、砷富集能力的影响，4 种菌剂处理下，亚麻地下部重金属 As 的富集量均高于对照，其中施氏假单胞菌可以使亚麻根对镉的富集量增加 9.6%，对砷的富集量增加 186%，可以使亚麻地上部对砷的转移量增加 96%。

4. 亚麻磷高效利用指标利用及检验

以前期研究筛选出的磷高效利用品种（系）和磷低效利用品种（系）各 2 份为试验材料，设置两个施肥水平，分别为不施磷肥（N_{18}、P_0、K_{25}）和大田施用磷肥水平（N_{18}、P_{46}、K_{25}），肥料为尿素（N：46%）、重过磷酸钙（P_2O_5：46%）和硫酸钾（K_2O：50%）。通过对磷吸收利用鉴定指标的重复筛选和鉴定发现，P_0 条件下，工艺成熟期株高、全麻率与磷利用效率具有较高的正相关；P_{46} 条件下，苗期的株高、鲜干重、P 积累量、快速生长期的株高和干重、开花期的株高和鲜干重、工艺成熟期的株高和工艺长度与磷利用效率高度正相关，可以作为磷高效利用的鉴定指标。

利用筛选获得的磷高效利用鉴定指标,在 P_0 和 P_{46} 条件下从 50 材料中分别筛选出 6 份材料分析磷利用效率,结果表明,两种磷肥条件下筛选出的材料磷利用效率均较高。

三 黄/红麻

(一) 黄/红麻生理机制研究

1. 红麻种子引发栽培技术

种子引发是指控制种子缓慢吸水使其停留在吸胀的第二阶段,让种子进行预发芽的生理生化代谢和修复作用,促进细胞膜、细胞器、DNA 的修复和酶的活化,使种子处于发芽的准备状态,但防止胚根的伸出。经过引发的种子活力、抗性增强,耐低温,出苗快而齐并且成苗率高。研究表明,引发处理对提高种子抗逆性十分有效。为提高红麻逆境栽培的产量水平,我们选用了两个红麻品种,采取水和水杨酸(0.2mmol/L SA)进行引发试验,同时开展了盆栽和大田试验。结果表明,种子引发处理显著提升了红麻耐旱性和耐盐性,且 SA 引发效果优于水引发效果,生理基础相关研究表明,引发处理显著提升了红麻种子发芽率、发芽势、发芽指数、根系活力、株高、鲜重、干重、POD、CAT、酶活性,降低了 MDA 对细胞膜的伤害,显著提高了红麻的抗逆性和产量,为红麻抗逆栽培提供了很好的理论基础。

2. 外源物质(SA)处理提高红麻耐盐性的机理研究

利用 2016—2018 年筛选的红麻耐盐的种质资源开展红麻盐碱地关键种植技术体系的建立。研究结果表明,添加外源物质 SA(水杨酸)可以显著缓解红麻盐胁迫,株高、根长以及各部分生物学产量均呈现显著性差异;生理生化研究表明 SA 处理下,可以降低 MDA 含量,提升 POD 和 SOD 酶活性,但是 CAT 酶活性显著降低,表明 SA 处理红麻可以通过 POD 和 SOD 酶途径清除活性氧伤害,从而提高红麻的耐盐性。

3. 黄麻 CONSTANS-like(COL)基因家族的全基因组鉴定及在光周期诱导中的表达分析

以'黄麻 179'和'爱店野生种'为材料,对筛选获得的 *CcCOL* 和 *CcPEBP* 基因家族进行蛋白质序列分析、保守结构域预测和基因结构分析等鉴定,并对其进行 GO 富集分析,利用 qRT-PCR 技术分析 *CcCOL* 和 *CcPEBP* 功能基因的表达模式,初步明确了黄麻 *CcCOL* 和 *CcPEBP* 基因家族在黄麻光周期诱导过程中可能具有不同的功能,共同参与调控黄麻光周期诱导的成花途径,结果可为黄麻光周期调控机理研究奠定基础。

(二) 黄/红麻高效种植技术研究

1. 红麻栽培连作障碍的缓解与调控研究

红麻连作障碍会导致产量损失,严重时几乎绝产,同时还影响纤维品质,由于红麻多采用边际土壤进行栽培，轮作概率不大，所以更加容易发生连作障碍。连作障碍是植物与土壤两个系统中多个因素相互作用的结果，主要是由土壤自毒化感物质积累、土壤微生物区系失衡及土壤理化性质恶化引起的。以连作10年的麻园土壤为样品（对照为同块地边际为栽培红麻土壤），以'红优2号'为试验材料，设置4个处理：连作（RS）、非连作（NS）、连作添加1%的芽孢杆菌菌肥（RSF）、连作添加0.5‰的芽孢杆菌菌剂（RSJ）。研究发现，添加1%的芽孢杆菌菌肥（RSF）、连作添加0.5‰的芽孢杆菌菌剂（RSJ）可以显著提高红麻生物量、促进树体根系发育，土壤酸性磷酸酶、脲酶活性，为缓解红麻连作障碍提供了初步的解决方案。

2. 大豆—红麻轮作条件下覆盖免耕轻简化栽培技术

多年（2018—2021年）定点开展大豆—红麻轮作条件下覆盖免耕轻简化栽培技术，试验地前茬种植大豆，大豆供试品种为'HB01'，红麻（'红优2号'）在前茬大豆收获后喷施除草剂除草，不翻耕，大豆收获后秸秆用于覆盖红麻栽培，不覆盖地方的秸秆拔除，减量施肥为正常施肥量的一半（20kg/亩），密度约为10 000株，同时设置大田正常翻耕、正常施肥、秸秆不还田作为对照。研究结果表明：①豆麻轮作显著增加了红麻的产量，可减少肥料施用量20%。②秸秆还田（覆盖）可以显著提升土壤肥力水平，同时改善土壤结构。③秸秆覆盖条件下免耕栽培模式可以显著降低劳动力成本。连续4年研究结果基本一致，形成了一套比较成熟的豆麻轮作免耕体系（表3-2）。

表3-2　红麻—大豆轮作系统免耕轻简化栽培红麻产量表现

处理	总鲜重（kg/亩）	总干茎重（kg/亩）	株高（cm）	茎粗（mm）
S0F0（秸秆不还田覆盖+不施肥）	3 443.19	825.73	3.77	18.36
S0F1（秸秆不还田+减量施肥）	4 387.78	832.34	3.81	17.68
S0F2（秸秆不还田+正常施肥）	4 508.68	868.19	4.004	18.86
S1F0（秸秆还田+不施肥）	4 681.50	921.24	4.067	19.14
S1F1（秸秆还田+减量施肥）	4 863.19	941.34	3.84	18.01
S1F2（秸秆还田+正常施肥）	5 016.32	1 005.21	4.032	17.88
常规栽培	5 089.23	970.43	4.062	18.46

3. 油菜—红麻轮作条件下减量施肥栽培试验

连续3年（2018—2020年）开展了油菜—红麻轮作条件下减量施肥栽培试验，正常施肥量为$N:P_2O_5:K_2O=15:15:15$复合肥40kg/亩，2018年减施肥分别是20%、40%和60%；2020年减量分别是20%、30%和50%。结果认为油菜—红麻轮作条件下，减量施肥10%~20%，是既环保又高产的减量施肥措施，相对于连作可显著提升产量、提升土壤肥力、改善土壤结构以及降低生产成本。

(三) 黄/红麻逆境栽培技术研究

1. 红麻重金属污染耕地绿色栽培技术

在广西大新县某铅锌矿区开展了红麻对重金属污染耕地的修复研究与替代种植试验，通过系统分析红麻对不同重金属吸附、迁移与转运特征以及红麻的农艺性状，初步筛选了一批适合重金属污染耕地修复与替代种植的红麻种质资源。不同红麻品种在重金属污染耕地产量整体表现都较为理想，在100d的生长周期内，没有另外施肥，平均株高接近3m，最高达到了3.6m；平均产量（鲜重）在2 224.92~4 544.13kg/亩，表现良好。在重度污染土壤情况下，杂交种表现出明显的杂种优势。通过主成分进一步分析各个品种在重金属污染土壤的特性，综合来看，在第一主成分（P1）上，鲜重和皮重贡献率最大，第二主成分（P2）上，株高的贡献率较大；若从产量角度分析，P3A的性质较为突出；若从株高角度分析，H18-828性质较为突出。

在湖北阳新矿区（铜矿，2018年试验地），试验地土壤pH值为6.0左右、铜含量151.03mg/kg，开展不同的处理对红麻耐重金属的栽培模式研究，并深入分析重金属在体内的累积分布特点，种植红麻对土壤的修复作用。结果分析：从产量性状来看，重金属污染地单独施入有机肥、石灰，或者同时施入有机肥和石灰均可以提高红麻的生物学产量，处理效果有机肥+石灰>石灰>有机肥>空白对照。从经济性状来看，植株在3.7~4m、茎粗在18.13~22.21mm长势良好。对重金属的富集效果，从重金属不同组织器官的分布来看，单位重量的含量顺序为根>叶>茎秆，但是由于地上部分生物量大，所以对重金属Cu的富集能力主要是地上部分的叶和茎秆；从对土壤的修复作用来看（根际土壤），不同的处理间均达到了显著差异，通过修复剂（有机肥、石灰）螯合中和，以及生物修复（生物富集），达到了对土壤较好的修复作用，红麻各部分组织富集重金属水平基本持平，但是根际土壤重金属含量出现了下降。

2. 铅胁迫下红麻生理及分子生物学机制

DNA甲基化修饰是一种重要的表观遗传调控现象，在植物逆境胁迫时的基因调控、生长发育等方面发挥着重要作用。为研究红麻在铅胁迫下的基因表达情况及应答机理，本试验采用水培法对发芽7d后的红麻'CP085'幼苗进行不同浓度（200、400、600μmol/L）的$PbCl_2$处理，测量幼苗和根系的农艺性状、抗氧化酶活性，观察细胞的超微结构变化，运用甲基化敏感扩增多态性技术（MSAP）方法分析铅胁迫下根系的DNA甲基化水平变化，并进行了转录组分析，并选取差异基因进行了qPCR验证。研究结果如下。

（1）与对照相比，随着处理浓度的增加，株高、茎粗、根长均受到抑制且程度越来越高，全鲜重、根重等生物量减少且呈递减趋势，都存在显著性差异（$P<0.05$）。

（2）随着铅浓度的增高，叶片的SOD活性和MDA含量先升高后下降，在400μmol/L浓度下达到最高值，而叶片的CAT活性、POD活性和根系的SOD活性、CAT活性、POD活性、MDA含量和根系活力都与重金属处理浓度呈正相关，在600μmol/L浓度下达到最大值，在不同浓度处理下与对照均存在显著性差异。

（3）对 0、600μmol/L 重金属铅处理下的叶片和根系进行了超微结构观察，结果表明，在叶片中，叶绿体对重金属比较敏感，在受到胁迫后出现叶绿体膜模糊不清且基质松散、类囊体结构模糊溶解减少、线粒体较为完整、细胞壁变薄等现象。同样在根系中，受到重金属胁迫后，根细胞内的部分线粒体结构完全破坏，内溶物外泄，细胞壁增厚且出现质壁分离现象。

（4）对 0、600μmol/L 重金属铅处理下的根系 DNA 进行 MSAP 分析，其全甲基化率分别为 50.52%、37.80%，半甲基化率分别为 20.96%、24.40%，总甲基化率为 71.48%、62.20%。对最终测序成功的 97 条差异条带进行比对，比对到功能序列共有 38 条，其中与抗性相关的基因有 11 个，抗性相关基因中发生全甲基化有 7 个基因，半甲基化 4 个基因。

（5）对 0、600μmol/L 重金属铅处理下根系进行转录组高通量测序后，从头组装后获得 308 802 条 Unigene，将组装获得的转录组序列与六大数据库进行比对分类，其中 GO 注释 Unigene 为 105 946 条，注释到 KEGG 库的 Unigene 为 105 362 条，共涉及 128 条已知的代谢路径。经样本间基因差异表达分析，鉴定出 18 082 个显著差异表达的基因，其中上调基因 7 160 个、下调基因 10 922 个。通过 KEGG 代谢通路分析和 GO 分析，筛选出响应铅胁迫相关的谷胱甘肽代谢基因集，共有 20 个响应铅胁迫的关键 Unigene，其中上调表达基因有 8 个，最大差异倍数为 3.4 倍；下调表达基因有 12 个，最大差异倍数为 4.9 倍。从转录组中随机挑选出 14 个上调表达差异的基因进行 qPCR 表达验证，结果表明共 13 个基因 qPCR 表达验证与转录组数据一致，其中表达差异倍数最高的是烟酰胺合酶基因，为 7.5 倍；表达差异倍数最小是碱性亮氨酸拉链基因，为 2.15 倍。

（6）将发生甲基化的 11 个基因 qPCR 表达验证数据与转录组数据进行比对，验证发生甲基化的差异基因表达情况，其中有 8 个基因与转录组数据一致，与对照组相比，处理组上调表达基因有 3 个，下调表达基因有 5 个；剩余 3 个基因表达量不一致，推测正是由于甲基化情况的改变，从而改变了基因的表达量，以应对铅胁迫。其中上调表达差异倍数最高的是 ras 相关蛋白 RABA1f 的基因，为 2.9 倍；下调表达差异倍数最小是蛋白 SGT1 同源 B 样基因，为 1.3 倍。

（7）挑选部分差异基因进行功能研究，分别构建过表达载体与干扰载体进行了烟草遗传转化研究，验证了其在重金属胁迫的功能。

3. 红麻耐受盐胁迫分子生物学机制

选取了两个材料（耐盐和不耐盐）在不同（0、125、250mg/kg）NaCl 浓度终浓度为处理，进行生理学分析和电子投射显微镜分析；明确了其耐盐的生理响应策略；并取叶片组织进行转录组测序分析，共获得 Unigene 45 724 个；对测序进行了生物信息学分析，共发掘差异表达基因 5 361 个，目前已经克隆出耐盐候选基因 8 个。同时进行了差异蛋白质组学研究，共鉴定蛋白质 6 788 个，差异表达蛋白质 1 708 个，进一步对差异表达蛋白和差异表达基因进行了关联分析，表达模式研究、荧光定量分析和转基因功能鉴定。

四 工业大麻

(一) 工业大麻生理基础研究

1. 工业大麻再生体系的构建

研究了'云麻1号'和'龙大麻3号'不同外植体取材部位、不同浓度TDZ（噻苯隆）与NAA（萘乙酸）组合对工业大麻愈伤组织诱导与再分化的影响。'龙大麻3号'子叶近轴端和远轴端愈伤组织诱导率最高的PGRs（植物生长调节剂）为0.5mg/L TDZ+0.3mg/L NAA，下胚轴愈伤组织诱导率最高的PGRs为0.1mg/L TDZ+0.1mg/L NAA；'云麻1号'子叶近轴端愈伤组织诱导率最高的PGRs为0.5mg/L TDZ+0.5mg/L NAA，子叶远轴端（YCf）和下胚轴愈伤组织诱导率最高的PGRs为0.1mg/L TDZ+0.1mg/L NAA。

'龙大麻3号'再分化出不定芽的PGRs为0.4mg/L TDZ+0.2mg/L NAA，再生频率为4.44%，平均每个子叶外植体再生芽2.25个；'云麻1号'再分化出不定芽的PGRs为0.5mg/L TDZ+0.1mg/L NAA，再生频率为2.22%，平均每个子叶外植体再生芽1.5个。

2. 工业大麻中微量元素缺素效应与形态诊断的研究

开展砂培试验，研究了硼、镁、铁、锰元素缺乏对工业大麻植株形态特征、生长指标及花叶中大麻素（CBD、THC）含量的影响。结果表明：与对照相比，缺硼植株根、茎和叶干重分别降低了50%、46%和60%，叶中的CBD含量和THC含量略有降低；缺镁植株的根、茎和叶干重与对照相比分别下降了43%、42%和63%，叶中的CBD含量和THC含量显著降低；缺锰植株根、茎和叶干重下降了44%、43%和33%，叶中的CBD含量和THC含量变化不显著；缺铁植株的生物量和叶片中的大麻素含量差异不显著。

3. 光周期对不同工业大麻品种发育进程的影响

在设施条件下开展盆栽试验，通过光周期转移试验模拟不同日长环境，研究了'晋麻1号''庆大麻1号''皖大麻1号'出苗后的发育进程对光周期的敏感性。结果表明：工业大麻植株出苗后2~9d即进入光周期敏感阶段，雄株进入光敏感阶段的时间稍早于雌株；'晋麻1号'对光周期变化的敏感性大于'庆大麻1号'和'皖大麻1号'。

4. 工业大麻响应低钾胁迫差异蛋白质组学研究

以耐低钾籽用大麻品种（'巴马火麻'，简称BM）和低钾敏感型纤用品种（'云麻1号'，简称Y1）为试验材料，研究在低钾胁迫（0.02mmol/L K^+），正常钾处理（2mmol/L K^+）下快速生长期的茎、叶差异蛋白质组学，待Y1出现严重缺钾症状时，取样进行差异蛋白质组学研究。结果分析，分别鉴定到叶、茎蛋白数量为3 158个、5 149个。其中叶片差异蛋白如下：BM上调蛋白119个，下调蛋白107个；Y1上调蛋白196个，下调蛋白194个。茎差异蛋白如下：BM上调蛋白166

个，下调蛋白122个；Y1上调蛋白214个，下调蛋白139个。总体可知，Y1差异蛋白多于BM，代表Y1反应更剧烈，表现出Y1低钾胁迫下的敏感性。以上差异蛋白进行GO分析不同品种在低钾胁迫下不同生物功能富集差异明显。

5. 工业大麻组培再生技术研究

供试品种为'云麻1号''云麻6号''云麻7号''晋麻1号''皖麻1号''巴马火麻'。将种子放置在培养皿中浸泡1~2d，剥去外壳与种皮，消毒后用镊子与解剖刀剥离两瓣子叶，剥离后的子叶直接作为子叶外植体；剩余的幼胚切去胚根，接种到培养基上培养，长出的叶片作为幼叶外植体。分别取子叶与幼叶，经过消毒后接种于MS+0.4mg/L TDZ+0.2mg/L NAA愈伤组织诱导培养基上。在25℃、16h光照/8h黑暗环境下培养，期间观察各品种不同外植体的再生情况，在15d时观察生长情况并统计愈伤组织诱导率。目前对子叶愈伤组织诱导中，'云麻7号'愈伤诱导率最高，为92.3%；优势愈伤组织为'云麻6号'最高，诱导率为73.1%。幼叶愈伤组织诱导试验中，'云麻7号'愈伤组织诱导率最高，为95%。

（二）工业大麻高效种植栽培技术

1. 不同农艺措施对工业大麻产量和品质影响的研究

在云南昆明、玉溪、曲靖、大理和西双版纳以及山西汾阳开展9批次大田试验，研究了品种、播种密度、收获时期、钾肥、微生物肥、腐殖酸、多效唑、螯合剂等因素对工业大麻茎秆产量和花叶产量的影响。结果显示，'云麻8号'在云南的茎秆和花叶产量与'云麻7号'相当，相较于低密度种植（1~2株/m²），高密度种植（25~50株/m²）的花叶产量差异不大，但茎秆纤细、产量显著提高；雌株盛花末期收获有利于获得较高的花叶和茎秆产量；施用钾肥、微生物肥和腐殖酸对植株的形态、麻秆产量和花叶产量的影响较小，对花叶中CBD含量的影响也不显著；在旺长初期（约70cm高）和旺长后期（约150cm高）喷施多效唑（0~500mg/L）对株高、茎粗的影响不显著，在旺长前期喷施多效唑有提高花叶中CBD含量的作用，而在旺长后期喷施200mg/L多效唑能提高茎秆和花叶产量。

2. 微量元素配合施肥条件下对工业大麻产量的影响

在云南大理（'云麻1号'）、山西汾阳（'晋麻1号'）和安徽六安（'皖大麻1号'）开展了微量元素—氮磷钾配合对工业大麻秆、叶产量影响试验，结果显示，增施"硼+锰"和"锌+硼+锰"对工业大麻茎、叶产量无显著影响，这与土壤微量元素丰缺有关；大麻秆、叶产量主要决定于大量元素肥料的使用量；微量元素肥料、氮磷钾复合肥用量无互作效应。在黑龙江大庆以'庆大麻1号'开展的硼、锌、锰微量元素试验结果，单独施用锌和硼能不同程度地促进大麻植株生长，锌锰混合、硼锰混合有利于原茎增产；锰元素可提高叶产量；硼元素可增加麻皮产量。

3. 不同种植条件下对工业大麻种植的影响

开展了"植株密度和收获期对工业大麻花叶产量及CBD含量的影响""氮肥种类及施用量对

工业大麻花叶产量和CBD含量的影响""NPK比例与矮壮素耦合对工业大麻花叶产量的影响"和"镁、硼肥对工业大麻花叶产量及CBD含量的影响"等试验。结果显示，花叶产量随密度增高和收获时间延长而提高，但达到一定密度后花叶产量不再增加；不同种类氮肥对大麻花叶产量影响不显著，但氮肥施用量和雌雄比对花叶产量有影响；矮壮素对大麻的株高影响极显著，NPK比例对大麻花叶产量影响极显著，矮壮素和NPK比例对花叶产量有互作；增施含镁、硼的肥料对大麻花叶产量及CBD含量无显著影响。

4. 高纬度地区纤维用工业大麻栽培管理技术

在黑龙江省大庆市肇州县双发乡实施100亩高纬度地区纤维用工业大麻目标管理栽培技术示范种植。选用当地主推优良品种'庆大麻1号'，通过规范整地、抢墒及早播种、合理密植、精量平衡施肥、化学除草和及时防控病虫等综合技术措施，示范大麻生长旺盛、整齐，2019年8月6日测产验收实际示范面积100亩，亩有效株数12.47万株、株高249cm、茎粗6.4mm，亩产鲜茎3 549.9kg、原茎806.7kg，群体整齐不倒伏，适宜机械收获，达到了预期示范效果。

5. 花叶用工业大麻"四改"绿色栽培技术示范

在云南省曲靖市沾益区菱角乡赤章村实施50亩花叶用工业大麻"四改"绿色高产栽培技术示范种植。选用云南省主推优良品种'云麻7号'，通过改全层施基肥、撒施追肥为深施穴施肥料，改常规露地条播为地膜覆盖穴播，改种子直播为营养袋育苗移栽，改密植（大群体小个体）为稀植（小群体大个体），即"四改"绿色栽培综合技术措施，示范种植工业大麻生长旺盛、整齐，达到了预期的示范效果。2019年9月26日测产验收，花叶用工业大麻"四改"绿色栽培实际示范面积50亩，亩有效株509株、株高338cm、茎粗33.6mm、单株一级分枝38.1个，亩产鲜茎叶2 928.34kg、原茎610.98kg、干花叶336.48kg，达到了预期示范效果。

（三）工业大麻逆境调控机理研究

1. 喷施水杨酸缓解工业大麻铜胁迫

Cu^{2+}对工业大麻种子萌发的半抑制浓度为100mg/L，根表面积显著增大41.6%。快速生长期喷施SA（水杨酸）（300μmol/L）其株高、茎粗、地上与地下部干重均高于对照（0.68%、9.46%、4.85%、9.09%），显著提高根系对铜的吸收和富集系数（表3-3）。进一步研究发现 *CIPK2*、*PGIP*、*WRKY* 可能与工业大麻抗Cu^{2+}能力相关，其中 *WRKY* 基因可能是铜胁迫特异性响应SA表达的抗性基因。

表3-3 外源水杨酸对铜胁迫下工业大麻铜富集的影响

处理组合	地上部铜含量（mg/kg）	地下部铜含量（mg/kg）	地上部铜累积量（μg）	地下部铜累积量（μg）	纤维铜含量（mg/kg）
C_0S_0	3.50±1.22b	9.13±3.27c	104.37±44.36ab	16.62±4.6c	5.67±1.44ab
C_1S_0	6.50±2.48a	135.13±14.98b	92.85±50.44ab	257.4±59.65b	6.83±0.76ab

(续表)

处理组合	地上部铜含量（mg/kg）	地下部铜含量（mg/kg）	地上部铜累积量（μg）	地下部铜累积量（μg）	纤维铜含量（mg/kg）
C_0S_1	2.33±0.58b	26.04±4.4c	47.64±7.12b	48.47±23.23c	6.5±0ab
C_1S_1	5.38±2.05ab	314.25±127.63a	108.99±65.77a	286.71±63.78b	7.17±0.29a
C_0S_2	3.19±0.75b	9.96±2.81c	65.17±7.37ab	19.21±6.87c	4.83±2.08ab
C_1S_2	5.38±0.6ab	83.04±33.63bc	110.87±26.84a	240.58±85.56b	4.33±1.61b
C_0S_3	2.63±0.43b	17.88±9.5c	65.74±17.23ab	76.20±4.85c	3±2.18b
C_1S_3	3.58±0.14b	287.88±23.01a	61.94±7.31ab	653.11±62.41a	2±1.8b

注：不同小写字母表示 $P=0.05$ 水平下有显著性差异。C_0S_0 为普通土—无水杨酸处理；C_0S_1 为普通土—水杨酸浸种处理；C_0S_2 为普通土—苗期喷施水杨酸处理；C_0S_3 为普通土—快速生长期喷施水杨酸处理；C_1S_0 为铜尾矿砂—无水杨酸处理处理；C_1S_1 为铜尾矿砂—水杨酸浸种处理；C_1S_2 为铜尾矿砂—苗期喷施水杨酸处理；C_1S_3 为铜尾矿砂—快速生长期喷施水杨酸处理。

2. 工业大麻内生真菌对大麻耐盐性影响的研究

选用'云麻5号'和'巴马火麻'开展内生真菌对大麻耐盐性影响试验，在盐浓度200mmol/L培养基接种大麻幼苗，大麻苗生长2周后接种毛壳菌（Chaetomium globosum）、哈茨木霉（Trichoderma harzianum）、枝孢霉（Cladosporium）、炭团菌（Annulohypoxylon stygium），观察内生真菌与大麻共培养3周后的共生情况。测序结果进行OUT分析后得到68个分类单元，属于30个属，69个种。两个大麻品种在不同盐处理下均分离到毛壳菌、哈茨木霉、炭团菌、枝孢菌，能在含200mmol/L NaCl的培养基上与大麻苗共生。无盐情况下回接哈茨木霉对大麻促生长作用较好，盐胁迫条件下毛壳菌对减轻大麻盐胁迫的效果较好。

3. 螯合剂对工业大麻吸收和积累重金属影响的研究

'云麻1号'（Y1）、'巴马火麻'（BM）2个大麻品种为试验材料。播种后，将2种螯合剂（柠檬酸CA、EDTA-2Na）分别按浓度梯度0、2、5、10、15mmol/L，施入种植盆中，每个处理3次重复。在幼苗长至7周后收获，测量所有大麻的苗高、茎粗、生物量。螯合剂EDTA-2Na和柠檬酸低浓度对大麻生物量影响不大，可缓解Pb对植株的毒害，而高浓度则显著抑制生长和生物量的增加。随螯合剂浓度增加，MDA的含量上升。柠檬酸和EDTA-2Na浓度为2mmol/L时，SOD和POD活性上升，但高于5mmol/L时，酶活性降低。

4. 盐氮耦合胁迫对工业大麻生长的影响及其生理调节机制研究

试验品种为'云麻7号'，采用盆栽试验，实验设置4个盐度水平、3个氮素水平，共12各处理，每个处理4次重复。盐水平为NaCl 0、2、4、6g/kg，氮水平为尿素0、0.3、0.6g/kg。播种后第八周收获，并测量植株的株高、茎粗、干重、冠干重、根干重。在所有盐水平上，氮素对株高、茎粗、叶干重、茎干重、根干重、叶片含水量都影响极显著。3个氮素水平上，盐对茎干重、根干重和叶片含水量影响极显著。盐氮耦合作用下，对株高、株高、根干重、叶干重都影响显著，茎干重和茎粗影响极显著，但对叶片含水量影响不显著。从试验结果分析，盐氮无论单独还是耦合效应皆对'云麻7号'生长指标产生影响，氮素的影响大于盐。

5. 工业大麻品种对磷营养胁迫的生长响应研究

试验品种为'云麻1号''云麻7号''巴马火麻''皖麻1号'，磷浓度梯度设定为：0.02、0.10、0.50、4.00、8.00、12.00、16.00mmol/L，测定地上部分鲜重、株高、茎粗等生长指标；测定相对电导率等生理指标。水培条件下，'云麻1号'和'皖麻1号'能够在0.02~16.00mmol/L磷浓度处理范围内生长，但磷浓度过高或过低均会对其生长造成不利影响；不同品种大麻对同一磷浓度的生长生理响应有差异；同一大麻品种在不同栽培条件（珍珠岩和泥炭基质）下，对磷胁迫的响应也有不同；磷浓度过低明显抑制泥炭和珍珠岩基质栽培大麻的生长。

6. 工业大麻品种不同生育期对水涝胁迫响应的差异

试验品种为'云麻1号''巴马火麻''云晚6号'，置于人工气候箱中进行工业大麻种子萌发。种子萌发后，设蒸馏水淹没处理已萌发的种子为处理组，以正常处理为对照，4d后观察两组种子的情况并拍照。研究发现大麻不同生育期对水淹胁迫的抗性差异较大，各品种大麻萌发阶段对水淹胁迫均敏感，水淹处理后的芽苗生长状况明显比对照更差。苗期与工艺成熟期大麻对淹水的耐受能力较强，3个大麻品种都有一定程度上的长期耐涝能力，'云麻1号'优势明显，其生物量不仅没有减少反而增加，并且株高和茎粗都大于对照，说明'云麻1号'品种适合多涝多雨地区推广种植。

7. 工业大麻响应铅（Pb）胁迫的差异蛋白质组学研究

以耐Pb籽用大麻品种（'巴马火麻'，简称BM）和Pb敏感型纤用品种（'云麻1号'，简称Y1）为试验材料，研究在Pb（3 000mg/kg）胁迫下快速生长期的叶片差异蛋白质组学。试验采用盆栽法，待对照苗长至约40cm时，即进入快速生长期，分别提取两个品种两个处理下的倒数3~5片完全展开叶蛋白，进行差异蛋白质组学研究。发现在Pb胁迫下，耐性品种BM体内代谢状况和分子与生理活动相对Pb敏感品种更稳定，而Y1则表现为各种代谢活动比较旺盛，表现出针对Pb胁迫的敏感性。通过分析发现大麻主要通过提高ATP代谢，加强呼吸作用、光吸收和光能传递，促进细胞内N、C同化，清除活性氧，调控气孔发育及关闭，促进叶片水分和CO_2交换，促进胞间物质运输，保护未折叠蛋白发生聚合及降解错误折叠的蛋白，加强ATP、叶绿体跨膜运输等来适应Pb胁迫。

五 剑麻

(一) 剑麻提质增效栽培技术

1. 基于无人机遥感影像的剑麻株数识别

基于无人机遥感系统获取的剑麻冠层可见光谱影像，使用Pix4Dmapper拼接重建试验区的全幅正射影像；然后利用面向对象多尺度分割算法分割剑麻中心区域和其他区域，通过采样定义类别特征空间实现株数识别；将基于算法提取的株数与目视解译统计的株数进行对比分析，评估识别精度；最后，基于面对对象分类结果，利用主成分分析法提取表征剑麻主要性状信息的主成分，建立了剑麻株数估测模型，估测精度在87.1%。

2. 麻渣覆盖配施尿素对剑麻生长及氮素吸收利用的影响

不同处理新增叶片量差异显著，其中剑麻渣配施尿素处理（S+U）新增量最大，其次为单施尿素处理（U），单施麻渣处理（S）叶片生长数量也显著高于施氮肥对照。在施用化肥的条件下，麻渣覆盖增产效果显著（表3-4）。

表3-4 不同处理施肥方法

处理	方法	干麻渣（g）	化肥用量（g）		
			尿素	过磷酸钙	氯化钾
空白对照（CK1）	不施肥	0	0	16	12
不施氮对照（CK2）	不施氮对照	0	0	16	12
单施剑麻渣（S）	麻渣覆盖，覆土	150	0	16	12
单施尿素（U）	尿素撒施，覆土	0	8	16	12
剑麻渣配施尿素（S+U）	剑麻渣和尿素用量同上	150	8	16	12

3. 石漠化山地剑麻平衡施肥试验

在云南省广南县重度石漠化山地进行平衡施肥试验。试验结果表明，N3（$N:P_2O_5:K_2O=1:0.3:1.3$，施肥量为500g/株）处理剑麻新增叶片数量及生物量均最大，分别达59片/株、1 320.0g/株，推荐为当地最佳施肥比例和用量（表3-5）。

表3-5 不同施肥处理剑麻生长量

处理	$N:P_2O_5:K_2O$	增叶数（片）	新增鲜叶量（g/株）	新增生物量（g/株）
N0	0∶1.0∶3.8	44	9 126.3	1 069.8
N1	1∶1.0∶3.9	51	11 602.7	1 307.2
N2	1∶0.5∶2.0	53	8 347.5	1 260.0
N3	1∶0.3∶1.3	59	11 674.7	1 320.0
N4	1∶0.3∶1.3	47	9 447.0	1 240.8

阐明了固氮菌NCT102与解磷菌PMT36最佳菌群配比对剑麻苗生长的作用，采用固体发酵法制备菌肥，获得了相应的最佳复合配比菌群发酵工艺参数和定殖动态规律；克隆到剑麻抽薹相关基因的全长3个，并分析其时空表达量。

4. 剑麻化肥减施增效技术研究与集成

（1）剑麻化肥减量配施加磷有机肥试验。与习惯施肥相比，采用剑麻化肥减量配施加磷有机肥技术，化肥用量比常规用量减少25%，剑麻鲜叶产量平均增加6.65%，产量最高增加12.14%。有机无机配施处理土壤碱解氮、硝态氮、铵态氮、速效磷和速效钾含量与不施肥对照和习惯施肥处理相比均有所提高。

（2）剑麻同步营养肥增效减施试验。与习惯施肥相比，通过使用剑麻同步营养肥增效减施技术，可使化肥用量减少25%，剑麻鲜叶产量增加4.57%。市售高塔脲甲醛缓释肥和同步营养肥处理土壤碱解氮含量均明显高于不施肥对照和习惯施肥处理。

（3）剑麻化肥减施技术集成。初步集成了以剑麻化肥减量配施加磷有机肥技术、剑麻同步营养肥增效减施技术要点如下。

剑麻化肥减量配施加磷有机肥技术：先通过平衡施肥技术，改进化肥施用比例，减氮稳磷减钾。即尿素、钙镁磷肥、氯化钾按重量比为1：2：1.5，纯养分比例为$N：P_2O_5：K_2O=1：0.5：2$。磷肥加入有机肥中混合堆沤腐熟，得到加磷有机肥，即将新鲜鸡粪和钙镁磷肥按重量比20：1搅拌混匀后，浇透水，盖上黑色塑料膜，堆沤约30d后可施用。加磷有机肥撒施于小行间，用量为1t/亩。施用加磷有机肥后再覆盖新鲜麻渣，用量为5t/亩，麻渣均匀覆盖于剑麻小行间，再覆盖一层薄土。同时分别按25kg/亩、38kg/亩的用量配施尿素、氯化钾，撒施于小行间或在大行两边沟施。

剑麻同步营养肥增效减施技术：先将缓释肥（14.3-14.3-14.3）、尿素、氯化钾以重量比为1：0.3：0.7的比例混配，即得纯养分含量为$N：P_2O_5：K_2O=1：0.5：2$，且缓释N和常规尿素N各占50%的剑麻同步营养肥。剑麻同步营养肥施用量为113kg/亩，幼龄麻宜在大行间沟施，成龄麻可进行麻渣小行覆盖施肥，麻渣用量为5t/亩。

5. 剑麻不同缓释肥、高钾复合肥施用效果研究

为比较不同缓释肥、复合肥的施用效果，探索麻渣覆盖施肥效果。2018年11月24日于云南广南县篆角乡进行了不同缓释肥、高钾复合肥覆盖麻渣施肥效果试验。肥料种类均为当地市售化肥，其中缓释肥1为世耕999牌（N-P-K=20-10-10，总养分≥40%）。缓释肥2为世耕999牌（N-P-K=22-7-6，总养分≥35%），高钾复合肥1为兴宝龙牌（N-P-K=15-8-22，总养分≥45%），高钾复合肥2为农家乐牌（N-P-K=15-5-25，总养分≥45%）。试验采用随机区组排列设计，每处理3次重复。单施化肥处理穴施，化肥覆盖麻渣处理则在化肥穴上覆盖麻渣，覆盖厚度5cm，用量约为每穴2.0kg干麻渣。

2019年11月13日调查新增叶数、叶片鲜重和产量，并采集土壤和叶片样品。试验结果表明，缓释肥2+覆盖麻渣（H2+M）处理新增叶片量、产量均最高，分别达34.5kg/株、10.4t/亩。其次为缓释肥1+覆盖麻渣（H1+M）处理，新增叶片量、产量分别达34.0kg/株、9.0t/亩。与高钾复合肥相比，施用缓释肥剑麻新增叶片量和产量均有所提高，单施缓释肥1（H1）、单施缓释肥2（H2）产量分别达9.0t/亩、8.6t/亩，而单施高钾复合肥1（F1）、单施高钾复合肥2（F2）产量仅为 8.0t/亩、8.3t/亩，但差异不显著。不论缓释肥还是高钾复合肥，麻渣覆盖处理剑麻新增叶片量和产量均有所提高，缓释肥1+覆盖麻渣（H1+M）、缓释肥2+覆盖麻渣（H2+M）处理剑麻新增叶片量分别比单施缓释肥1（H1）、单施缓释肥2（H2）处理提高了11.8%、20.6%。可见，剑麻施用缓释肥增产效果较好，施肥穴覆盖麻渣也在一定程度上起到增产作用。

6. 我国剑麻主产区土壤和叶片养分丰缺状况调查

为了解我国剑麻主产区矿质营养丰缺状况，优化剑麻施肥水平，采集了广西和广东主产区叶片样品 438 个。分析测定发现，广西剑麻全 Ca 含量明显高于广东，增幅达 42.71%；全 Mg 增幅达 20.12%；全 N 增幅达 17.02%；全 P 增幅达 22.49%；全 K 含量广东比广西高，增幅达 23.32%。参照剑麻叶片营养诊断指标，发现广西剑麻叶片全 Ca 含量偏高，广东剑麻全 Mg 含量偏低（表3-6）。

表3-6 剑麻叶片养分含量

主产区	采样地点	全 N (%)	全 P (%)	全 K (%)	全 Ca (%)	全 Mg (%)
广西	东方农场	1.10	0.15	1.02	4.72	0.71
	新光农场	1.23	0.14	0.46	5.18	0.73
	山圩农场	1.22	0.14	1.34	4.40	0.49
广东	幸福农场	1.12	0.06	2.04	3.21	0.53
	红江农场	1.12	0.06	2.04	3.21	0.53
	五一农场	1.07	0.09	1.59	2.97	0.58
	黎明农场	1.01	0.28	1.25	4.80	0.53
	火炬农场	0.97	0.10	1.71	3.08	0.53
	金星农场	0.94	0.10	1.28	2.78	0.60
	东方红农场	1.19	0.12	2.22	3.47	0.52
	东升农场	1.19	0.13	1.16	3.19	0.47

对土壤养分含量的调查发现，广西剑麻园土壤 pH 值平均为 5.51，以弱酸为主，广东土壤 pH 值平均为 5.15，以酸性为主。广西土壤有机质含量平均为 22.9g/kg，而广东为 23.8g/kg，两地均处于中等水平。广西土壤全氮含量平均为 1.2g/kg，则广东为 1.1%，均处于低等水平。广西土壤有效磷含量平均为 16.4mg/kg，总体处于中等水平，而广东则为 34.7mg/kg，总体处于中上水平。广西速效钾含量平均为 82.3mg/kg，处于中等水平，而广东速效钾含量平均为 59.1mg/kg，处于低等水平（表3-7）。

表3-7 剑麻园土壤养分含量

主产区	采样地点	pH 值	有机质 (g/kg)	全氮 (g/kg)	有效磷 (mg/kg)	速效钾 (mg/kg)
广西	东方农场	4.95	22.9	1.2	23.7	65.3
	新光农场	5.10	20.1	1.1	5.1	66.3
	山圩农场	6.50	25.6	1.2	20.4	115.4

（续表）

主产区	采样地点	pH 值	有机质 (g/kg)	全氮 (g/kg)	有效磷 (mg/kg)	速效钾 (mg/kg)
广东	幸福农场	5.70	29.2	1.5	26.3	102.3
	红江农场	5.39	19.3	1.0	123.8	93.7
	五一农场	4.98	21.7	1.1	22.8	67.7
	黎明农场	4.69	20.3	0.8	6.2	18.2
	火炬农场	5.36	29.1	1.3	66.1	78.2
	金星农场	5.04	28.1	1.1	16.3	47.9
	东方红农场	5.20	24.5	1.1	12.7	41.8
	东升农场	4.85	17.9	0.7	3.1	22.9

7. 高产剑麻养分需求特性研究

（1）高产剑麻不同麻龄各器官养分含量。调查和完善了我国剑麻高产区山圩农场剑麻矿质养分需求特性。测定了不同麻龄剑麻根、茎、叶各种大量元素和中微量元素养分含量。不同麻龄剑麻茎和叶全氮、全磷和全钾含量范围分别为 0.66%~1.59%、0.06%~0.17%、0.54%~3.07%，均表现为茎部和叶片含量较高，而根部很低，幼龄期较高，壮龄和老龄期依次降低。叶片钾素含量总体高于茎部。全钙、全镁含量叶片总体上高于茎部，且壮龄期高于幼龄和老龄期，而根部含量很低。茎部和叶片全钙含量范围分别为 1.65%~3.95%、3.27%~4.84%，叶片全钙含量在各个麻龄段均处于较高水平。茎部硫含量较高，根和茎铜含量高于叶片。锌、硼、钼和氯含量均表现为茎和叶较高，根部较低。其中，茎部锌含量在幼龄期较高，叶片氯含量在老龄期较高。

（2）高产剑麻干物质累积特性。高产剑麻茎部和根部在 1~7 龄处于缓慢生长期，干物质累积量分别从 1 龄的 0.3kg、0.4kg 累积到 7 龄的 4.5kg、6.9kg，年平均累积量分别为 0.7kg/年、1.1kg/年。而 7~11 龄累积速度相对较快，分别从 7 龄的 4.5kg、6.9kg 累积到 11 龄的 9.6kg、16.3kg，年平均累积量分别为 1.3kg/年、2.4kg/年。而 11 龄之后，剑麻根和茎均表现为负增长，干物质累积量均不再增加，还表现出萎缩的趋势。而叶片干物质始终保持较快累积速率，其中，5~11 龄为叶片干物质快速积累期，干物质量从 5 龄的 10.3kg 累积到 11 龄的 40.6kg，年平均累积量为 5.1kg/年。高产剑麻整株干物质累积走势在整个生命周期中可分为 3 个时期，1~7 龄为中速累积期，年平均累积量为 4.8kg/年；7~11 龄为快速累积期，年平均累积量为 9.1kg/年；11~15 龄为慢速累积期，年平均累积量为 2.1kg/年。

（3）高产剑麻不同麻龄养分需求特性。高产剑麻不同麻龄每年矿质养分吸收量有所不同。氮素吸收高峰出现在 8、9 龄和 12、13 龄，磷素吸收高峰在 8、9 龄，钾素吸收高峰在 8~10 龄。钙素吸收高峰在 6~8 龄和 10~12 龄，镁素则在 6、7 龄和 12、13 龄。剑麻对硫元素的吸收高峰在 7 龄。微量元素方面，剑麻对铜元素的吸收高峰在 6、7 龄和 12、13 龄，锌吸收高峰在 10、11 龄，硼则在 12、13 龄。剑麻对的钼的吸收量较少，主要集中在 6~11 龄，但剑麻对氯的吸收量较大，尤其

是在 10、11 龄和 14、15 龄。

（二）剑麻抗逆生理及栽培技术

1. 不同种植模式对石漠化山区土壤物理性质的影响

通过广西平果市和云南元谋县剑麻固土保水监测点的持续观测，进一步明确了剑麻在石漠化山区及干热河谷地区的固土保水效应，石漠化山地种植剑麻具有良好的固土保水效果，种植剑麻可以增强土壤的抗侵蚀能力。种植剑麻的土壤容重要低于对照处理，除玉米之外其他种植模式的土壤总孔隙度高于对照，种植剑麻的土壤稳定渗透速率要高于对照以及玉米和桑。种植剑麻使得土壤容重降低，孔隙度增加，土壤渗透性和透气性得到改善，渗透性能越高，土壤透水性越好，地表径流量越低，土壤抗侵蚀作用也就越强，表明种植剑麻可以增强土壤的抗侵蚀能力。

2. 金沙江干旱区剑麻、番麻的水土保持效应分析

通过金沙江干旱区多年种植的持续观测，剑麻和番麻覆盖显著降低地表径流效果，在 10°坡面上径流量比对照分别减少 92.38%、94.58%，在 20°坡面上径流量比对照分别减少 22.10%、33.16%；重度石漠化管理区剑麻株高、冠幅、叶长、叶宽、单叶鲜重均显著高于对照区。其中，单叶鲜重差异最显著，管理区剑麻单叶鲜重达 211.2 g，比对照提高了 139.6%；研究剑麻在不同的低温胁迫下生理生化的变化规律，随着胁迫温度的降低，剑麻叶片内可溶性糖、可溶性蛋白、脯氨酸、过氧化物歧化酶、过氧化物酶含量依次升高。

（三）剑麻轻简化可持续种植技术研究

1. 剑麻麻渣饲料化利用技术

通过将剑麻渣和王草以不同比例混合青贮，评价其发酵品质，探究两者最佳青贮混合比例。设计 100%剑麻渣（对照组）、60%剑麻渣+40%王草（6∶4 组）、50%剑麻渣+50%王草（5∶5 组）、40%剑麻渣+60%王草（4∶6 组）、30%剑麻渣+70%王草（3∶7 组）、20%剑麻渣+80%王草（2∶8 组）、10%剑麻渣+90%王草（1∶9 组）7 个处理，青贮 180d 后打开青贮袋测定青贮饲料发酵品质。结果表明，青贮饲料干物质含量随王草比例增加而增加，乳酸、乙酸、水溶性碳水化合物和总挥发性脂肪酸含量随王草比例增加而降低；所有青贮饲料均具有低 pH 值、氨态氮/总氮值和丁酸含量。综合分析，建议在生产中剑麻渣和王草混合青贮的最适比例为 4∶6。初步提出一套以 30%~50%麻渣和甘蔗渣混合青贮、40%剑麻渣和柱花草混合青贮、40%剑麻渣和王草混合青贮为主的麻渣饲料化利用技术。

2. 麻渣基质化栽培蘑菇技术

栽培菌袋制作：麻渣晾干称重，与玉米芯按照 3∶2 的比例混合均匀，加水至相对湿度 65%，用生石灰调节 pH 值至 8~9，在搅拌机内进行自然发酵，发酵温度超过 65℃时搅拌通风并散热，温度降至50℃时停止搅拌，发酵时间约50d。使用的菌袋规格为17cm×33cm，每袋料干重约0.5kg，每个配方约100袋。试验结果表明，平菇在含有麻渣的4个配方中均能正常出菇且菇型正常，统计发现，随着麻渣添加比例增加，平菇的产量降低，含35%麻渣与玉米芯混合物的产量与对照相当，推荐麻渣与玉米芯混合物添加比例为35%。

3. 剑麻间种牧草、绿肥、经济作物等技术与效益评价研究

于广东湛江东方红农场进行了剑麻间种柱花草、假花生和广东金钱草试验。结果表明，间种假花生处理剑麻叶长、叶宽、叶厚和叶片鲜重均有所提高，间种假花生、柱花草处理剑麻产量分别比CK增产43%和34%，而间种广东金钱草则减产22%，但方差分析结果差异均不显著，可能与套种的绿肥封行时间尚短（一个季度），以及该绿肥还没有粉碎回田有关。因此，该试验有待长期定位观察。种植假花生、柱花草和广东金钱草的控草效果分别为50%、59%和56%，控草效果十分显著。

对间种柱花草、假花生和广东金钱草处理麻园土壤养分含量调查结果表明，间种土壤pH值与对照相比有所提高，其中间种假花生土壤pH值提高效果最明显，pH值比对照提高了1.24，提高了24.3%。间种土壤有机质含量和全氮含量差异不明显，而间种土壤碱解氮含量有所降低；间种广东金钱草土壤有效磷含量有所提高，间种柱花草速效钾含量有所降低。间种花生土壤交换性钙、镁含量均显著增加，分别比对照提高了201.4%、385.4%。

4. 剑麻"麻茎深埋还田+换行"种植模式研究

麻茎深埋即用挖土机将淘汰麻株挖起，深埋1.5~2.0m。换行种植即将梯田畦面沿等高线往山脚方向平移，开建新的梯田种植行，在新的梯田畦面上定植新一代麻苗，以确保麻苗在新土上种植，远离原来的种植点。研究发现，麻茎含有丰富的养分，麻茎C、N、P、K含量达4 632.2、49.7、8.3、21.8kg/亩。麻茎深埋后通过腐解提高土壤有机质含量，不断释放矿质养分，麻茎在覆土还田后的300d内，鲜茎、干叶基、鲜叶基的腐解率分别达82.7%、57.9%、34.5%，氮素释放率分别为89.2%、81.3%、34.0%，磷素释放率分别达84.6%、53.8%、32.1%，钾素释放率分别为94.9%、86.5%、34.5%。调查发现，麻茎深埋还田与对照比，土壤pH值、有机质、全氮、有效磷、速效钾含量分别提高4.0%、30.40%、16.70%、4.20%、4.30%，说明麻茎深埋还田可在一定程度上改善土壤理化性质。多年生产表明，该种开垦下剑麻生长良好，不但产量持续高而不降，还巧妙处理了大块的麻茎，节省了清园人力物力，符合当代生态、环保、可持续发展的农业生产理念，目前已在我国山地和丘陵麻田推广。

通过"麻茎深埋还田+换行"，土壤疏松透气，有机质含量显著提高，可促进剑麻生长，从而减少幼龄麻化肥用量。"麻茎深埋还田+换行"还可减少麻园更新换代杀虫、灭菌、消毒等作业，从而减少农药用量达50%以上。研究发现，应用剑麻"麻茎深埋还田+换行"减肥减药技术，剑麻园土壤理化性质得到明显改善，可使化肥用量减少30%，剑麻鲜叶产量基本持平。

第四章 病虫草害防控研究进展

一 苎麻

(一) 苎麻花叶病毒病与烟粉虱的互作研究

1. 烟粉虱传毒蛋白 ZNF330 与苎麻花叶病毒 RaMoV CP 蛋白互作

通过酵母对多个与 RaMoV CP 互作的候选靶标蛋白一对一互作验证试验，表明烟粉虱 ZNF330 蛋白与 CP 蛋白在酵母细胞内存在互作关系。说明烟粉虱靶标蛋白 P19 与病毒 CP 蛋白存在互作关系。

2. ZNF330 蛋白在烟粉虱传毒过程中的生物学功能

利用 T7 试剂盒体外合成 ZNF330 基因片段的 dsRNA。体外膜饲喂烟粉虱成虫，通过对烟粉虱取食死亡率、ZNF330 基因干扰效率试验分析，结果表明，干扰 ZNF330 后的烟粉虱种群在取食带毒植株 6h 和 24h 后，获得的 RaMoV 的病毒量显著高于对照组烟粉虱获取的病毒量（$P<0.05$）。这说明烟粉虱 ZNF330 蛋白与虫体内 RaMoV 病毒积累量有关，但 ZNF330 是影响病毒在烟粉虱体内的积累还是复制作用，有待进一步研究。

3. 转录组学解析 RaMoV 作用对 MED 烟粉虱的影响

对前期研究的烟粉虱健康种群和高带毒种群转录组数据，结合烟粉虱全基因组数据，进行有参比对分析，筛选差异表达基因进行归类及分析，结果表明，病毒对烟粉虱糖代谢、解毒代谢及自噬途径相关基因的表达有显著影响。通过转录组比较分析发现，取食带有 RaMoV 的烟草对烟粉虱糖代谢相关的通路影响较大。UDP-葡萄糖基转移酶（UDP-glucuronosyl transferases，UGTs）和谷胱甘肽-S-转移酶（Glutathione S-transferases，GSTs）对多种内源性和外源性有毒化合物的解毒代谢过程起到非常重要的作用，推测 RaMoV 会影响烟粉虱解毒代谢。通过转录组比对发现，富集到 Lysosome（溶酶体通路）和 Autophagy（自噬通路）中的绝大多数基因下调。推测 RaMoV 侵染后会抑制烟粉虱的自噬反应，保护病毒自身在烟粉虱体内不被降解。

（二）苎麻根腐线虫生物农药防控示范与流行规律调查

多年在江西宜春、四川大竹、湖北嘉鱼县、重庆涪陵和荣昌等地进行了苎麻根腐线虫生物防控试验和示范。在重庆涪陵进行了苎麻根腐线虫生物农药 PSB 和 BT 菌剂的试验示范，结果表明施用 PSB 的苎麻与对照相比增产率达到 7.4%，BT 菌剂效果不明显，对照药剂阿维菌素的增产率为 -4.4%，室内 pH 值检测表明 PSB 的小区 pH 值升高到 4.91，而对照为 4.79。

连续多年对益阳沅江苎麻试验站基地的苎麻地土样进行了线虫调查。随机选 5 点，每个点土壤深度为 10cm、20cm、30cm，分别取 100g 土样，浅盘法分离获得线虫。该苎麻地主要线虫种群为根腐线虫——咖啡短体线虫及矮化线虫，深度与线虫数量基本呈递减趋势；3—5 月，根腐线虫数量较多，此后逐渐减少。3—5 月，气温逐渐升高，根腐线虫生长繁殖达到高峰，随着温度的升高，线虫逐渐侵染植株，土壤中线虫数量减少。而相对比较暖和的 9—10 月，土壤中的线虫数量又有上升。

2019 年对四川和重庆的苎麻大面积种植地土样进行了线虫调查。称取 100g 土样，用贝曼漏斗法分离获得线虫，数量统计情况见表 4-1。结果分析达州轮作油菜地和 6 年麻地的咖啡短体线虫分别达到 17 条和 18 条，需要进行防治，如不及时防治将导致苎麻根腐严重。其他地块的线虫没有或者数量少，但是也要坚持监测，以防苎麻根腐线虫病发生严重。研究结果显示，苎麻与油菜轮作、与榨菜套种地，咖啡短体线虫、矮化线虫数量偏高。同时，调查的大部分田块几乎都有矮化线虫。

表 4-1 四川及重庆土壤中根腐线虫调查结果

采样地及其种植情况	咖啡短体线虫数量（条/百克土）	矮化线虫数量（条/百克土）
达州轮作油菜	17	476
达州 6 龄苎麻	18	74
达州 3 龄苎麻	3	38
大竹 3 龄苎麻	0	17
大竹 1 龄苎麻	0	3
大竹 5 龄苎麻	0	30
重庆榨菜套种 6 年	0	0
重庆榨菜套种 2 年	2	90
重庆无套种	2	37

（三）苎麻褐斑病防控试验

苎麻褐斑病主要危害苎麻叶片、叶柄和茎，叶片染病后叶面出现暗绿色斑点，后扩展为圆形至不规则形大小不一的病斑，大小2~40mm，中部灰褐色，有不明显轮纹，四周黑灰褐色，与健组织分界明显。叶背面病斑灰褐色，叶脉处暗褐色。叶柄染病生浅褐色纺锤形凹陷斑。茎秆染病现纵条状褐色或纺锤形凹陷斑。后期各病部散生黑色小粒点，即病菌的分生孢子器。

选用常用药剂防治苎麻褐斑病，分别选取50%异菌脲可湿性粉剂（美国富美实公司）、25%丙环唑水乳剂（江西禾益化工股份有限公司）、42%肟菌·戊唑醇悬浮剂（深圳诺普信农化股份有限公司）、17%唑醚·氟环唑悬浮剂（巴斯夫欧洲公司）于病害发生初期进行施药，共施药2次。施药后10d进行病害调查，试验结果表明，17%唑醚·氟环唑悬浮剂1 000倍液和50%异菌脲可湿性粉剂1 500倍液对苎麻褐斑病具有较好的防治效果，25%丙环唑水乳剂2 000倍液和42%肟菌·戊唑醇悬浮剂3 750倍液的防治效果相对较差。

（四）苎麻天牛生物防治与流行规律研究

1. 天牛化学农药减量多靶标防治技术研究

2018—2019年在张家界苎麻试验站开展了苎麻天牛生物防治药剂的筛选。施药后于三麻收获后挖蔸进行苎麻天牛幼虫虫口统计，结果表明：化学药剂25%噻虫嗪使用1次后，防治效果达到85.2%，显著高于其他防治药剂；其次是诱抗剂，7.5%DA诱抗素，防治效果达到80.0%；5%几丁寡糖素，防治效果为73.6%；5%壳寡糖及生防线虫效果较差，防治效果仅64.8%和64.5%。因此，苎麻天牛防治可以用25%噻虫嗪或DA诱抗素或几丁寡糖喷雾防控。试验中观察到DA诱抗素和几丁寡糖素对苎麻抗炭疽病及促进生长同时具有较好的提升作用，因此植物诱抗剂的使用可对麻类病虫害多靶标起作用，同时减少传统化学药剂的施用，具有较好的应用前景。

2. 苎麻天牛发生规律

张家界苎麻天牛一年发生1代，以幼虫在麻蔸内越冬，越冬幼虫化蛹及羽化随气候不同而有差异，在湖南张家界和沅江试验站调查表明，2018年3月上旬开始化蛹，4月下旬成虫盛发，2019年3月中旬开始化蛹，5月上旬成虫盛发，蛹期相距较长为15~42d。2019年苎麻天牛发生量明显低于2018年，这与在2018年进行了苎麻天牛防治有关。挖蔸抽样表明，2018年平均百蔸虫量达到500头以上，2019年平均百蔸虫量降至200头以下，表明2018年的防治药剂（噻虫嗪、DA诱抗素等）对苎麻天牛有较好的防治效果。观察结果还表明，头两天羽化的均为雄虫，同一时期的蛹雄虫羽化要比雌虫早7~10d，成虫白天活动，每天以上午9时至下午6时最活跃，雌虫下午2—4时活动最烈。夜晚多栖于麻叶背面不动，有假死性，易捕捉。成虫羽化后3~5d开始交配，交配后5~6d开始产卵，产卵期一般6~7d，每头雌虫可以产卵24~40粒，卵多产于高大的麻株近地面2cm处，成虫寿命17~45d，卵历期12~28d，幼虫历期260~300d。越冬幼虫不取食。2019年苎麻天牛的最适防治期为6月上旬。

(五) 苎麻夜蛾生物防治与流行规律研究

1. 苎麻夜蛾防控试验

苎麻夜蛾又被称为麻夜蛾，主要为害苎麻叶片，取食麻叶，使麻叶呈网纹状或缺刻状，仅剩叶柄及叶脉，导致麻株生长停滞，植株矮小，多生侧枝，纤维加速老化，严重影响苎麻的品质和产量，甚止会导致绝收，给农民造成严重的经济损失。选取市场上常用化学药剂防治苎麻夜蛾，分别选取45%毒死蜱乳油（江西绿川生物科技实业有限公司）、4.5%高效氯氰菊酯微乳剂（东莞市瑞德丰生物科技有限公司）、5%虫螨腈微乳剂（深圳诺普信农化股份有限公司）、2.6%甲维·高氯氟微乳剂（深圳诺普信农化股份有限公司），在苎麻夜蛾幼虫1~2龄幼虫期施药，共施药1次。施药前和药后第1天、第3天、第7天各调查1次苎麻夜蛾虫量，试验结果表明，5%虫螨腈微乳剂和2.6%甲维·高氯氟微乳剂防治苎麻夜蛾具有较好的防治效果，药后第3天最高相对防效分别为87.55%和87.67%，45%毒死蜱乳油和4.5%高效氯氰菊酯微乳剂防治苎麻夜蛾防治效果较差。

2. 苎麻夜蛾发生情况调查

根据在张家界与沅江试验站观察结果表明，第一代苎麻夜蛾幼虫2018年在5月上旬出现，2019年在5月中下旬才出现，比2018年推迟了14d，这与2019年春季气温偏低和雨水较多有关，2019年第一代苎麻夜蛾发生数量较少，第二代苎麻夜蛾幼虫在6月下旬开始出现，高峰期在7月上旬，发生量较往年少，第三代幼虫出现在8月上旬，随后有发现苎麻夜蛾夏滞育蛹，第四代幼虫直至9月中旬才出现，幼虫发生期因夏滞育出现较长时间，直至10月底仍可发现苎麻夜蛾低龄幼虫，发生量与2018年相比明显减少，可能与前期雨水较多，苎麻夜蛾数量较少，加上后期干旱，不利于苎麻夜蛾化蛹有关。苎麻夜蛾2019年发生代数各地不同，大部分地区仍以4代为主，少数山区只发生了3代。

(六) 苎麻其他虫害及其防控情况

1. 苎麻赤蛱蝶发生流行情况

苎麻赤蛱蝶流行规律调查：苎麻赤蛱蝶在5月下旬至7月中旬为害头麻，2021年5—7月共8次在江西省宜春市苎麻试验站基地调查苎麻赤蛱蝶发生情况。5月下旬，苎麻赤蛱蝶虫口密度和有虫株率显著上升，随着温度的变化，苎麻赤蛱蝶发生率发生变化，在7月温度升高，苎麻赤蛱蝶发生率降低。

2. 不同防治措施对苎麻烟粉虱的防效评价

综合比较几种措施发现，22%螺虫·噻虫啉SC 1 500倍液喷雾、灌根处理（25%噻虫嗪WG 2 500倍灌根）与黄板结合对苎麻烟粉虱可以起到很好的防控效果，特别是在苎麻烟粉虱种群密度较低的时候使用，效果更佳。

3. 宜春苎麻病虫发生情况监测

在宜春苎麻试验站试验基地、分宜双林镇苎麻基地进行病虫害的监测。监测发现宜春苎麻试验站试验基地苎麻病害发生主要有：苎麻根腐线虫病、苎麻褐斑病、苎麻炭疽病、苎麻角斑病、苎麻花叶病，发病率分别为32.7%、72.3%、67.3%、57.7%、40.6%。分宜县双林镇基地苎麻病害发生主要有：苎麻根腐线虫病、苎麻褐斑病、苎麻炭疽病、苎麻角斑病，发病率分别为85.21%、50.66%、65.52%、55.67%。宜春苎麻试验站试验基地苎麻虫害发生主要有：苎麻天牛、苎麻夜蛾、苎麻黄蛱蝶、苎麻赤蛱蝶，发生率分别为30.75%、88.46%、60.33%、70.11%。分宜县双林镇基地苎麻虫害发生主要有：苎麻天牛、苎麻夜蛾、苎麻黄蛱蝶、苎麻赤蛱蝶，发生率分别为40.22%、82.33%、63.25%、68.12%。2021年苎麻夜蛾发生率比较高，导致部分苎麻减产。

（七）苎麻主产区病害与土壤情况调查

2018年开展了四川省及重庆市苎麻产区土壤肥力调查。在四川省选取达州市3龄和6龄老麻园2个，大竹县1龄、3龄和5龄麻园3个，以轮作油菜田为对照。在重庆市按照当地传统种植习惯套作榨菜2龄和6龄麻园各一个，以无套种麻园为对照。选取麻园耕作层5~15cm土壤样品，每个麻园采用Z法取样。按照国家标准，测定了土壤全氮、全磷、全钾和碱解氮、有效磷、速效钾、pH值及土壤有机质含量等指标。表4-2土壤检测结果表明：四川达州种植苎麻全氮含量在0.714~1.410g/kg，全磷0.032~0.76 g/kg，差异较大；全钾含量0.275~19.78g/kg，显示达州种植区域钾肥含量低，需要补充；碱解氮在64~166mg/kg，而有效磷含量在51.1~285mg/kg普遍较高；土壤速效钾在93~296mg/kg，pH值在4.3~7.9，以偏酸性为主；土壤有机质含量为12.82~25.10g/kg。苎麻套作榨菜后，除有效磷含量增加，其他pH值、有机质、碱解氮、速效钾、有效磷等均有不同程度下降，不同的种植密度和不同的榨菜品种不同的施肥水平处理后，土壤pH值一般在4.79~5.16，有机质在13.2~16.2 g/kg，碱解氮在73.4~103.5mg/kg，速效钾在83.7~104.3mg/kg，有效磷在5.5~11.3mg/kg。

表4-2 四川及重庆土壤肥力测定结果

采样地及其种植情况	全氮（g/kg）	全磷（g/kg）	全钾（g/kg）	碱解氮（mg/kg）	有效磷（mg/kg）	速效钾（mg/kg）	pH值	有机质（g/kg）
达州轮作油菜	1.077	0.740	0.740	90	244.5	150	5.5	20.32
达州6龄苎麻	1.260	0.760	0.760	107	262.9	171	4.3	24.07
达州3龄苎麻	1.410	0.717	0.717	145	285.4	296	4.4	25.10
大竹3龄苎麻	1.229	0.058	0.758	166	76.9	161	4.3	23.21
大竹1龄苎麻	1.011	0.381	0.381	109	81.3	161	4.4	21.04

(续表)

采样地及其种植情况	全氮(g/kg)	全磷(g/kg)	全钾(g/kg)	碱解氮(mg/kg)	有效磷(mg/kg)	速效钾(mg/kg)	pH值	有机质(g/kg)
大竹5龄苎麻	0.992	0.032	0.275	117	55.5	93	4.8	20.20
重庆榨菜套种6年	1.169	0.451	17.43	108	113.8	150	4.6	24.06
重庆榨菜套种2年	1.331	0.445	13.62	130	51.1	105	4.7	24.73
重庆无套种	0.714	0.276	19.78	64	59.8	95	7.9	12.82

(八) 新型农药残留检测方法的建立

为了保障苎麻化学农药使用的安全性，对化学农药残留进行了研究。目前苎麻夜蛾等鳞翅目昆虫为害比较严重，而且抗药性比较普遍，选用了两种新的杀虫剂氟氯虫双酰胺、水杨虫酰胺进行了农药残留检测方法的建立。

1. 氟氯虫双酰胺的残留检测

氟氯虫双酰胺作为海利尔药业集团股份有限公司自主创新开发的一种新化合物，属苯甲酰胺类杀虫剂，能高效激活昆虫鱼尼丁（肌肉）受体进而过度释放细胞内钙库中的钙离子，导致昆虫瘫痪死亡。对鳞翅目害虫的幼虫活性高，杀虫谱广，持效性好。该有效成分表现出对哺乳动物和害虫鱼尼丁受体极显著的选择性差异，大大提高了对哺乳动物和其他脊椎动物的安全性。试验结果表明在土壤中的回收率为94.0%~109.0%，RSD（相对标准偏差）为2.3%~5.9%，以上均符合农药残留检测的要求。

2. 水杨虫酰胺的残留检测

水杨虫酰胺作为活性成分用于农业杀虫剂中可以有效防治鳞翅目、同翅目及鞘翅目昆虫。其优势在于，杀虫谱、抑菌谱广，杀虫、抑菌时间短，持效期长，合成工艺简单，成本低，复配效果好。试验结果表明在土壤样品中的回收率为80%~101%，RSD为3%~7%，以上符合农药残留检测的要求。

二、亚麻

(一) 亚麻白粉病发生流行规律研究

亚麻白粉病主要病原为亚麻粉孢（*Oidium lini* Skoric），子囊菌门无性型粉孢属。主要为害亚麻的叶片和茎秆。发病初期亚麻叶片上、茎秆上可见零星的白色粉状物，为病原菌的菌丝、分生孢子梗和分生孢子；随着病情发展逐渐加重，叶片上的零星粉状物逐渐扩大成片状，最终可扩展到整个叶片及全株，严重时可造成整株枯死。

在2019年6—8月的9次调查后发现，温度、湿度及降水量不同时，田间亚麻白粉病的发生程度也不同。在6月3次调查田间亚麻白粉病的发生情况，发现在高温伴随着低降水量和湿度低时亚麻白粉病的发病程度低、发病率不高，整个月份的平均病情指数为7.9。在7月上旬，随着降水量及湿度的增大，温度逐渐减低，亚麻白粉病进入发病高峰期，病情指数上升到18.7。直至8月下旬，亚麻白粉病的病情指数随着空气中湿度和降水量的增加而增加。调查发现，温度、湿度及降水量与亚麻白粉病的发生具有紧密联系，其中温湿度和降水量大时易造成该病的发生，且发生程度普遍严重。

（二）除草剂组合对亚麻田杂草的防控效果

在新疆伊犁和云南大理进行了溴苯腈·精喹禾灵组合对麻田杂草的防控效果试验示范，结果表明，溴苯腈·精喹禾灵371.25g/hm²（溴苯腈281.25g、精喹禾灵90g）药后30d对大理地区亚麻田杂草株防效达86%，比单用溴苯腈和精喹禾灵分别提高55%和21%，鲜重防效达85%，比单用溴苯腈和精喹禾灵分别提高32%和33%（表4-3）；对新疆伊犁地区亚麻田杂草株防效和鲜重防效分别为96.04%和93.61%（表4-4），示范总面积5.6亩（伊犁3.1亩，大理2.6亩）。

表4-3 溴苯腈与精喹禾灵混用对亚麻田杂草株防效和鲜重防效（云南大理）

处理	株防效（%，15d）	株防效（%，35d）	鲜重防效（%，35d）
80%溴苯腈 SP 280g/hm²+10%精喹禾灵 EC 900mL/hm²	36.64	86.64	85.17
80%溴苯腈 SP 333g/hm²	23.08	31.25	53.11
10%精喹禾灵 EC 900mL/hm²	25.16	65.16	51.20
CK			

表4-4 溴苯腈与精喹禾灵混用对亚麻田杂草株防效和鲜重防效（新疆伊犁）

处理	株防效（%，15d）	株防效（%，30d）	鲜重防效（%，30d）
80%溴苯腈 SP 280g/hm²+10%精喹禾灵 EC 600mL/hm²	87.41	95.04	93.61
80%溴苯腈 SP 333g/hm²	82.22	87.60	83.65
10%精喹禾灵 EC 750mL/hm²	73.33	92.15	91.2
CK			

三 黄/红麻

（一）红麻根结线虫抗性基因发掘与利用

为了确认根结线虫二龄幼虫侵染红麻的关键时期，进行了根结线虫侵染组织病理学试验。结果表明,供试的两个红麻种质中,'H042'根尖部位J2侵染数量平均为0.67条,只有感病材料的10%,远远低于'H025'的6.33条。整体来说,无论是感病还是抗病品种,接种后18h线虫数量的变化率最大,说明此时期是其侵染的关键时期。

组学分析发现,当根结线虫侵染红麻时,红麻通过合成大量氨基酸和能量,促进细胞新陈代谢产生抗性。抗感种质资源在接种18h后,产生4 403条差异基因,其中3 029条上调表达,1 374条基因下调表达。利用topGO软件对注释到GO数据库的样品组间差异表达基因进行富集分析,发现在生物过程中最显著的亚类为蛋白磷酸化、MAPKK活性的激活、跨膜受体蛋白酪氨酸激酶信号通路、分生组织生长的调节,分别有1 804、104、77和146个基因被注释。红麻感、抗种质间的差异主要体现在与这些代谢通路相关的酶或者受体的激发上。

研究了红麻根结线虫抗性相关基因$HcTGA5$的克隆及表达特征分析。研究发现,JA、SA和ET胁迫后红麻$TGA5$基因表达发生了显著变化。SA和JA处理后$TGA5$基因表达变化趋势基本一致。ET处理后,$TGA5$基因在6h时表达量达到对照的65倍,最后逐渐下降。SA和JA在48h和24h诱导时间分别为对照48h和24h诱导时间的3倍和33倍。此外,JA和ET比SA更能诱导$HcTGA5$基因的表达。因此,推测$TGA5$在红麻对线虫的抗性反应中起一定作用。

(二)黄/红麻病害专用药剂研究

选用咪鲜胺和咯菌腈按照不同配比复配为悬浮剂,分别针对立枯病、茎基腐烂病和炭疽病侵染的红麻、黄麻进行防治试验,采用喷施7d后调查发病情况。分级标准:健株,正常株或病株恢复正常生长;病株,显示病株症状,未恢复或未完全恢复正常生长。结果表明,含有效成分咪鲜胺和咯菌腈的复配悬浮剂1对红麻、黄麻的立枯病和茎基腐烂病具有良好的防治效果,同时对炭疽病也具有较好的防治效果。其中,有效成分咪鲜胺和咯菌腈质量比为1:9的复配悬浮剂效果最佳,可应用于共同防治红麻、黄麻的立枯病、茎基腐烂病、炭疽病。

另外,质量比为1:4的咪鲜胺和嘧菌酯的复配悬浮剂2对红麻、黄麻的立枯病和茎基腐烂病具有良好的防治效果,且对炭疽病也具有较好的防治效果(表4-5)。

表4-5 复配悬浮剂防治黄红麻病害效果

组别	红麻立枯病(%)	红麻茎基腐烂病(%)	红麻炭疽病(%)	黄麻立枯病(%)	黄麻茎基腐烂病(%)	黄麻炭疽病(%)
复配悬浮剂2	86.2~91.9	85.5~90.8	84.1~88.9	86.3~91.8	85.7~90.9	84.3~88.3
对照药剂(50%多菌灵)	71.3	70.9	71.2	71.2	70.6	70.9

分别针对红/黄麻立枯病、茎基腐烂病和炭疽病进行种子包衣后播种试验,出苗10d后调查发病情况。分级标准:健株,正常株或病株恢复正常生长;病株,显示病株症状,未恢复或未完全恢复正常生长。试验表明,质量比为1:3:3的咪鲜胺、咯菌腈和嘧菌酯复配悬浮种衣剂对红麻、

黄麻的立枯病和茎基腐烂病具有良好的防治效果，而且对炭疽病也具有较好的防治效果。而氰烯菌酯与咪鲜胺、咯菌腈复配的农药制剂，其对立枯病的防治效果远不及前者，且对茎基腐烂病、炭疽病则难以起到防治作用。

（三）除草剂组合物对红麻田杂草防控试验

在浙江萧山进行了溴苯腈+精喹禾灵组合对工业大麻田杂草的防控效果试验，结果表明，溴苯腈·精喹禾灵285g a.i./hm²（80%溴苯腈WP 281.25g、10%精喹禾灵EC 600mL）对萧山红麻地稗草、看麦娘等禾本科杂草和辣蓼、车前等阔叶杂草防效较好（表4-6），药后30d株防效和鲜重防效分别为81%和90%，但对多年生禾本科杂草狗牙根防效不理想。另外，麻田杂草种子库基数大，一次施药不能完全控制田间杂草，红麻封行前仍有禾本科杂草稗草和看麦娘发生。

表4-6 溴苯腈与精喹禾灵混用对红麻田杂草株防效和鲜重防效（萧山）

处理	株防效（%，15d）	株防效（%，30d）	鲜重防效（%，30d）	平均鲜叶重（15根，kg）	平均鲜皮重（15根，kg）
80%溴苯腈SP 281.25g/hm²+10%精喹禾灵EC 600mL/hm²	71.82	81.69	90.57	0.22	0.27
80%溴苯腈SP 333g/hm²	13.40	7.39	33.39	0.24	0.31
10%精喹禾灵EC 900mL/hm²	69.07	64.44	83.65	0.17	0.19
CK	—	—	—	0.10	0.17

四 工业大麻

（一）工业大麻根结线虫致病机制和生物防控试验

工业大麻（'云麻7号'）生长至3~5片叶时接种南方根结线虫，每株接种500~600条，分别于接种3d、6d、10d、15d、21d、22d、23d、24d取根染色，观察线虫侵染情况及线虫龄期，每次3株，取根染色，用次氯酸钠—酸性品红染色。取染色好的根组织在体视显微镜下镜检。结果表明，南方根结线虫接种大麻后，3d已开始侵染，接种15d开始出现明显根结，至21d时多数发展为2龄幼虫。

在西双版纳大麻试验站进行了工业大麻根结线虫生物防控试验。病情指数调查结果发现，光合细菌PSB菌剂的防治效果比较好，防治效果达到79.69%，纤维产量增加了13.48%（表4-7）。

表 4-7 工业大麻根结线虫田间防控试验结果

处理	病情指数（%）	病情指数减少率（%）	百克土线虫数量（条）	防治效果（%）	平均径围（cm）	平均径围增长率（%）	麻皮干重产量（kg）	麻皮干重增加率（%）
CK	64.67Aa	0	268.33	0	5.16Dd	0	130.31	0
BT 菌剂	33.25Dd	33.25	246.00	8.32	5.32Aa	3.10	143.35	10.01
三混*	59.18Bb	8.49	232.50	13.35	6.26Cc	27.13	176.21	35.22
噻唑磷	50.71Cc	21.59	66.67	75.15	6.63Ee	28.41	146.85	12.69
ALA	51.88Cc	19.78	631	-135.16	5.13Bb	-0.58	153.7	17.95
PSB	50.18Cc	22.41	54.5	79.79	5.91Dd	14.53	147.87	13.48

注：* 三混具体为 BT、ALA、PSB 三种生物菌剂按照 1∶1∶1 混合而成的复混菌剂。

（二）工业大麻立枯病和枯萎病流行规律和生物学特性研究

1. 工业大麻立枯病流行规律调查监测

2021年5—7月共9次在海南省澄迈县永发基地调查工业大麻立枯病发生情况，发现随着温度、降水量和湿度的小范围下降，工业大麻立枯病的病情指数降低；随着温度、湿度和降水量的增加，工业大麻立枯病逐渐进入发病高峰期。

2. 工业大麻立枯丝核菌生物学特性研究

工业大麻立枯丝核菌在以蔗糖为碳源的培养基上菌丝生长最好，其次效果较好的碳源为葡萄糖和L-阿拉伯糖；在以酵母浸膏作为氮源的培养基中菌丝生长最快，其次为牛肉浸膏；而甘氨酸上的菌丝生长最慢。在pH值为5~12的PDA培养基上均能生长，菌丝生长的适宜pH值为5~11，最适pH值为7。在25~35℃范围内菌丝生长较快，25℃时最适合菌丝生长，在4℃时菌丝不能生长。在完全光照的环境下菌丝生长最好，光暗交替12h不利于菌丝的生长。CA培养基对菌丝的生长有促进作用，其次为PCA培养基，在CWV培养基上菌落生长最缓慢。

3. 工业大麻枯萎病生物学特性研究

工业大麻枯萎病病菌菌丝在pH值为4~12的PDA培养基上均能生长，菌丝生长的适宜pH值为6~11，最适pH值为7。在完全光照的环境下生长最好，全黑暗不利于菌丝的生长。在20~37℃范围内菌丝生长较快，30℃时最适菌丝生长，在50℃时菌丝停止生长。OMA培养基对病菌生长具有促进作用，其次效果较佳的为CWV培养基，在PDA培养基中菌落生长最缓慢。

4. 工业大麻枯萎病生物菌剂筛选

芽孢杆菌Ya-1是从海南五指山热带雨林土壤中分离筛选出来的一株生防菌，对麻类枯萎病有较好的防治效果。为明确其是否具有诱导工业大麻抗枯萎病的能力，采用"浇灌法"先后接种芽孢杆菌Ya-1和枯萎病菌于工业大麻幼苗，分析不同处理前后工业大麻叶片苯丙氨酸解氨酶（PAL）、过氧化物酶（POD）、超氧化物歧化酶（SOD）的活性及丙二醛（MDA）含量的变化。同时，RT-PCR 分析了抗性相关蛋白 PR-1、POD 酶和 SOD 酶合成相关基因 *POD* 和 *SOD1* 的转录表达情况。结果表明，Ya-1 处理后叶片 PAL、POD 和 SOD 活性较处理前显著上升，而 MDA 含量显著下降；抗性相关蛋白 PR-1、防御酶相关基因 *POD* 和 *SOD1* 表达水平明显上调。说明诱导工业大麻产生抗病性是 Ya-1 防治工业大麻枯萎病的机理之一。

（三）工业大麻霜霉病防控与流行规律研究

1. 工业大麻霜霉病高效药剂筛选及减量使用

试验结果表明，72%氟吡菌胺·丙森锌可湿性粉剂对工业大麻霜霉病具有较好的防治效果，且对作物安全无药害。在发生初期及时施用，72%氟吡菌胺·丙森锌可湿性粉剂 864g/hm² 的防效最高可达 83.39%，648g/hm² 剂量的防效也可达 76.66%，432g/hm² 的防效也达 68.86%。因此认为该药剂经进一步示范试验后可大面积推广应用。建议使用剂量为 432~864g/hm²，于发病初期开始用药，均匀喷湿叶片正反面，连续施用 2~3 次，每次间隔 7~10d。如田间湿度大，病情发展快，施药间隔期宜缩短至 5~7d。

2. 工业大麻霜霉病发生流行规律研究

大麻霜霉病主要病原菌为大麻假霜霉（*Pseudoperonospora cannabina*），属霜霉目霜霉科。发病初期大麻叶片上产生不规则淡黄色斑点，随着病情加重，斑点逐渐扩大相连，变成黑褐色病斑。湿度大时叶片背面可见灰黑色霉层。也可为害大麻茎秆，发病初期茎秆产生水渍状病斑，后期可导致大麻茎秆弯曲折断。

在 2019 年 5—7 月的 9 次调查后发现，随着田间的温度、湿度及降水量不同，大麻霜霉病的发生程度也不同。在 5 月至 6 月上旬平均温度均在 25℃以下，田间湿度较大时，大麻霜霉病发病程度较高，病情指数最高可达 41.7。到 6 月中旬开始，随之增高的温度遏制了大麻霜霉病的发病，病情指数逐渐呈下降趋势。调查发现，温度降低、湿度和降水量大时易造成大麻霜霉病的发生，且发生程度普遍严重。

（四）工业大麻提取物的抑制作用研究

1. 工业大麻叶片抑菌作用研究

为了研究工业大麻叶片的抑菌作用，选取稻瘟病菌和辣椒炭疽病 2 种病原菌作为供试菌，分别研究了大麻叶片过滤液高温灭菌、大麻叶片过滤灭菌和大麻叶全叶高温灭菌对病菌的抑制作用。大麻叶片过滤液高温灭菌对稻瘟病菌第 14 天抑菌效果达 17.78%，对辣椒炭疽菌第 10 天抑菌效果达 15.88%。大麻叶片过滤灭菌对稻瘟病菌第 14 天抑菌效果达 18.24%，对辣椒炭疽菌第 8 天抑菌效果达 29.71%。大麻全叶高温灭菌对稻瘟病菌第 14 天抑菌效果达 23.07%，对辣椒炭疽菌第 14 天抑菌效果达 18.75%。三种大麻叶片活性物质提取方法的抑菌效果比较，稻瘟病菌的全叶高温灭菌提取物效果最好为 23.07%，其他两种分别为 17.78%和 18.24%；辣椒炭疽病菌效果最好的为过滤灭菌，达 29.71%，高于其他两种 15.88% 和 18.75%。

2. 工业大麻提取物对水稻飞虱的趋避作用研究

测定了木兰花碱、松柏醛等 11 种工业大麻提取物中的单体对水稻灰飞虱的趋避作用，发现松柏醛、乙酸龙脑酯、青蒿素、苦马豆素 4 个单体对灰飞虱趋避率均高于 60%（表 4-8）。

表 4-8 工业大麻提取物中的化合物对灰飞虱的趋避效果

单体化合物	平均趋避虫数（头）	平均吸引虫数（头）	平均总虫数（头）	趋避率（%）
木兰花碱	4	7	20	20.00
松柏醛	12	0	18	66.67
丁香酚	5	4	20	25.00
乙酸龙脑酯	13	0	20	65.00
樟酮	4	7	20	20.00
新对叶百部碱	3	6	20	15.00
芦竹碱	8	1	20	40.00
青蒿素	12	1	20	60.00
甜菜碱	5	7	20	25.00
水苏碱	6	7	20	30.00
苦马豆素	12	3	20	60.00

（五）除草剂组合物对工业大麻田杂草防控效果示范

在山西汾阳和黑龙江大庆进行了溴苯腈·精喹禾灵组合对工业大麻田杂草的防控效果试验示范。溴苯腈·精喹禾灵 285g a.i./hm^2（80% 溴苯腈 WP 281.25g、10% 精喹禾灵 EC 600mL）对工业大麻田杂草防控试验示范于 2019 年 5—6 月在汾阳和大庆开展，其中汾阳示范面积 5 亩，大庆示范面积 10 亩，该药剂 2019 年在大庆和汾阳没有出现药害情况。汾阳示范区当年干旱，雨水少，对药剂效果有一定影响；田间杂草以阔叶杂草为主，主要为田旋花（往年为杖藜），溴苯腈在对工业大麻苗安全的剂量范围内不能有效消灭田旋花，导致溴苯腈对阔叶杂草的株防效不理想，而鲜重防效较好（即该剂量范围内虽不能很好的杀灭田旋花等，但能有效抑制其营养生长与生殖生长）；而精喹禾灵能高效控制禾本科杂草。大庆示范区工业大麻生长中后期雨水多，对大麻生长和杂草调查也产生了一定影响，药后 30d 对大麻田杂草株防效为 68.16%，鲜重防效为 77.82%，稍低于 2018 年的试验效果（表 4-9）。

表4-9 溴苯腈与精喹禾灵混用对工业大麻田杂草株防效和鲜重防效（汾阳、大庆）

处理	株防效（%，15d）		株防效（%，30d）		鲜重防效（%，30d）	
	汾阳	大庆	汾阳	大庆	汾阳	大庆
80%溴苯腈SP 281.25g/hm² + 10%精喹禾灵EC 600mL/hm²	52.27	52.76	-12.56	68.16	76.11	77.82
80%溴苯腈SP 333g/hm²	-28.25	27.76	-26.39	43.84	84.98	67.02
10%精喹禾灵EC 900mL/hm²	34.25	28.53	15.28	25.28	51.49	12.66

五 剑麻

（一）剑麻主要病虫害绿色防控技术要点

1. 斑马纹病防控体系要点

（1）适时种植。避过病害易发期，即冬春种植。

（2）起畦与排水。起畦种植及幼龄麻（敏感田）排水。

（3）修脚叶。雨季前抢割一刀麻或修脚叶，使麻田通风透光，降低田间湿度。

（4）科学施肥。幼龄麻控氮增钾，提高植株抗性。

（5）低毒高效的药剂防治。麻苗、割口消毒可用58%甲霜灵·代森锰锌。大田防治，可用90%疫霜灵可湿性粉剂、68%金雷水分散粒剂和70%甲基托布津可湿性粉剂等轮换使用。

2. 茎腐病防控体系要点

（1）培育和使用健康种苗。严禁从病区采苗，并用甲基托布津或多菌灵1 000倍液浸泡30min进行种苗消毒。

（2）严禁高温期作业。包括母株钻心、采苗、起苗、种植、割叶等。

（3）起畦种植。选择排水良好的地块，适时起畦种植，畦高20~30cm，畦面用石灰进行消毒处理，开好排水沟。

（4）加强麻田管理。实行营养诊断配方施肥，合理增施石灰和有机肥。更新麻园不宜连作。

（5）药剂防治。新植麻进行种苗切口消毒和病田、易病田高温期割叶进行割口喷药，推广药剂为40%多硫悬浮剂100~200倍，于起苗或割叶后2d内喷切口或割口。

3. 剑麻紫色卷叶病防控要点

（1）培育和使用抗病种苗；严禁从病区选苗、育苗。

（2）控制粉蚧。使用高效低毒的化学药剂进行防治，如螺虫乙酯、氯氰菊酯和速扑杀等。

（3）清除病源。加强病害监测检查，及时发现并挖除病株。

（4）加强田间管理。增施有机肥，合理配施氮、磷、钾、钙、铜等营养元素，提高植株抗性。

合理定植密度，及时收割和除草灭荒，保持田间通风、透光等良好的生态环境。实行轮作、间作，增加生物多样性，减少传病媒介昆虫发生。

（5）使用四环素类植原体防治药剂进行灌根或茎部注射。

4. 剑麻新菠萝灰粉蚧防控要点

（1）使用健康无虫种苗，防止种苗传虫。

（2）农业防治。加强麻田管理和水肥管理，控氮增钾，提高植株抗虫能力。实行麻田间套种、轮作，保持麻田清洁，清除走茎苗，防除蚂蚁。

（3）生物防治。注意保护和利用天敌，施放丽草蛉、隐唇瓢虫控制新菠萝灰粉蚧。

（4）化学防治。使用高效低毒的化学药剂进行防治。推荐药剂：喷施22.4%亩旺特3 000倍液（有效成分：螺虫乙酯）+快润5 000倍助剂。另外，可轮换使用4.5%氯氰菊酯600倍液、40%速扑杀600倍液和40%机油乳油50倍液。

（二）剑麻紫色卷叶病相关机理研究

1. 明确剑麻紫色卷叶病病原和传播媒介

利用获得的无毒、带毒剑麻植株，以及带毒与不带毒新菠萝灰粉蚧，进行虫传试验。具体而言，其中无菌健康剑麻苗9株不接虫，作为对照；9株无菌健康剑麻植株接种脱毒虫；而9株无菌健康剑麻植株则接种带毒虫。接虫量均为80头/株。接虫5个月后，在接种带毒虫的无菌健康剑麻植株中，有8株出现了紫色卷叶病的早期症状，而其他组合的植株均未观察到紫色卷叶病症状。与此同时，对各植株依次进行了植原体分子检测，结果在9株未接种新菠萝灰粉蚧的剑麻中均未检测出任何条带，在接种脱毒的剑麻植株中也都未检测出植原体。然而，在接种带毒虫的剑麻植株中，有8株均检测出植原体，仅有1株未检测出植原体，检出率到达88.89%。研究首次确定植原体为剑麻紫色卷叶病病原，新菠萝灰粉蚧为其传播媒介。

2. 紫色卷叶病相关植原体实时荧光定量LAMP检测技术体系研究

建立了剑麻紫色卷叶病相关植原体实时荧光LAMP检测体系，体系具有特异性，可检测剑麻紫色卷叶病相关植原体质粒DNA浓度≥1fg/μL。对从剑麻田采集的23份剑麻紫色卷叶病病株DNA进行剑麻紫色卷叶病相关植原体实时荧光定量LAMP检测，结果显示，使用RealAmp检测技术从每份DNA中均能够得到扩增曲线，即检出率为100%。建立的剑麻紫色卷叶病相关植原体实时荧光定量LAMP检测技术体系可用于后续病害监测、相关性调查、致病性以及功能验证等方面的研究。

3. 新菠萝灰粉蚧与植原体关系研究

研究植原体对新菠萝灰粉蚧生物学特征的影响，植原体不利于新菠萝灰粉蚧的生长发育，若虫发育延缓，成虫寿命缩短，但能激增单雌的产卵量；若虫偏食于健康植株，而（雌）成虫无明显取食偏好,且选择率偏低。

4. 新菠萝灰粉蚧的药效试验

田间试验表明,45%毒死蜱乳油800倍液+22.4%螺虫乙酯悬浮剂3 000倍、21%噻虫嗪悬浮剂1 000倍液+22.4%螺虫乙酯悬浮剂3 000倍液+5 000倍有机硅助剂的防治效果最好,在施药后30d防效达到了95%。

(三) 剑麻病虫害综合防控技术研究

1. 剑麻溃疡病药剂筛选

剑麻溃疡病菌防控药剂室内毒力测定:采用生长速率法对剑麻溃疡病菌进行室内毒力测定,结果表明,450g/L咪鲜胺水乳剂对剑麻溃疡病菌菌丝生长的抑制效果最好,EC_{50}仅为0.008 8mg/L,其次为80%戊唑醇水分散粒剂和20%抑霉唑水乳剂,EC_{50}分别为1.844mg/L和13.008 2mg/L。

2. 剑麻病虫害农药减施综合防控技术

剑麻虫害的防控措施:①针对粉蚧、蚜虫等在虫害初发期及时喷洒化学农药,降低虫口数量,防止爆发;②根据虫口数量适量释放天敌进行防控:如草蛉和七星瓢虫(商品化)。

剑麻病害的防控措施:①在虫害初发期及时喷洒农药,或根据往年经验病害发生流行前喷洒甲基托布津,多菌灵等广谱性杀菌剂,做好病害的预防。②施用生物菌肥,改善土壤环境,提高植株抵抗力。③喷洒植物诱抗剂,提高植株免疫力,如喷洒0.5%氨基寡糖素水剂210~245mL/亩或2%几丁聚糖100~150g/亩。④间种植株较矮的草类品种,如栽种野花生等,防止土壤流失和其他杂草的生长,改善田间通透性,防止病害的发生。⑤通过灌根或叶面及茎基喷雾微生物菌剂防治其他真菌病害,如喷洒木霉复合菌(益百亿)。⑥农业措施:雨季来临时,做好排灌措施,及时清除田间积水;发现田间病株或病叶,及时割除、销毁。

共性措施:①使用无人机等新型施药设施,提高药剂使用率,减少药剂用量。②用药时准确选择针对靶标的高效药剂,轮换用药,提高防效,减少总体用药量。

六 共性防控技术研究

(一) 麻类作物病虫害发生为害规律研究

摸清8个地区麻类病虫害发生种类和为害程度,并综合分析发生为害规律,麻产区病虫害发生情况:通过调查及数据收集,掌握了达州、西双版纳、漳州、六安、哈尔滨、信阳、张家界、大理等地麻类病虫害发生种类及具体防治用药情况。麻类病害中以苎麻叶斑病、亚麻炭疽病、亚麻白粉病、工业大麻霜霉病、剑麻紫色卷叶病等叶部病害多发,亚麻立枯病、红/黄麻立枯病、苎麻根腐病、剑麻茎腐病和红/黄麻根结线虫病等根部病害也发生得较为严重。虫害主要为赤蛱蝶、夜蛾、天牛、大麻跳甲、叶蝉、粉虱、草地螟虫、玉米螟、粉蚧和大麻小象鼻虫。在麻类病虫害化学防治上，常用的杀菌剂主要以甲基托布津、福美双、百菌清、代森锰锌、多菌灵、噁霉灵等传统老药为主，部分地区兼用粉锈清（锰锌·腈菌唑）、咪鲜胺、阿维·噻唑膦、唑醚·代森联等较新药剂或复配制剂。常用杀虫剂与杀菌剂情况类似，主要有氯氰菊酯、阿维菌素、吡虫啉、甲氨基阿维菌素苯甲酸盐、氯虫苯甲酰胺和吡蚜酮等（表4-10、表4-11）。

表4-10 麻类病害发生情况

病害名称	发生地区	发生时间	发生条件
苎麻叶斑病	四川达州	4—6月	低温高湿
亚麻立枯病	云南宾川	亚麻苗期	高温高湿
亚麻炭疽病	云南宾川	亚麻自幼苗出土至蒴果成熟	高温高湿
亚麻白粉病	云南宾川	枞形期到终花末期	高温高湿
大麻霜霉病	安徽六安	6月中下旬	高温高湿
苎麻根腐病	湖南张家界	常年	积水内涝
红麻立枯病	河南信阳	红麻出苗至红麻3、4片真叶之间和成株期	重茬，苗期低温多雨成株期
红/黄麻根结线虫病	福建漳州	7月	沙壤土，地块重茬严重，虫口密度大
红/黄麻立枯病	福建漳州	6月	苗期，高温高湿
红麻根结线虫病	河南信阳	严重时在成株期	重茬
剑麻紫色卷叶病	广东湛江	11—12月	粉蚧较多
剑麻茎腐病	广东湛江	5—9月	剑麻植株存在伤口，阴冷潮湿天气，土壤排水不良、土壤酸化严重

表4-11 麻类虫害发生情况

虫害名称	发生地区	作物	发生时间	发生条件
赤蛱蝶	四川达州	苎麻	8—10月	发生在三麻期间
赤蛱蝶	江西	苎麻	5—9月	二麻三麻为害重
苎麻夜蛾	湖南张家界	苎麻	5—9月	二麻三麻为害重
赤蛱蝶	湖南张家界	苎麻	5—9月	二麻为害重
天牛	湖南张家界	苎麻	4—6月	头麻为害重
白粉虱	湖南张家界	苎麻	常年	常年为害
叶蝉	湖南张家界	苎麻	5—9月	二麻为害重
叶蝉	福建漳州	红/黄麻	6月	基地叶蝉虫卵多，在任何农作物上都能侵袭
大麻跳甲	安徽六安	工业大麻	3—7月	从苗期到收获期都有发生，但为害不严重
玉米螟	安徽六安	工业大麻	6月	—
大麻小象鼻虫	安徽六安	工业大麻	6月	—
草地螟虫	哈尔滨	亚麻	6月	干旱

(续表)

虫害名称	发生地区	作物	发生时间	发生条件
大麻跳甲	哈尔滨	亚麻	5月	干旱
粉蚧	湛江	剑麻	12月	靠近其他粉蚧较多的麻田，挨得越近发病率越高

（二）麻田杂草相关技术研究

1. 植物源除草活性成分对麻田杂草防控效果

采用室内生物测定的方法，从 35 种植物精油中筛选到 13 种对稗草表现出不同程度的抑制效果精油，其中丁香精油、大蒜精油、绿色艾叶油的抑制效果最为明显。发现鹅肠菜腐解物对稗草有显著抑制作用，并分离鉴定出化感物质二氢香豆素，研究发现二氢香豆素通过调控稗草植物激素信号转导和苯丙烷类生物合成，抑制了稗草幼苗生长。

2. 稗草、千金子生物学抗性技术研究

抗性稗草的生态适应性研究：发现田间采集的抗二氯喹啉酸稗草在实验室培养 3 代后，其 GST 活力显著低于敏感型稗草；对转录组学结果进行分析后发现，药剂处理后，GST 相关的差异基因数量最多，其中 $EC\_v6.g055562$（$EcGST23$）基因在抗性稗草中的表达量显著低于敏感稗草。抗性稗草体内 $EC\_v6.g055562$ 基因对二氯喹啉酸不敏感，而敏感稗草体内，该基因是响应二氯喹啉酸胁迫的主要基因，稗草可能通过降低 $EC\_v6.g055562$ 基因对二氯喹啉酸的敏感性而产生抗性。

首次利用全转录组测序分析法进行千金子对除草剂的抗药性研究，经 Pacbio 数据下机组装，发现千金子 Contig N50 为 8.4Mb，Scaffold N50 为 24Mb，基因组常染色体区覆盖度达 99.28%，基因组大小 416Mb，包含 20 条染色体。挖掘出 $CYP76M5$（Chr1.g02164）、2 个 $YP71A$ 家族基因（Chr4.g10580 and Chr1.g01584）、$ABCB2$（Chr10.g32568）、$ABCC15$（Chr4.g11866）及 $ABCC8$（Chr13.g36597）等基因，其表达量在抗、敏千金子中显著差异表达，可能作为千金子抗除草剂的标志基因。

第五章 机械化研究进展

一 苎麻

(一) 4GK-90型自走式微型收割打捆机

1. 打捆关键技术方案

采用竖直打捆，即麻秆在打结器前堆积到一定量时，触发打结器机构运动，打捆完毕后由安装在穿针机构上的拨杆将麻捆迅速向后拨出。

2. 整机结构

4GK-90型自走式微型收割打捆机的传动系统是由柴油机供给动力，通过动力链轮、链条传至割台齿轮箱，再经齿轮箱、偏心轮、连杆带动割刀往复运动，又由齿轮箱轴上的链轮传至输送轴，使输送链轮工作。当机组前进时，割台前面的分禾器和扶禾器先接触作物，扶禾器罩、扶禾星轮相配合将作物扶起输送到割台上进行切割，被割下的作物在上、下输送链拨齿和扶禾星轮及扶禾器上、下压簧的综合作用下，紧贴割台挡板被直立地输送至打捆机构，打捆后横向连续地铺放在田间。

3. 各部件结构和作用

(1) 割台机架。割台机架是收割机的基础部件，也是收割机的骨架，其切割器、分禾器、扶禾器、齿轮箱、输送装置都装在翅架上。割台机架是由输送轴组合、张紧链轮、齿轮箱组合、连接架、挡板、输送链条、被动链轮等组成（图5-1）。

(2) 切割器。切割器安装在收割台的下部，是收割机的主要工作部件，它的工作性能对收割机的工作质量有直接影响。工作时，由齿轮箱、偏心轮轴销带动连杆连接驱动板，使动刀杆往复运动，从而使动、定刀片产生剪切力，将作物割下。切割器主要是由压刃器铆合、动刀铆合、上摩擦片、下摩擦片、孔用挡圈、轴用挡圈、轴承1203、轴承套、定刀铆合等组成（图5-2）。

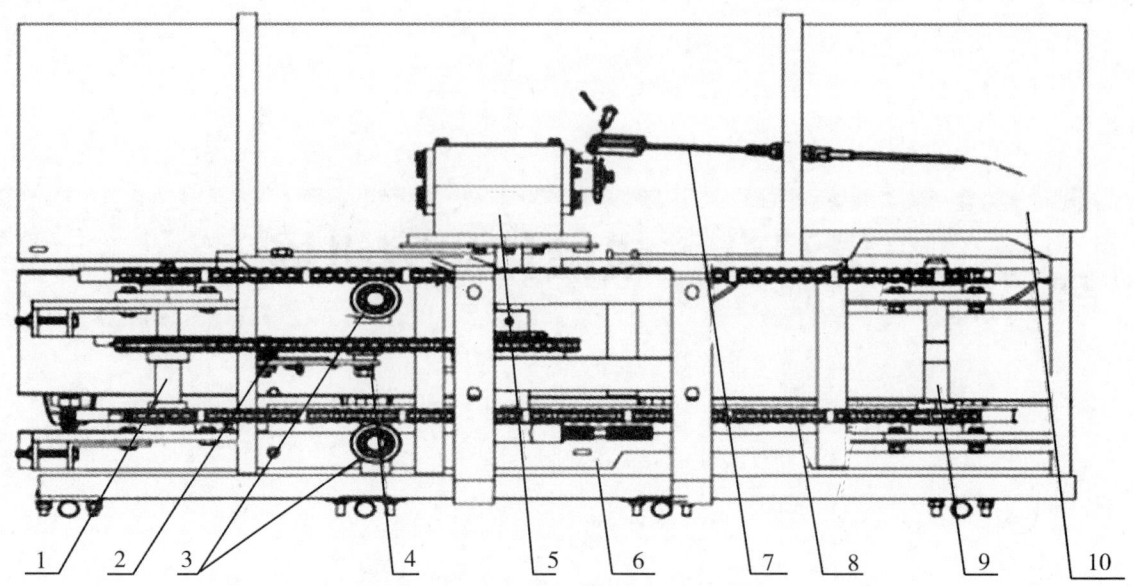

图 5-1 4GK-90 型自走式微型收割打捆机割台机架示意图

1. 输送轴组合；2. 主传动链条；3. 张紧链轮；4. 辅助支撑装置；5. 齿轮箱组合；6. 连接架；7. 离合拉线；8. 上、下输送链条；9. 被动链轮；10. 挡板

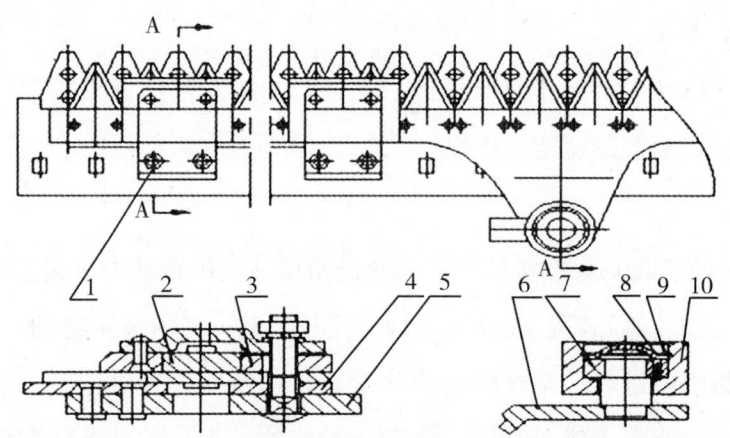

图 5-2 4GK-90 型自走式微型收割打捆机切割器示意图

1. 压刃器铆合；2. 动刀铆合；3. 上摩擦片；4. 下摩擦片；5. 定刀铆合；6. 驱动板；7. 轴承；8. 挡尘盖；9. 孔用挡圈；10. 轴承套

（3）齿轮箱。齿轮箱是收割机的动力传动枢纽，它把变速箱传来的动力分别传给切割器的动刀及输送链等工作部件。齿轮箱不但把变速箱的动力传递给切割器的动刀，而且又传给了输送轴，使输送链工作。它主要是由一对直齿轮、一对离合、推力球轴承 51107、传动短轴、一对锥齿轮、动力输出链轮、轴承 6204、齿轮箱传动轴、输送轴传动链轮、轴承 UC205、偏心轮焊合轴承 1203、连杆套等组成（图 5-3）。

（4）输送装置。输送装置是把切割下来的作物即时地输送到收割台的右侧，并将作物扭转与机组前进方向呈 90°，整齐地铺放在田间。主要是由输送轴组合、上输送链组合、下输送链组合、

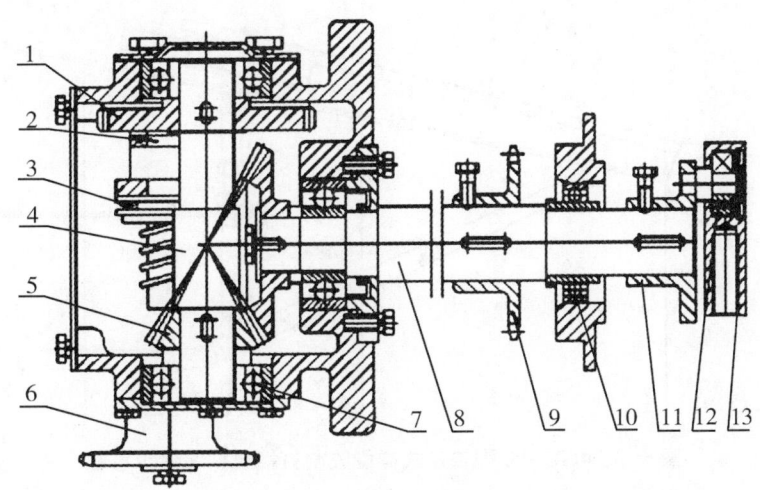

图 5-3　4GK-90 型自走式微型收割打捆机齿轮箱示意图

1. 一对直齿轮；2. 一对离合；3. 推力球轴承；4. 传动短轴；5. 一对锥齿轮；6. 动力输入链轮；7. 轴承；8. 齿轮箱传动轴；9. 输送轴传动链轮；10. 轴；11. 偏心轮焊合；12. 轴承；13. 连杆套

被动链轮组合等组成（图 5-4）。

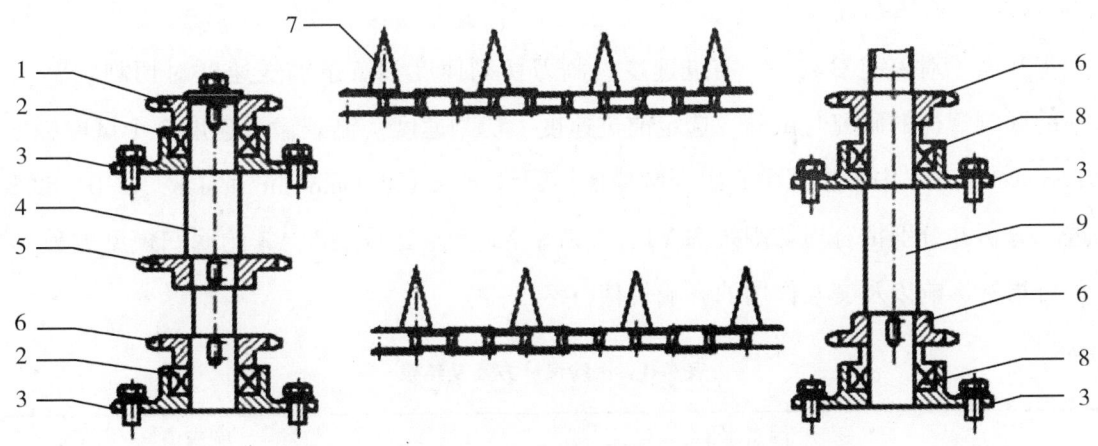

图 5-4　4GK-90 型自走式微型收割打捆机输送装置示意图

1. 输送链传动轮（上）；2. 6203 轴承；3. 轴承座；4. 从动传动轮轴；5. 传动链轮；6. 输送链传动轮（下）；7. 输送链条；8. UL204 轴承；9. 主动链轮轴

（5）扶禾器。收割机在工作时，扶禾器与分禾器同时接触作物，扶禾器对倒伏的作物起扶起作用，并与扶禾星轮和齿形带配合，将作物送到割台上进行切割，扶禾器上的压簧可将切割的作物压贴在挡板上，防止作物在输送过程中倾斜。扶禾器立柱呈扁形，可有效地防止扶禾器推倒作物。扶禾器主要是由扶禾器立柱、扶禾星轮、扶禾器罩、压簧等组成（图 5-5）。

该机可以对苎麻收割并打捆，广泛适用于平原、丘陵、坡地、窄小地块、田间套作等地块。由于该机体积小、重量轻，机动性能灵活、操作简单方便省力、割茬低、不压撮、且不受作物行距和垄距的限制等优点，广泛适用于大、中、小地块作物的收割，也非常适宜交通不便的地区

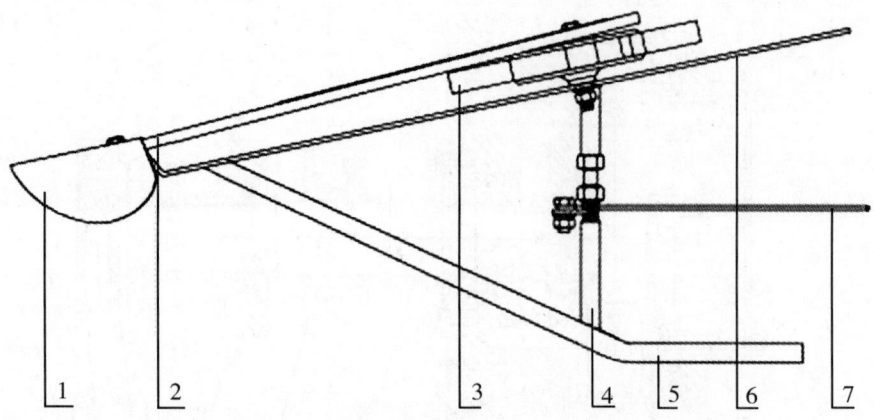

图 5-5　4GK-90 型自走式微型收割打捆机扶禾器示意图

1. 护套；2. 扶禾板；3. 扶禾星轮；4. 调节管扶禾带；5. 扶禾支架；6. 上压禾簧；7. 下压禾簧

使用。

（二）4LMZ-160A 型苎麻收割机的改进研究

1. 高效切割输送技术

进一步开展了对关键参数——前进速度、割刀切割速度和链条输送速度对切割效率、失败率和输送率的影响规律的研究与试验。选定前进速度、切割速度、链条输送速度3个试验因素在 Design-Expert. V8.0.6.1 中，按照中心组合响应曲面设计（central composite design，CCD）试验方案，对结果进行分析并分别拟合出切割效率 Y_1、失败率 Y_2 和输送成功率 Y_3 的回归模型方程，研究各因素对评价指标影响以及交互作用的影响规律（表 5-1）。

表 5-1　试验设计方案及结果

序号	因素水平			响应值		
	前进速度（m/s）	切割速度（m/s）	链条输送速度（m/s）	切割效率（株/s）	失败率（%）	输送率（%）
1	-1	0	-1	32	28.68	80.55
2	1	1	0	44	5.17	86.20
3	0	-1	-1	41	10.65	83.28
4	0	-1	1	39	12.35	92.36
5	0	1	1	44	4.83	91.27
6	0	0	0	40	11.54	93.90
7	1	0	-1	42	8.76	75.64
8	-1	-1	0	32	29.63	91.59
9	0	-1	0	38	13.65	88.84
10	0	0	0	42	7.98	94.55

（续表）

序号	因素水平			响应值		
	前进速度（m/s）	切割速度（m/s）	链条输送速度（m/s）	切割效率（株/s）	失败率（%）	输送率（%）
11	0	0	0	40	11.39	93.37
12	0	0	0	43	7.97	93.22
13	1	0	1	46	4.16	86.56
14	-1	1	0	30	31.57	91.33
15	-1	0	1	31	30.87	84.65
16	0	1	-1	42	8.93	81.26
17	0	0	0	42	8.10	95.51

根据试验中所得的数据，使用 Design-Expert 这一软件进行多元回归拟合分析，创建苎麻收割机性能指标中3个自变量的数学回归模型及回归模型公式，并对上述方程进一步分析，与此同时对各项的回归系数进行显著性检验，得出最优组合。

2. 苎麻直立状态下的打捆技术改进优化

针对前期试验过程中出现的茎秆打捆装置进料拨秆机构拨送效果差、推捆机构退料效果差的问题，通过研究苎麻茎秆集堆区与缓冲区的距离关系对成功打捆的影响因素和打捆装置位置结构设定成捆直径，根据苎麻茎秆的弯曲和破裂两个力学特性设定成捆压力，实现苎麻茎秆自动打捆、麻捆松紧度自动控制，建立了打捆装置的三维模型，对打捆装置进行了运动学分析，对拨杆机构和退料机构的运动轨迹进行了规划设计，确定了打捆装置合理的结构参数（图5-6）。改动优化之处主要有：①增加了进料拨爪的长度及角度，使拨爪机构能够更加有效地对麻秆进行拨取；②对推捆机构的3个拨齿几何结构进行了优化设计，保证了不同拨齿推捆接触面在同一平面内，提高了

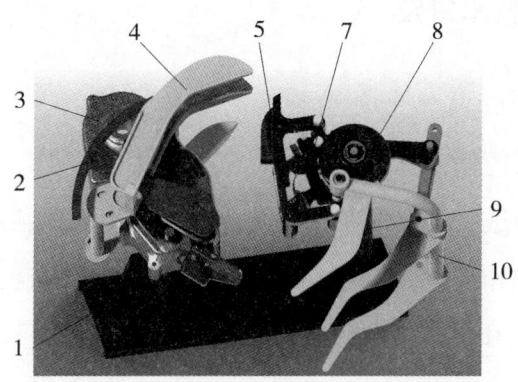

图 5-6 打捆装置

1. 底座；2. 穿针机构；3. 传动部件；4. 拨取部件；5. 打结器护板；6. 打结器部件；7. 打结盘；8. 传动轴立柱；10. 拨捆部件

不同拨齿推捆力度的均匀性；③增加了退料机构弹簧的刚度系数，使退料更加有力，保证了茎秆打捆后能被及时推出。

3. 仿生切割部件的研究

仿生刀片单茎秆最大切割力平均值为442.6N、标准差为27.7N，切割功耗平均值为2.16J、标准差为0.20J；普通刀片单茎秆最大切割力平均值为478.1N、标准差为29.4N，切割功耗平均值为2.35J、标准差为0.29J。经计算可知，仿生刀片和普通刀片相比，平均最大切割力和切割功耗分别降低7.4%和8.0%，说明了仿生刀片在减阻降耗方面具有较大优势。对不同刀片最大切割力试验数据进行F检验，表明不同刀片类型对单茎秆最大切割力有极显著影响（$P=0.0003$）；对不同刀片切割功耗试验数据进行F检验，表明不同刀片类型对单茎秆切割功耗有显著影响（$P=0.02$）（图5-7）。

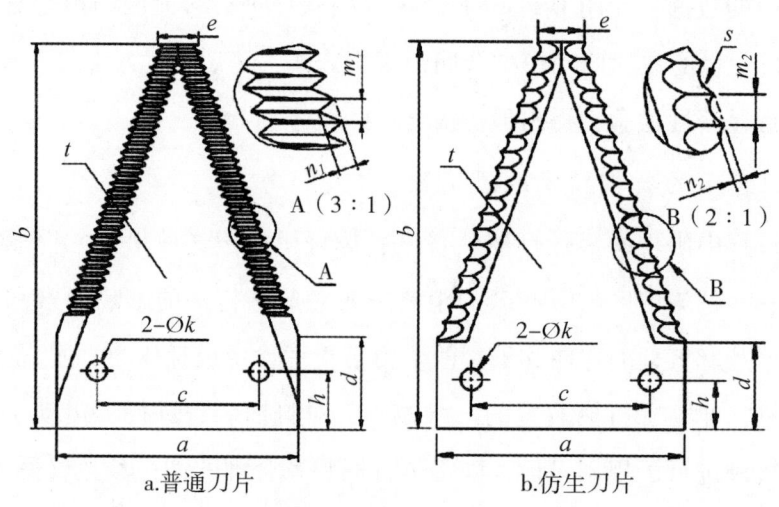

图5-7 仿生切割部件

（三）苎麻剥麻机关键技术研发

1. 第3代6BZQ-170型轻简化全自动苎麻剥麻机

通过对前期样机的改进与优化，研制出第3代6BZQ-170型轻简化全自动苎麻剥麻机，可一次完成苎麻切梢、匀麻、喂料输送、碾压、喂麻、夹持输送、剥麻、换端夹持和接麻、集麻等工序，实现了苎麻剥麻的全程自动化作业，样机操作安全、工效高，可满足大规模苎麻基地的剥麻作业需求。该机作业工效超过50kg/h，鲜茎出麻率≥4.8%，原麻含杂率≤1.5%，苎麻纤维等别达二等及以上。

2. 4BM-450型直喂式苎麻剥麻机

为解决反拉式苎麻剥麻机安全性差、劳动强度大等主要问题，成功研制4BM-450型直喂式苎麻剥麻机。该机采用压辊碾压、差速刮壳、拍打去骨与打板梳理相结合的剥麻原理，实现了苎麻鲜茎的碎骨—刮青—去叶—去屑等功能，一次性从苎麻鲜茎获得粗制纤维。该技术的研究取得了重大突破，将有助于解决反拉式苎麻剥麻机安全性差、事故率高等难题。样机通过湖南省农业机械鉴定站委托检测，工效可达29.03kg/h，鲜茎出麻率5.65%，苎麻含杂率1.29%。

（四）饲用苎麻收获与加工机械选型与改进

1. 4QM-4.0型饲用苎麻联合收获机

第三代4QM-4.0型饲用苎麻联合收获机具有更好的输送物料能力及出色的防纤维缠绕能力，能满足生产实际需求。经多次田间试验结果表明：该机连续工作期间喂入辊、送料轴无缠绕，喂料口无堵塞，割台切割输送顺畅、物料切碎均匀、卸料箱自动翻转省力，样机工作平稳、动力强劲。该机配置动力74kW，工效$0.27\sim0.35hm^2/h$，收获幅宽2 100mm，机器最低离地间隙280mm，收获最小割茬高度15mm。

2. 93QS-5.0型麻类青饲料专用切碎机

通过样机结构设计、关键部件设计及样机性能试验，研制出93QS-5.0型麻类青饲料专用切碎机定型样机。该机配备专用滑切刀片和防缠装置，可有效降低机器内部轴承被苎麻纤维缠绕概率，同时减少切碎刀辊的转动惯量、提高切碎效率。样机平均切碎长度3.5cm、标准草长率86%、纯工作小时生产率到5 066kg/h，配套动力7.5kW，可满足0~5kg/s不同喂入量的苎麻物料切碎需求，切碎后物料形态均匀。93QS-5.0型麻类青饲料切碎机切碎能力强、防缠效果好，在我国南方"麻改饲"产业发展过程中具有较好的市场应用前景，适应中小规模种植户麻类青饲料场地切碎加工作业。2020年4月样机通过湖南省农业机械鉴定站检验。

（五）3ZF-160型履带自走式苎麻中耕施肥机

根据山丘地区苎麻种植特点，研发了3ZF-160型履带自走式苎麻中耕施肥机，其工作原理为：采用橡胶履带前驱行走机构，接地面积大，适用于山丘小地块作业。通过性能好，配套苎麻宽窄行种植模式，一次将中耕松土和施肥工作完成。3ZF-160型苎麻中耕施肥机采用GPS定位，对苎麻株行间进行精准施肥。同时还采用地形智能识别，自动调节中耕深度，有效地保护土壤生态和根系结构。本机工作幅度为160cm，行距可调节（40~70cm），配套动力38kW，可调节耕深为1~16cm。在设定耕深参数后自动调节深浅。在正常作业条件下，每小时作业5亩左右，每天工作8h可中耕施肥完成作业30亩（表5-2）。

表5-2 3ZF-160型苎麻中耕施肥机的主要技术参数

整机质量（kg）	1 340
工作幅度（mm）	1 600
履带（节距×节数×宽）	90mm×43节×280mm

(续表)

整机质量（kg）	1 340
旋耕刀型号	IT165系列旋耕刀
配套动力	26~45kW
最小离地间隙（mm）	≥180
耗油量（kg/hm²）	≤20
耕深（cm）	1~16（可自动调节）
工作效率（hm²/h）	0.3

从结果初步分析，纤用苎麻亩有效株提高了4.87%，平均株高提高了12.6%，鲜重提高了22.7%（表5-3）。中耕施肥机8小时可中耕30亩，剔除操作人力工资、燃油投入和日折旧等费用460元，亩劳动成本投入仅为15.3元。而人工中耕施肥中耕30亩需要30个工日，按目前每天最低人工工资为120元计算，需要工资投入3 600元，两相比较劳动成本大大降低。

表5-3 机耕施肥对苎麻经济性状的影响

调查项目	机械中耕施肥组	对照组
有效株数（亩）	6 995	6 670
株高（cm）	233.45	207.25
茎粗（mm）	11.46	11.41
皮厚（mm）	0.81	0.72
鲜重（kg/亩）	2 015	1 641

二、黄/红麻

（一）红麻鲜茎剥皮技术及装备研发

1. 4BH-460型红麻剥皮机

4BH-460型红麻鲜茎剥皮机集剥皮、夹持、破碎、揉搓及刮打等功能于一体，适应场地作业和田间作业，配套动力≥5.5kW，作业工效≥1 100kg/h（鲜皮），鲜茎出干皮率10.37%，剥净率96.32%。

2. 4HB-480B型履带自走式红麻鲜茎剥皮机

履带自走式红麻剥皮机有移动灵活、性能可靠、操作安全、剥皮效率高等特点，自走式履带底盘可适应不同地形，越障能力强，田间行走方便。该机配套1 100型发动机，作业工效1 200kg/h（鲜皮），喂入量≥3kg/次，鲜皮含骨率≤6%，剥净率≥90%。

（二）新型黄麻菜联合收割机

研制成功第3代黄麻菜联合收割机，该机器配套了KGE12-E3汽油发电机和多台交、直流电机，整机的执行机构动力全部由电机提供；重点克服了电动行走控制技术、全电动多驱动控制技术及高效低损输送等技术难点；实现了一次性完成黄麻菜的田间收割、物料输送和高效集料工序。该机最小离地间隙≥250mm，收割幅宽为1 500mm，作业工效达2.5亩/h，收获损失率≤3%。该机成功在江苏南京、湖南长沙和湖南益阳等地开展生产应用，该项技术的研发成功将为我国黄麻菜产业规模化发展提供有力的技术支撑。

三 工业大麻

（一）4MD-160型工业大麻割铺机的改进研究

4MD-160型工业大麻割铺机配轮式自走底盘，发动机输出功率70kW，采用后轮驱动与转向，往复式双动刀及支撑切割方式将大麻茎秆切割后送入立式强制夹持输送系统，输至机器左侧田间铺放，以实现行走、切割、铺放联合作业。在作业过程中，切割装置前端安装数个感应器探知前方地表起伏情况，实现自动调节割台高度。

完成了底盘变速箱的改进设计和工作部件液压系统的全新设计。改进后的样机，田间行走性能良好、换挡快速流畅；新液压系统压力分配合理、散热效果好、工作时的液压油温在有效范围内，保证了各作业部件工作时压力的稳定。

（二）工业大麻茎秆机械化收割仿形切割技术研究

1. 机电双重作用方式实现割台仿形作业

在构建了多模态传感平台、研究了田间重要特征物（麻株、地表、垄界等）的高效识别算法（其中包括基于深度学习的高效识别算法构建、基于数据集训练和田间试验的算法优化和验证）等关键科学问题后，设计了仿形机构，采用机电双重作用方式实现割台仿形作业，以改善下割台有麻秆堵塞或者割茬强度过高导致的仿形机构不能正常复位的故障，原理如图5-8所示。

仿形部件工作时，仿形接触板1（图5-8）被障碍物抬起时将通过连接件驱动连杆2绕固定轴承7转动，以及驱动滚动轴3在固定轴承6中转动，并最终驱动通过联轴器与滚动轴3链接的角度传感器4传动轴转动；连杆上设计有压簧，可将仿形板1回压到复位状态，压簧长强度可调，以适应不同麻秆割茬阻碍力度；当连杆2动作的幅度足够大时，其顶部将触碰限位开关5触点，直接驱动限位开关闭合下割台上升控制信号。当连杆2动作幅度不足以直接触碰限位开关时，地面仿形控制将由智能控制系统驱动调节，保证下割台收割作物后的留茬高度，并维持

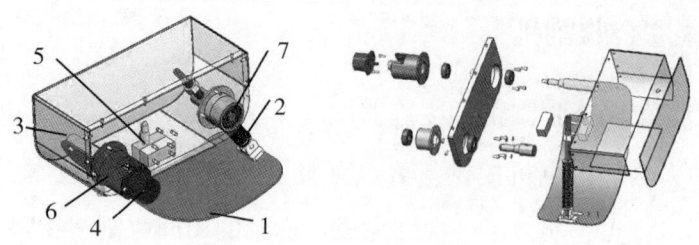

图 5-8 仿形机构

实时仿形调节。

2. 智能地面仿形装置

针对丘陵地区、滩涂地等复杂地形麻类机械化收获普遍存在割茬过高问题，研究割台机械自动仿形和智能化仿形两种技术。机械自动仿形工作原理是：利用平衡弹簧将割台的大部分重量转移到后面支撑悬挂的机架上、减轻对地面的压力，使割台仿形装置最底下的滑板做到轻贴地面。在地面行走时，滑板受到地面不平整带来的冲击力传递到平衡弹簧，在平衡弹簧承受范围之内的弹力被弹簧自行消化，使割台能适应地面起伏，保持平衡，做到机械自动仿形。

如果冲击过大（地面起伏过大），超过弹簧的弹力，则自动启动智能仿形系统。在割台两侧，安装2个角度传感器，在机器行走过程中，在割台到达前提前扫描地面；在割台液压升降油缸接入控制线路作为执行元件；智能控制器集成安装在驾驶室的操作盒内。当角度传感器将信号反馈至智能控制器时，通过比较实时角度信号与设定角度信号的数值差距，对液压升降油缸的升降做出指令，使割台能根据地面起伏自动调节高低，做到智能化割台地面仿形（图5-9）。

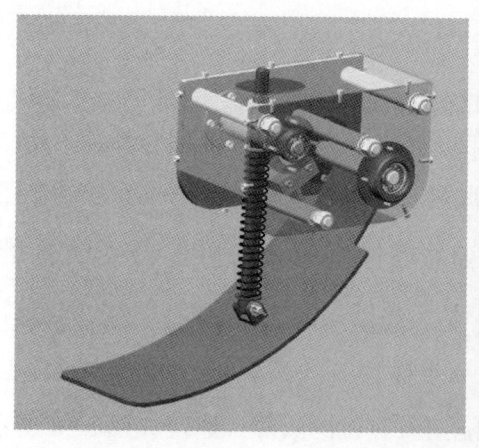

图 5-9 地面仿形装置

（三）工业大麻智能碾压技术研究

在已设计出的工业大麻打麻机碾压辊间隙自动调节装置基础上，深入开展了工业大麻茎秆碾压辊间隙智能调节技术研究，进行了整机智能化控制研究，研究调整了输入量检测、中央控制单元、伺服系统、间隙检测传感器、间隙调节机构等协调工作参数，优化了碾压辊间隙调节装置的反应速度以及自动控制系统的精度；研究出的工业大麻智能碾压系统，可以检测物料厚度，并根据物料的厚度自动调整打麻机碾压辊间隙，解决了现有的打麻机因工业大麻和亚麻的茎秆力学特性不同，造成碎茎后含骨率高、碎茎效果不理想、碎茎过程中容易卡死的技术问题，从而实现自动、准确完成工业大麻碾压辊间隙的智能控制，提升了整机智能控制水平，推进了样机生产应用进程。

第六章 加工技术研究进展

一 脱胶技术研究

(一) 循环脱胶工艺技术优化与改造

1. 优化循环脱胶工艺

优化形成了一种循环脱胶工艺,主要特点是:①自主设计一种曝气装置,气泡丰富、细密,功能菌株繁殖迅速,发酵均匀;②能适用于加菌及不加菌工艺,脱胶液作为发酵液再循环利用;③通过高压冲洗设计,代替二次煮炼;④通过沉降压滤技术沉降废水中的有机物,迅速净化废水,并供循环利用,进一步完善"扩培—脱胶一体化脱胶工艺"。

2. 循环脱胶工艺及装备研究

进一步优化了苎麻、红麻、大麻循环脱胶的发酵工艺流程与参数,研究了生物脱胶与后处理配套工艺及参数,设计、试制、安装与调试了麻类脱胶高压洗理装置、废水循环装置各1套,在四川大竹金丰麻业有限公司进行循环式苎麻生物脱胶新技术中试与改造,建成了每天加工1t原麻的中试生产线。该技术是在原有湿润脱胶技术的基础上,通过菌种、设备及工艺的进一步改进,形成的"循环式生物脱胶技术",该技术中的菌液及废水可以循环利用,循环回用节水利用率大于80%;烧碱用量比传统化学煮炼方法降低80%以上;脱胶废水污染程度降低70%以上;脱胶工序简单,产品品质合格。

(二) 脱胶菌酶分子机理研究

1. 果胶裂解酶 DdPelB 空间结构预测及关键氨基酸分析

果胶裂解酶 DdPelB 其高级结构是由一系列平行的 β-螺旋和环组成的桶状结构;8 个保守的氨基酸构成了果胶裂解酶 DdPelB 的活性口袋,其中 3 个 $Asp^{151/153/192}$ 是 Ca 结合位点,5 个氨基酸为催化位点，分别是 Lys^{212}、Arg^{240}、Pro^{242}、Arg^{245} 和 Phe^{279}（图6-1）。

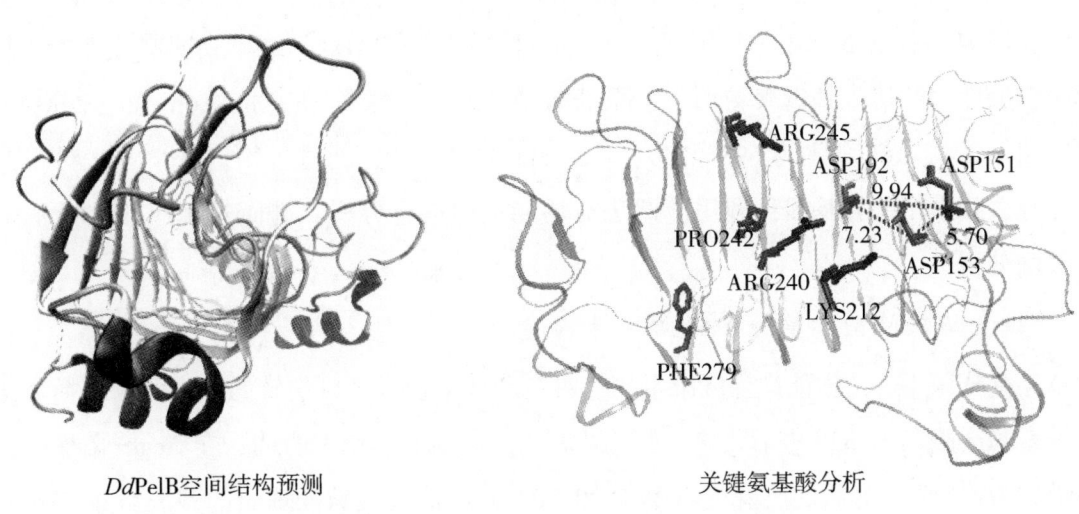

图 6-1　果胶裂解酶 *Dd*PelB 空间结构预测及关键氨基酸分析

2. 脱胶酶基因克隆与表达及其分子改造

将源于 DCE-01 菌种中保留信号肽和不带信号肽的果胶裂解酶基因成功克隆和表达，其中带信号肽编码序列的 *pel*G403S 和 *pel*419S 胞外酶活力分别为 148.9U/mL 和 82.83U/mL；不带信号肽编码序列的 *pel*G403M 和 *pel*419M 胞外酶未见出明显酶活力。同时，对果胶裂解酶 PelG403 和 Pel419 的结构进行生物信息学分析，其高级结构主要由 β-转角和无规则卷曲构成，是典型的平行β 螺旋结构（图6-2）。

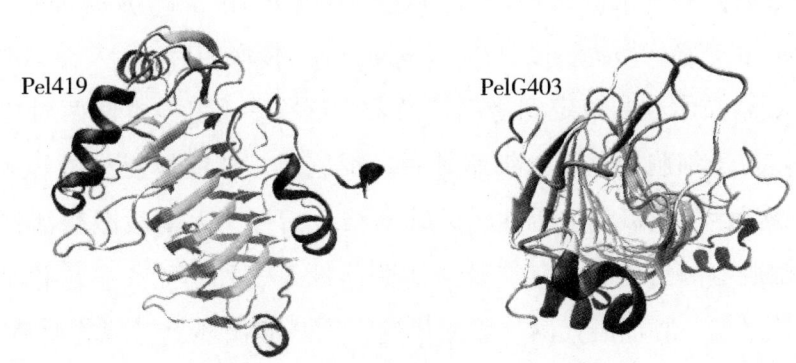

图 6-2　果胶裂解酶三维结构预测

采用理性设计对果胶裂解酶进行分子改造，从 PelG403 突变酶和 Pel419 突变酶库中各筛选到 1 个正向突变酶（PelG403-A129V 和 Pel419-V52A）。两个正向突变体的耐热性能分别提高 4.7 倍和 4.4 倍，其最适 Ca^{2+} 浓度分别为 1mmol/L 和 2.5mmol/L。

3. 苎麻脱胶菌株 DCE-01 基因组与蛋白组学分析

（1）通过对苎麻脱胶菌株 DCE-01 全基因组完成图测序与分析，获得脱胶关键脱胶酶基因 21

个；包括18个果胶酶基因，1个甘露聚糖酶基因，2个木聚糖酶基因；成功克隆、表达4个特异性果胶酶基因，即 pel225、pel207、pelG32、pel027。

（2）对苎麻菌株 DCE-01 进行蛋白质组学定量分析（iTRAQ），结果表明其主要影响因子为3种关键蛋白酶即果胶酶、甘露聚糖酶、木聚糖酶；其差异蛋白数 8h-0h、16h-0h、24h-0h、16h-8h、24h-8h、24h、16h 分别为698、720、728、96、199、79；通过生物信息学方法对相关功能基因进行注释，找出了差异基因；利用质谱法对功能蛋白进行分析，进而对相应的差异基因与蛋白进行了关联分析。

4. 纤维素酶缺陷型枯草芽孢杆菌菌株构建

枯草芽孢杆菌168菌株能产生纤维素酶，对苎麻纤维造成不可逆转的损害。采用插入法构建了一株纤维素酶缺陷基因 eglS 失活菌株，使其适合微生物脱胶。结果表明，在 ΔeglS 菌株中，没有检测到纤维素酶，25h 发酵后的苎麻失重率为20.20%，经低浓度碱处理后的残胶含量（2.73%）低于传统化学脱胶的（2.96%）。生化脱胶苎麻纤维的单纤维断裂强力值达到27.19cN。与化学脱胶工艺比较，生物化学脱胶工艺使碱的用量降低了75%。

5. 脱胶微生物作用机理研究

利用三代测序技术及 iTRAQ 技术，对脱胶过程中的微生物多样性以及关键功能蛋白进行了系统检测。追踪从0h到150h的整个脱胶过程，发现拟杆菌门 Bacteroidetes 的比例从30%升高到65%；而变形菌门 Prteobacteria 所占比例逐步下降，从55%下降到20%；TM7 从1%上升到11%；厚壁菌门 Firmicutes 从0h的2%上升到40h的20%，再降到150h的2%；放线菌 Actinobacteria 富集后，达到1%；其他各微生物种群比例低于1%，没有形成优势菌群；TOP 30 中未见真菌。到150h，Bacteroides sp. 成为第一优势菌群，而 Chrysebacterium sp.、Dysgonomonas sp.、Flavobacterium sp.、Acinetobacter sp.、Citrobacter sp.、Pseudomonas sp. 依次随后。

基于蛋白组 iTRAQ 技术，共鉴定到蛋白质总数197个。4组样本两两对比后所得差异蛋白在细胞组分上主要定位于细胞外基质、细胞外膜、细胞质、核糖体亚单位等多个位置。具有水解酶活性、氧化还原活性、超氧化物活性、纤维素结合活性、丙酮酸激酶活性、乌头酸水合酶活性、磷酸葡萄糖酸脱氢酶活性、核苷二磷酸激酶活性等多种功能。参与碳水化合物结合、纤维素降解、氧化还原平衡、甘油醚代谢、羧酸代谢、乙醛酸循环、三羧酸循环、戊糖磷酸之路、生物合成等多种生物过程。蛋白 A0A0R0DX68、A0A0R0EAU2、I4YJF1、V6SPC1 系列、A0A0D6TR81、A0A0M9WBC6 系列等，分别属于酯酶、糖水解酶、糖苷水解酶、烷基还原酶、醛基脱氢酶、葡聚糖酶，随着发酵时间增长，蛋白相对含量除酯酶110 h 达到高峰外，其余均持续增加。

6. 一种碱性果胶裂解酶基因克隆与高效表达

根据该菌株全基因组序列预测的果胶裂解酶基因（pel4J4）设计引物，PCR 扩增后将该基因连接到 pET28a 载体上，导入 Escherichia coli BL21（DE3）构建原核表达体系。对阳性克隆子进行诱导表达后，采用超滤和Sephadex G-100凝胶层析两步法纯化出果胶裂解酶（Pel4J4），深入研究其酶学性质。结果表明，克隆到果胶裂解酶基因 *pel4J4*（GenBank 登录号：KC900167），其序列全长1 179bp，编码392个氨基酸。pET28a-pel-BL表达胞外果胶裂解酶活力达204.4 IU/mL。纯酶的最适反应温度为55℃，最适pH值为8.5；保温1 h，酶活稳定温度≤45℃，稳定pH值为8.5~10.0。酶催化作用依赖于Ca^{2+}，其最适作用浓度为1 mmol/L；Zn^{2+}、Fe^{3+}、Ca^{2+}和NH_4^+促进酶活力，Cu^{2+}和Pb^{2+}严重抑制酶活力；酯化度≥85%的橘子果胶为最适底物。

7. 一种新型木聚糖酶基因在毕赤酵母中的表达

根据 *xyn*A 基因序列（GenBank 登录号：U57819）中编码木聚糖酶成熟蛋白的序列构建真核表达体系，再将毕赤酵母工程菌株分批加入0.5%甲醇诱导产木聚糖酶。结果表明：该XynA含有典型的糖苷水解酶11类催化结构域（GH11），成熟蛋白的预测分子量为38.6ku，等电点为6.86；7个毕赤酵母基因工程菌株 X33/pPICzαA-xynA 分泌的木聚糖酶活力均≥300U/mL，最高达487U/mL；胞外木聚糖酶在SDS-PAGE和Western Blot检测的特征谱带分子量约为45ku，均比预期分子量（38.6ku）略大。

（三）生物脱胶工艺优化研究

1. 苎麻青贮脱胶技术研究与示范

（1）青贮脱胶菌株的筛选

对比了青贮脱胶功能菌株蚀果胶梭菌（*C. pectinovorum*）、费氏梭菌（*C. felsineum*）、植物腐败菌PW以及 *Dickeya dadantii* DCE-01 的生长曲线、胞外酶种类、酶活、残胶等。结果表明，筛选获得的4个菌株均能在厌氧条件下发酵降解非纤维素，蚀果胶梭菌（*C. pectinovorum*）具有优良的果胶降解能力，降解率达到66.7%，高于DCE 3.3%，但是该菌株半纤维素降解能力较弱，仅43.3%；厌氧条件下，DCE的果胶及半纤维素总降解率为54.6%，但在好氧发酵条件下，DCE的果胶及半纤维素总降解率为66.7%。

（2）青贮脱胶工艺技术研究

对青贮脱胶功能菌株蚀果胶梭菌的200L扩大培养条件及青贮参数进行优化，明确了蚀果胶梭菌在50kg/包中试条件下的苎麻青贮脱胶工艺。50kg/包中试条件下的蚀果胶梭菌青贮脱胶苎麻降解率平均达到52%，与小试接近（低5%~10%），高于DCE菌株的胶质降解率，精炼前残胶平均12.2%，精炼后5.6%，能满足地膜、夏布、无纺布等纤维需求（图6-3、图6-4）。

2. 雨露脱胶真菌筛选与应用研究

通过富集培养，从工业大麻雨露脱胶样品中筛选出2株真菌：黄孢厚毛平革YL-12、虫拟蜡菌YL-f6。菌株制备成悬液，喷洒在工业大麻茎秆上，25~30℃室温发酵10~15d，达到室外常规雨露脱胶效果，时间缩短20%以上。

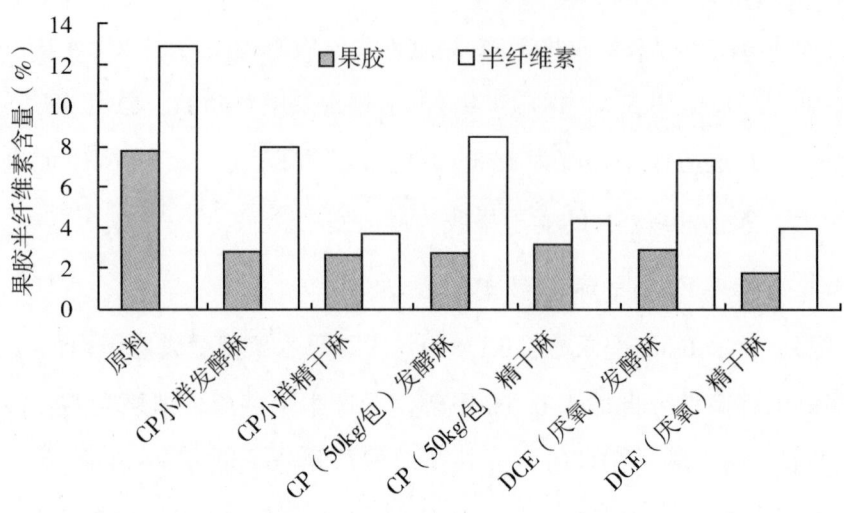

图 6-3 青贮脱胶菌株的功能比较

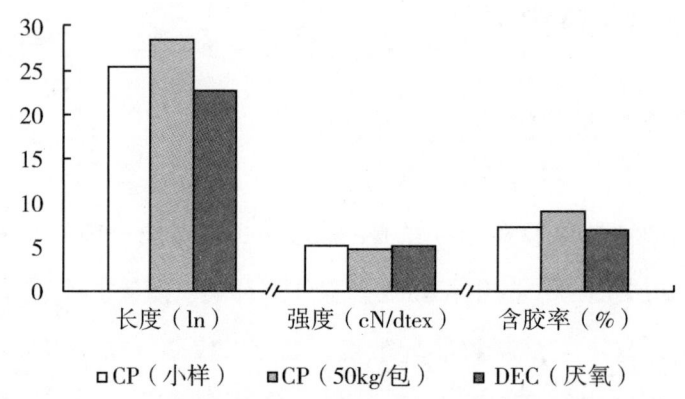

图 6-4 精干麻纤维品质测试结果

3. 不同发酵方式对脱胶效果的影响

利用高效菌株 DCE01 通过湿润和浸泡发酵方式对苎麻韧皮进行全程生物脱胶动态跟踪研究，从 0.5h 开始计时直至 10.5h 结束，每隔 2h 取样一次，结合半自动纤维分析仪法和柱前衍生—高效液相色谱法对苎麻韧皮生物脱胶产物中的半纤维素、纤维素、木质素和水解液中半乳糖醛酸含量进行测定。结果表明：10.5h 脱胶终止时，浸泡发酵苎麻韧皮生物脱胶产物中半纤维素、木质素、纤维素和水解液半乳糖醛酸含量分别为 4.28%、0.11%、91.88% 和 4.93μg/mL；湿润发酵的相应含量分别为 4.55%、0.13%、91.56% 和 5.03μg/mL。整个脱胶期间，两种发酵方式生物脱胶产品中的半纤维素、木质素、半乳糖醛酸含量均随脱胶时间的延长不断下降，纤维素含量不断上升。

（四）菌酶复配与助剂工艺技术研究

1. 包装材料及健康纤维脱胶与软化

利用纤维素酶、果胶酶、木聚糖酶、甘露聚糖酶、漆酶等进行复配，获得最优软化包装材料及健康纤维软化的复合酶制剂配方，在最优酶解脱胶条件下，可明显提高夏布的软化效果，后续继续用一定质量浓度的丙三醇处理酶解脱胶后的夏布等材料，能进一步提高材料的软度、舒适度和手感，初步获得了利用绿色环保制剂的纤维软化工艺。

2. 黄麻纤维生物脱胶助剂筛选

对不同品种黄麻韧皮纤维采用高效菌株添加助剂（三聚磷酸钠、尿素、JFC）方法进行了脱胶，经过多次试验验证，确认了这种简易高效脱胶方法适合不同品种黄麻韧皮纤维能在24h内完成脱胶，纤维分散度好，结果稳定。助剂的优点：能促使LM菌株快速生长繁殖，所分泌的关键酶充分渗入到植物纤维内部，加快发挥提取作用；环保，助剂中的三聚磷酸钠、尿素、JFC均为无环境危害性试剂。

3. 低共熔溶剂脱胶技术研究

氯化胆碱与甲酸、乙酸、乳酸、草酸、乙醇胺等组合表现出较好的非纤维素溶解效果，其中氯化胆碱：乙醇胺=1:3，在120℃处理苎麻2h后，苎麻原麻失重率达32%，残胶率7.1%。

4. 麻类纤维素溶解及醚化技术

进一步研究了尿素（硫脲）—氢氧化钠溶液体系、离子液体体系、纳米球磨法等对苎麻、红麻、工业大麻、罗布麻，以及秸秆纤维素溶解工艺。结果表明，高产果胶酶及甘露聚糖酶的植物腐败菌 PW（*Pectobacterium wasabiae* IBFC 2016），与高产木聚糖酶及木质素酶的枯草芽孢杆菌 BSE（*Bacillus subtilis* BSE）混合培养，进行双菌共发酵脱胶效果显著提高；双菌共发酵脱胶灭活工艺中添加磷酸铵、多聚磷酸钠、草酸铵或柠檬酸三铵，以及亚氯酸钠或 H_2O_2；麻类或秸秆纤维素通过球磨或醚化后，能制取纳米纤维素膜及常规纤维素膜。

二 麻纤维性能改良

（一）棉纺设备上纺制大麻27.8tex纱新产品的开发研究

1. 试验原料

脱胶后的大麻纤维，线密度7.2dtex，主体长度65~75mm，断裂强度5.35cN/dtex，断裂伸长率2.98%。

2. 工艺流程

牵切（Sey-deL880型）→梳棉（AS181A型）（开松2次）→焖包处理→抓棉（FA002型）→

开棉（FA036B 型）→成卷（FA076C 型）→梳棉（A186F 型）→并条（FA303 型）（2 道）→粗纱（FA454 型）→细纱（FA506 型）。

3. 捻系数对细纱强伸性能的影响

细纱工序需合理选择捻系数以获得理想的纱线断裂强力，不同捻系数下纱线断裂强力和断裂伸长率测试结果见表 6-1。

表 6-1　不同捻系数下大麻 27.8tex 纱的强伸性

捻系数	断裂强力（cN）	断裂伸长率（%）
500	287	4.65
550	339	4.88
600	360	4.96
650	372	5.12
700	365	4.95
750	348	4.91

由表 6-1 可知，当细纱捻系数选择 650 时，纺制出的细纱断裂强力最高达 372cN，断裂伸长率达 5.12%。

4. 纺纱方式对成纱质量的影响

在棉纺设备上，分别采用三角区雾化加湿、未雾化加湿、后区雾化加湿以及常用大麻湿纺共 4 种纺纱工艺纺制纯大麻纱，对纺出纱质量指标进行对比分析，结果见表 6-2。

表 6-2　不同纺纱工艺纺制大麻 27.8tex 纱的质量指标

纺纱工艺	断裂强度（cN/dex）	强力 CV（%）	断裂伸长率（%）	条干 CV（%）	纱疵（个/km）			3mm 毛羽数（根/10cm）
					细节	粗节	棉结	
未雾化加湿	1.29	18.1	4.96	17.3	58	45	14	76.4
三角区雾化加湿	1.34	15.7	5.12	14.9	24	21	5	30.0
后区雾化加湿	1.32	16.7	4.85	18.6	31	27	6	52.0
湿纺	1.37	19.5	3.78	20.5	76	55	18	84.0

由表 6-2 可以看出，采用棉纺设备，在成纱三角区加雾化加湿装置所纺纱的强力 CV、断裂伸长率、条干 CV、粗细节、毛羽数改善明显。

5. 研究结论

成功纺制出了 27.8tex 大麻纱，断裂强度 13.4cN/tex，断裂伸长率 5.12%，条干 CV 14.9%。

（1）与湿纺相比，三角区雾化加湿工艺纺制纯大麻纱的断裂伸长率、条干 CV、粗细节、毛羽明显改善，但断裂强度低于湿纺工艺。

（2）在成纱三角区添加雾化加湿装置对成纱质量影响很大，与三角区未添加雾化加湿装置相比，其纺制出的纯大麻纱强力 CV 降低了 13.3%，条干 CV 降低 13.9%，纱疵以及毛羽数均有大幅度减少。

（3）三角区雾化加湿与后区雾化加湿均能改善纯大麻纱的断裂强度、断裂伸长率、纱疵以及毛羽，且两者纺制出的纯大麻纱综合性能均优于未雾化加湿工艺；对于强力 CV 和条干 CV，三角区雾化加湿效果要明显优于后区雾化加湿。

（4）纺制的纯大麻纱表面光洁、条干均匀，提升了大麻产品的应用价值。

（二）苎麻纤维性能改良

1. 苎麻高支纱新产品的研究开发

（1）维纶伴纺苎麻高支纱纺纱及退维试验

在大竹县玉竹麻业有限公司生产现场对苎麻高支股线的纺纱工艺进行了试验优化，并改进了纺纱设备，纺制了苎麻高支股线，现正进行不同方式退维效果的研究，试验结果如表 6-3 至表 6-5 所示。

表 6-3 不同退维方式的退维率

退维时间	退维前干重（g/km）	退维后干重（g/km）	退维率（%）
水煮 1h	36.20	21.85	55.58
水煮 2h	35.60	17.00	72.04
碱煮 1h	31.95	26.10	22.66
碱煮 2h	33.00	24.85	31.56

注：碱煮采用 1g/L 的 NaOH 溶液。

表 6-4 绞纱退维前后股线的性能

水煮时间	干重支数	强力（cN）	强度（cN/tex）	伸长率（%）	干重（g/km） 退维前	干重（g/km） 退维后	退维率（%）
退维前	51	423.0	10.98	5.6	39.34	—	—
2h	101	250.2	11.27	21.5	36.20	19.80	63.5
2.5h	112	123.2	6.16	4.8	37.60	17.90	79.3
3h	131	180.4	10.54	6.6	37.40	15.30	85.6
3.5h	132	217.4	13.93	7.8	38.90	15.10	92.2
4h	178	124.2	6.75	4.9	36.52	11.25	97.9
4.5h	172	145.3	6.89	3.2	36.92	11.61	98.0

表 6-5　筒纱退维前后股线的性能

水煮时间	干重支数	强力 (cN)	强度 (cN/tex)	伸长率 (%)	干重（g/km）退维前	干重（g/km）退维后	捻度 (捻/m)	退维率 (%)
退维前	51	423.0	10.98	5.64	39.34	—	1 000	0
2h	96	340.4	14.95	15.79	36.40	20.8	1 060	60.4
3h	156	202.4	14.15	3.70	35.20	12.8	未测出	86.7
4h	168	146.0	10.98	2.64	37.40	11.9	1 196	98.8
5h	161	152.2	12.42	5.67	37.70	12.4	1 316	98.0

（2）苎麻纤维氧化处理试验

为了纺制高品质高支苎麻纱，结合玉竹麻业有限公司的生产实际，研究了苎麻纤维的氧化处理工艺，并在大竹县玉竹麻业有限公司进行放样试验，以期在保证精干麻断裂强度的前提下，提高纤维的可纺性，实现较低成本、较高效益生产高品质高支苎麻纱产品。试验表明：还原工艺有助于提升精干麻的断裂强力，而氧漂以及脱氧酶处理对精干麻断裂强力的提升作用并不明显（表6-6）。

表 6-6　精干麻断裂强度及并丝数

氧化工艺方案	强度 (cN/dtex)	变异系数 (%)	并丝数 (根/100g)
氧化→碱煮→给油	4.23	5.18	1 980
氧化→还原→碱煮→给油	5.07	0.85	1 420
氧化→碱煮→还原→给油	4.54	3.44	1 420
氧化→碱煮→氧化→还原→给油	3.98	5.15	1 020
氧化→脱氧酶处理→碱煮→给油	3.46	7.65	1 200
氧化→脱氧酶处理→碱煮→还原→给油	4.17	2.91	1 800
氧化→氧化→脱氧酶处理→碱煮→还原→给油	3.82	6.70	2 060

2. 青贮脱胶苎麻纤维的开松与性能检测

为了比较不同方法的处理对青贮脱胶苎麻纤维的影响，分别对控温青贮+漂白、喷淋+青贮、浸泡+青贮3种麻样开松。

当喂给速度0.55r/min、刺辊速度1 420r/min、尘笼速度5r/min时，开松的麻纤维的长度、细度及强度测试结果如表6-7所示。

表 6-7　开松麻样的细度、长度和强度

项目		样品一（控温青贮+漂白）	样品二（喷淋+青贮）	样品三（浸泡+青贮）
XD-1型振动式细度仪	细度 (dtex)	3.65	8.48	11.6
	细度不匀率 (%)	22.10	24.40	19.8

（续表）

项目		样品一 （控温青贮+漂白）	样品二 （喷淋+青贮）	样品三 （浸泡+青贮）
中段切断称重法	细度（dtex）	4.56	8.70	11.52
	细度不匀率（%）	2.40	6.03	6.60
长度（mm）		25.53	23.15	20.87
强度（cN/dtex）		4.87	2.01	2.18
强度不匀率（%）		30.37	37.29	30.99
伸长率（%）		2.36	1.39	1.30
伸长不匀率（%）		25.97	24.64	25.98

在喂给速度、尘笼速度一定时，最优刺辊速度为1 620r/min。当喂给转速0.55r/min、刺辊转速1 620r/min时，并丝率较小，开松效果较好。

3. 新型苎麻基光热织物用于海水淡化

界面太阳能驱动的海水蒸发是解决淡水资源短缺的一个有前途的方法。试验中将炭黑（CB）与交联海藻酸钠（SA）的混合物涂在苎麻织物（CSRF）上制备悬垂织物。

苎麻纤维表面采用CB纳米粒子修饰后，纤维表面更加粗糙，增强了光吸收性。在通过交联的CB-SA涂层之后，织物的颜色由白色变成了深黑色。在太阳光模拟器（1.0 kW/m²）的辐照下，悬垂CSRF的蒸发率达到了1.81kg/（m²·h），分别是纯水的4.6倍和原始织物的2.2倍，具有优越的太阳能蒸汽转化能力。悬垂CSRF的表面温度在180s内迅速上升，并在接近40℃的温度下保持稳定。在30min内，悬垂模型的水体温度仅升高了2.2℃，说明悬垂模型对水体的散热量较小，吸收的太阳能更多地被水蒸发所利用，促进了悬垂CSRF蒸发速率的提高。

4. 基于仿生原理用于自适应灌溉系统的苎麻纺织品芯吸效应研究

由于纺织品具有丰富的毛细管结构，类似植物木质部导管结构，具有较好的芯吸性能，从而具有优良的输水、储水和释放水分能力。主要探索纤维集束体的芯吸效应及在农林业灌溉上的应用，以填补纺织品在农林业灌溉应用上的空白。通过制备各种材料的纤维集束体，在约束条件下研究纤维种类、纤维结构参数和纤维集束状态对纤维集束体芯吸性能的影响。

（1）不同种类纤维的芯吸性能。图6-5给出了7种不同类型材料的粗纱和纤维条构成的集束密度为0.424 6g/cm³纤维集束体在30min内芯吸高度与芯吸液体重量。

从图6-5可以看出，在相同的纤维集束密度下，苎麻纤维具有最好的芯吸高度和芯吸水重量。说明当纤维伸直平行且纤维较长时，纤维间易于形成平行有效的毛细管，毛细管通道连续性和通畅性好，有利于芯吸的进行。

（2）纤维集束体密度对芯吸性能的影响。随着纤维集束体的集束密度的增大，纤维集束体内部的毛细管的孔径越来越小，纤维集束体在集束密度为0.424 6g/cm³之前，纤维集束体的芯吸高度

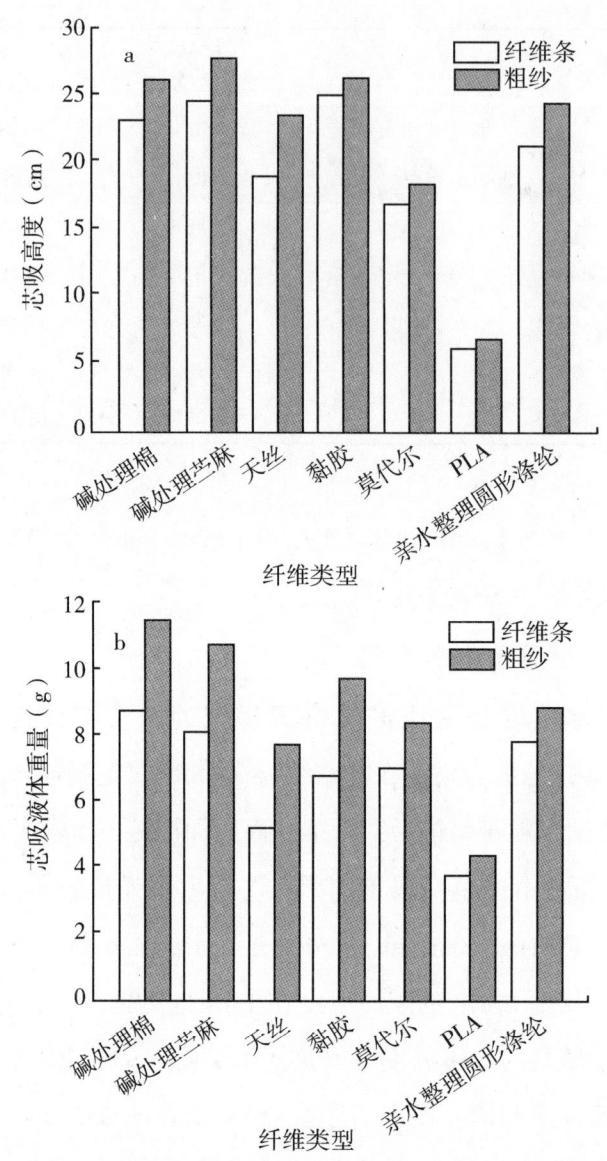

图 6-5 不同类型纤维粗纱和纤维条集束体的芯吸性能比较

值随集束密度增大而增大,当集束密度超过 0.424 6g/cm³ 时,纤维集束体的芯吸高度逐渐减小。

(3) 纤维集束体高度对芯吸性能的影响。纤维集束体高度越小,纤维集束体的竖直毛细输水量越大,其中5cm高的苎麻纤维集束体的竖直毛细输水量能达到 0.33g/min,能够很好地满足作物生长需要。竖直芯吸灌溉模型具有很好的自适应灌溉性能,能够根据作物的需要提供水分。

(4) 纤维集束体倾斜角度对芯吸性能的影响。纤维集束体倾斜角度越小,则芯吸长度越长,纤维集束体水平输送液体能力越强。碱处理的棉和苎麻等纤维集束体在40h后都能达到2.4m以上,其中苎麻纤维集束体甚至达到3.3m。

(5) 组合型芯吸灌溉织物的芯吸性能。组合型芯吸灌溉织物的储水量比普通三层灌溉织物高 6~25 倍,供水量比普通三层灌溉织物高 8~28 倍。厚度为 2.3cm 的组合型芯吸灌溉织物的灌溉周期为175h,是无织物灌溉的水循环周期的4倍,是普通三层织物灌溉的水循环周期的3.2倍。

组合型芯吸灌溉的绿豆的生长高度比不使用灌溉模型绿豆生长高度高 18.2%~33.7%，表明使用组合型芯吸灌溉进行种植有利于作物的生长。

5. 低共熔溶剂预处理苎麻原麻制备纤维素纳米纤维

以苎麻为原料，采用氯化胆碱—草酸二水合物低共熔溶剂进行预处理，随后球磨法制备纤维素纳米纤维。经过预处理后，纳米纤维素的制备时间从 12h 缩短至 6h；并且该方法省去了传统的酸碱预处理和漂白过程。低共熔溶剂在预处理过程中，能破坏木质素—糖类复合体本身的氢键和共价键网络结构，引发对木质素和半纤维素的溶解，从而松散植物细胞壁结构，促进纤维素的后续纳米化。本研究能为开发低成本、高效、绿色的植物纤维纳米纤维素生产新技术提供理论和实践支持。

（三）低共熔溶剂制备黄麻落麻纳米纤维素的试验与理论计算

近年来，从天然纤维中提取纳米原纤成为人们关注的热点，黄麻纤维采用合适的化学、物理或化学与物理相结合方法，就能分离制得纳米纤维。低共熔溶剂（DES）作为一种新型的绿色溶剂，在制备纳米纤维素方面展现出明显的优势，但低共熔溶剂种类繁多，如能精准高效地筛选出适合应用于纳米纤维素（CNC）制备的低共熔溶剂，则可以有效降低试验试剂及时间的浪费。此外，由于 DES 中不同的氢键供受体配置，使得制备纳米纤维素的产率、形貌、性质等存在一定的差异。

1. DES 溶剂对制备纳米麻纤维素晶的影响

通过量子化学可以从分子水平研究低共熔溶剂与纤维素之间的相互作用，通过分析不同溶剂分子与纤维素之间的氢键和范德华等相互作用力，可以通过相互作用能的高低反映出该溶剂制备纳米纤维素的能力。首先配制了两种羧酸类 DES（草酸 OA、柠檬酸 CA）分别在含水和无水状态下制备纳米纤维素，对所制纳米纤维素的产率、稳定性、成分和结晶度进行表征（表6-8）。

表 6-8 DES 的配制及所制备的 CNC

DES 种类	HBA—HBD	共熔点（℃）	CNCs 编号
CO	ChCl/OA	34	CNC1
COH	ChCl/OA·2H$_2$O		CNC2
CC	ChCl/CA	71	CNC3
CCH	ChCl/CA·H$_2$O		CNC4

采用以上 DES 溶剂在 90℃下对黄麻落麻进行处理，经过透析、离心等步骤得到纳米纤维素的悬浮液，相较于 CC、CCH 等柠檬酸类的 DES 而言，由 CO、COH 等草酸体系的 DES 制备的纳米纤维素在性能上具有明显的优势，如更高的产率、更好的稳定性及更高的结晶度。另外，DES 体系中含有少量的结晶水更有利于制备纳米纤维素。CNC 直径大多在 10~35nm，CV 值均在 30% 左右。

结果表明，无水 DES 比含水 DES 制备的 CNC 直径更细。由此可见，水合 DES 虽然有利于提高 CNC 的收率，但不利于 CNC 的直径细化。

2. DES 溶剂对麻纤维素溶剂的作用分析

构建不同 DES 与纤维二糖的分子模型，采用 Gaussian 程序在 M062X/6-311+G（2d，p）// B3LYP/6-311G（d，p）的水平下计算溶剂分子与纤维二糖之间的相互作用能。

首先，所有 DES 与纤维二糖的相互作用能均强于纤维二糖二聚体的相互作用，其中纤维二糖二聚体的相互作用能是 -33.38kcal/mol 和 -24.43kcal/mol，分别代表了纤维素（010）和（100）晶面上的分子结构。这一结果表明，所有的 DES 都能有效地破坏纤维素二聚体之间的相互作用，将纤维素原纤化，得到纤维素纳米晶。此外，含水 DES 比无水 DES 具有更强的相互作用能。这一结果表明，HBD 中的结合水有利于提升整个体系的相互作用能，水分子可以有效增加体系中的氢键数量，从而提升 DES 与纤维二糖之间的非共价相互作用。

采用 Multiwfn 对以上各体系进行波函数分析，可以看出分子之间的键临界点和键径，表明氯阴离子与其他碎片的氢原子之间存在复杂的键径。除正常的氢键相互作用外，氯阴离子的影响也不容忽视。

采用 4 种酸性 DES 制备 CNC，并通过量子化学计算和实验讨论了 DES 与纤维二糖之间的非共价相互作用对 CNC 制备的影响。①在生成 CNC 方面，OA 系列 DES 比 CA 系列具有明显优势。②结合水的存在有利于形成更强的相互作用，使水合 DES 制备的 CNC 性能更好，具有更高的产率、结晶度和稳定性。③量子化学研究结果与试验结果吻合较好。在未来有可能通过量子化学计算来预测 DES 性能，从而对试验起到一定的参考作用。

（四）剑麻纤维性能改良

1. 剑麻纤维活性染料一浴一步法染色

采用活性艳红 X-313、活性黄 X-RG、活性艳蓝 X-BR 等 3 种染料，对剑麻纤维进行了染色，研究了活性艳红 X-313 染料的染色温度和时间、浴比、促染剂和固色剂用量对上染率和染后纤维 K/S 值的影响，研究得出，温度、时间和浴比、促染剂 NaCl 和固色剂 Na_2CO_3 的用量均有影响：温度差异较大，提高温度对染色性能改善不明显；延长时间，提高染料上染，1h 为宜；浴比以小为宜，1:20；促染剂 NaCl 用量以高为宜，30g/L；Na_2CO_3 用量以高为宜，25g/L。

2. 剑麻合股线和包覆纱的开发

剑麻纤维长且粗硬，制得的纱线和织物表面毛羽多且长，影响表面光洁度和应用性能，生产中常需剪毛，增加生产工序，降低了纤维原料利用率和制成率。为此，本岗位采用剑麻、黏胶纱合股以及剑麻和长丝包覆的方法，以束缚贴覆剑麻纱表面毛羽，从而降低产品表面毛羽，提高表面光洁度。

将 0.8Nm 剑麻纱分别与 40tex 和 80tex 环锭纺黏胶纱按捻比 1.0 进行合股，其中单纱皆为 S 捻，制得的股线为 Z 捻；将 0.8Nm 剑麻纱分别与 25D 涤纶长丝和 30D 锦纶长丝以 600 捻/m 包覆，制得的剑麻包覆纱。合股线和包覆纱的强伸性、3mm 以上毛羽测试结果如表 6-9 所示。

表 6-9 合股线和包覆纱性能测试结果

试样		强度		伸长率		毛羽指数
		平均值（cN/tex）	CV（%）	平均值（%）	CV（%）	
	0.8Nm 剑麻纱	19.8	15.8	5.4	13.8	33.9
	40tex 黏胶纱	16.8	5.8	13.3	7.5	15.0
	80tex 黏胶纱	16.5	5.2	14.1	6.8	8.3
合股线	0.8Nm 剑麻+40tex 黏胶	20.2	22.6	3.1	17.0	16.1
	0.8Nm 剑麻+80tex 黏胶	15.2	23.2	2.7	17.2	13.8
包覆纱	0.8Nm 剑麻+25D 涤纶长丝	19.21	30.1	3.8	12.4	1.4
	0.8Nm 剑麻+30D 锦纶长丝	16.78	16.9	3.2	14.0	8.2

3. 低成本浅色/白色纳米纤维素的绿色制备方法

目前纳米纤维素制备面临的主要难题是：所需化学药品昂贵、试剂不易回收、制备流程复杂、能耗大、水耗大、污染环境等。而造成这些难题的根本原因是植物细胞壁致密结构对液体渗透和细化分解的天然抵抗。植物细胞壁结构顽抗主要有两方面的原因：第一，纤维素与非纤维素成分之间存在强力的共价键合和氢键键合；第二，纤维素本身形成庞大的分子内和分子间氢键网络。因此，为了降低纳米纤维素的生产成本，选择廉价、高效的绿色预处理技术至关重要，通过打破植物细胞壁的宏观壁垒，改变其微观形态及化学组成，从而促进纤维素的纳米化。

针对纳米纤维素制备中植物细胞壁解构难题，以剑麻纤维为原料，采用马来酸进行预处理，随后球磨法制备纤维素纳米纤维。经过预处理后，纳米纤维素的制备时间从 10h 缩短至 5h；并且该方法省去了传统的酸碱预处理和漂白过程。马来酸在预处理过程中，能溶解细胞壁中的非纤维素成分和纤维素的非结晶区，同时对纤维素高分子进行解聚，从而松散植物细胞壁致密结构，促进纤维素的后续纳米化。

（五）麻纤维混纺纱性能研究

1. 大麻/锦纶混纺纱性能研究

设计大麻/锦纶混纺比为 25/75、50/50、75/25，纺制 50 tex 混纺纱后进行针织织造，对大麻混纺面料的柔软性、抗皱性与混纺比的关系，以及服用性能等进行探究。大麻/锦纶（50/50）混纺针织物的综合服用性能较优，透气率为 1 368mm/s，透湿率为 310.07g/（m²·h），耐磨指数为 806.5 次/mg，横向抗弯刚度为 0.47mN·cm，纵向抗弯刚度为 2.89mN·cm，急折皱回复角为 104°，缓折皱回复角为 114.4°；与纯大麻针织物相比，混纺织物耐磨性提高 184%，柔软性提高约

27%，抗皱性提高约 121%，而透气性降低 27%，透湿性降低 4%。

2. 大麻/莱赛尔/锦纶混纺纱性能的研究

大麻/莱赛尔/锦纶混纺纱采用棉型环锭纺设备和工艺方案，首先分别将大麻纤维和莱赛尔纤维经过清梳联和预并条，然后与清梳后的锦纶条混合并条，经粗纱和细纱工序后，制得大麻混纺纱。针织工艺上，将不同混纺比的纱在 LXC-352SCV-14G 型嵌花电脑横机上制织四平组织（1+1 满针罗纹）的针织物，针织物横密 30 列/5cm，纵密 40 行/5cm，针织机总针数 12 针，速度 40cm/min。

研究结果表明：在两组分纤维混纺中，大麻/莱赛尔（50/50）混纺纱具有较优性能，而大麻/莱赛尔/锦纶（30/30/40）三组分纤维混纺纱的总体性能更为优异。锦纶加入后，混纺纱强度改变不大，但伸长有显著提升，毛羽指数下降，也在一定程度上改善了纱的条干，故大麻/莱赛尔/锦纶（30/30/40）混纺纱性能更优。

大麻混纺比越高的针织物，透气透湿性越好。大麻/莱赛尔/锦纶 30/30/40 的织物纵向和横向抗弯刚度低于另外两种针织物，织物更柔软，手感更舒适。加入锦纶后的大麻/莱赛尔/锦纶（30/30/40）织物耐磨性最佳，急缓折皱回复角最大，不仅耐磨性能更优，且抗折皱性能较佳。综合比较 3 种织物的性能，设计的大麻/莱赛尔/锦纶（30/30/40）针织面料产品具有较优的抗皱、柔软耐磨性能，同时兼顾了透气透湿性。

3. 亚麻/锦纶/莫代尔的湿法混纺染色纱的设计开发

亚麻产品主要为干法混纺或湿法纯纺产品，湿法混纺产品较少。干法混纺多使用下脚麻，采用棉纺工艺设备制得，产品档次低。湿法纺纱采用粗纱煮漂，产品档次高。如能在亚麻混纺产品中，采用湿纺方法，不仅可以利用亚麻下脚麻，而且可以提高产品的品质，因此亚麻纤维湿法混纺的研究具有广阔的发展前景和应用价值。设计时采用亚麻、锦纶、莫代尔 3 种纤维湿法混纺，利用锦纶纤维耐磨柔软、弹性好的优点和莫代尔纤维染色性好的特点，通过混纺比和成纱方式的优化，既保持了亚麻本身吸湿透气的风格特征，还解决了亚麻易皱和色浅单一的外观缺陷，使得亚麻混纺面料的性能得到提升，大大提升了产品档次，更好地满足了服装用料要求。

方案一：探究亚麻/莫代尔混纺产品的透气性和可染性

先采用亚麻与莫代尔纤维混纺，设置了纯纺亚麻纱、亚麻/莫代尔（70/30）混纺纱，探究亚麻/莫代尔混纺产品的透气性和染色性能，掌握亚麻纤维透气透湿性能在混纺产品中的保留效果和莫代尔纤维对混纺产品染色性能的改善效果。

方案二：探究麻/锦纶/莫代尔混纺产品的性能

在方案一中，明确了莫代尔纤维混纺的作用，在透气透湿性能和可染性改善的基础上，控制莫代尔纤维的含量不变，加入锦纶作为第三组分进行混纺，探究锦纶对混纺纱性能的影响以及在悬垂、抗皱、耐磨等方面的作用。

本设计采用亚麻、锦纶、莫代尔 3 种纤维湿法混纺，通过对混纺比的优化和成纱方式的探索，设计出的亚麻/锦纶/莫代尔纤维（60/20/20）混纺织物，不仅改善了亚麻的抗皱性和染色性能，而且亚麻的透气透湿性能得到保留，面料的舒适性得到提升，自然大方的亚麻风格也得到体现，更好地满足了服装用料要求（表6-10）。

表6-10 纤维原料的基本性能

纤维种类	长度（mm）	细度（dtex）	断裂强度（cN/dtex）	断裂伸长率（%）
亚麻梳成麻	180.0	2.50	4.00	3.00
锦纶	87.24	3.29	4.79	55.33
莫代尔	27.4	1.28	3.74	11.37

（六）不同品种麻纤维防紫外线功能的比较研究

1. 原麻紫外防护性能的研究

由于原麻的纤维形态不适合直接进行仪器分析，因此将原麻粉碎成粉末，均匀分散在PVA和CMC混合溶液中，制备出均匀的麻粉复合膜后进行紫外防护性能的测试。

所用的材料中，苎麻、大麻、红麻、罗布麻均为原麻，亚麻、剑麻为打成麻，黄麻为熟麻，涤纶及棉纤维为半熟条。复合膜的紫外防护性能测试：采用UV3600型紫外—可见分光光度计和及UV2000F型紫外防护系数测试仪，测试分析复合膜的光线透过率和紫外防护指数（UPF值）。

（1）紫外防护性与混合液用量的关系。不同混合液用量的纯PVA膜透过率相差不大，表明纤维粉复合膜的透过率高低与PVA含量基本无关。随着复合膜中混合液用量的增多，各种复合膜的透过率均有不同程度的降低，且复合膜在紫外光区（200~400nm）的透过率明显小于其在可见光区（400~800nm）的透过率，对紫外光的屏蔽效果优于对可见光的屏蔽效果。当混合液用量为10mL时，大麻、黄麻、红麻及罗布麻复合膜在紫外光区的透过率趋近于零，屏蔽紫外线效果优异。

涤纶复合膜在320nm处透过率急剧下降，紫外吸收性较强；在200~320nm范围内透过率处于较低的水平，均在10%左右，而UVA波段的透过率较高，均分布在20%以上；涤纶对UVB有优异的屏蔽效果。大麻、红麻和罗布麻复合膜在670nm处有较明显的紫外可见吸收性。当混合液用量为10mL时，大麻、黄麻、红麻和罗布麻复合膜在紫外—可见光区的透过率均处于较低的水平。

在低混合液用量时，纤维的覆盖系数对其紫外防护性能起主导作用。在高混合液用量时，覆盖系数趋于100%，纤维种类成为决定复合膜紫外防护性能的关键因素。因此，比较各类复合膜的紫外防护性能时，选择复合膜覆盖系数趋近于100%时进行对比研究。

计算不同混合液用量的各类复合膜在200~800nm波长范围内透过率的平均值，混合液用量增大时，复合膜的防护性能增强；当混合液用量为2mL时，涤纶纤维粉末复合膜的透过率为45%，棉与大麻、黄麻的透过率均在55%左右；当混合液用量增加到10mL时，黄麻复合膜的透过率仅在5%左右，大麻、红麻及罗布麻复合膜的透过率在10%左右，紫外防护作用明显，而其他类复合膜则较差。

（2）复合膜的UPF值。紫外防护指数（UPF值）为表征材料的紫外防护性能一个特定指标，各类复合膜的UPF值如表6-11所示。

表6-11 各类复合膜的UPF值

类型	混合液用量（mL）				
	2	4	6	8	10
纯PVA膜	1.19	1.34	1.34	1.53	1.41
棉/PVA膜	5.18	9.03	25.48	34.81	97.03
涤纶/PVA膜	8.28	14.54	28.92	57.11	62.70
苎麻/PVA膜	1.63	2.84	4.44	6.89	9.15
大麻/PVA膜	3.34	7.97	17.34	85.35	1 877.01
亚麻/PVA膜	2.68	11.55	15.82	39.44	42.69
剑麻/PVA膜	1.94	3.79	6.34	15.18	35.15
黄麻/PVA膜	3.27	13.60	44.04	98.58	1 334.26
红麻/PVA膜	3.05	11.26	64.84	108.48	840.51
罗布麻/PVA膜	2.44	7.67	17.74	82.97	357.87

根据国标标准评定，当UPF值大于40时，可称其为"防紫外产品"。由表6-11可知，在原麻粉末复合膜中，黄麻、红麻复合膜具有最优的紫外防护效果，在混合液用量为6mL时即可达到防紫外线的指标。大麻、罗布麻复合膜次之，在混合液用量为8mL时即可达到防紫外线的指标。剑麻、苎麻的紫外防护效果最差，在混合液用量为10mL时也无法达到防紫外线的指标。

选取混合液用量为6mL时的复合膜为研究对象，将其UVA波段的透过率（TUVA）、UVB波段的透过率（TUVB）和UPF值作系统的比较，红麻、黄麻复合膜的UPF值超过40，达到防紫外线的标准；大麻、罗布麻和亚麻复合膜UPF值在20左右；苎麻和剑麻复合膜UPF值均在10以下，紫外防护性能最差。

2. 麻织物的紫外防护和耐紫外老化性能

从几种纯纺麻织物（苎麻、大麻、亚麻）及涤纶、棉织物，分别测试几种织物的紫外防护性能和耐紫外老化性能，分析了克重和白度对麻织物紫外防护性能的影响。织物结构均为平纹，织物规格如表6-12所示。

表 6-12 麻织物的规格

织物种类		纱支（Nm）	经密×纬密（根/英寸）	颜色	克重（g/m²）
苎麻		24×24	54×54	漂白	169.07
		36×36	52×58	半漂	115.06
		36×36	52×55	本色	125.05
		36×36	60×55	军绿色	123.99
亚麻		24×24	49×55	本色	182.64
		24×24	49×38	军绿色	198.43
黄麻		3×3	21×19	本色	412.92
大麻	6229H	36×36	52×56	本色	123.19
	6235H	24×24	50×53	本色	180.43
亚麻	6255F	36×36	52×56	本色	123.04
	6258F	24×24	55×56	本色	203.08
涤纶		56×56	47×44	本色	203.12

（1）织物的白度。漂白后苎麻织物的白度值最高，达到181.19%，半漂苎麻织物为77.64%。涤纶和黏胶织物的白度值也较高，分别为70.01%和61.38%。大麻6229H、6235H的白度较接近。3种亚麻织物中，6258F的白度值较高，黄麻织物的白度值最低，为-19.49%。

（2）麻织物的紫外防护性能。苎麻、亚麻均选择未漂白、未染色处理的坯布，大麻选择6235H，进行织物紫外防护性能测试，涤纶织物具有最高的UPF值，达到220.39。纤维素纤维织物中，棉织物的紫外防护系数略高于黏胶织物，分别为18.75和11.52。在麻织物中，黄麻UPF值最高，为48.46。苎麻、大麻和亚麻织物的紫外防护性能较差，UPF值分别为6.30、7.79和8.56。

（3）织物克重和颜色对紫外防护性能的影响。对白度相近的大麻坯布及亚麻坯布进行紫外防护系数及透过率测试，探究织物的克重与紫外防护性能的关系。6235H的克重较6229H高出近50%，6235H的透过率明显低于6229H，透过率基本位于40%以下。6235H在UVA和UVB波段的透过率大约是6229H的一半，而6235H对应的UPF值则为6229H的两倍，说明克重大的织物紫外防护性能显著增强。

3种不同型号的亚麻织物透过率曲线与UPF值也显示出相同的结果。其中亚麻本色和亚麻6258F的克重相差10%左右，而6255F与前两者相比，克重减少较多；亚麻6255F的透过率最高，而6258F和亚麻坯布的透过率相近；亚麻坯布和亚麻6258F的UPF值较6255F高出一倍。

由此可见，织物的透过率随克重的增大而减小，对应的UPF值随克重的增大而增大，对紫外、可见光的屏蔽效果就越好。织物颜色对其紫外防护性能影响十分显著。颜色越深，紫外可见光的透过率越低，紫外防护效果越好。染色织物与本色织物相比，染料可能有效吸收紫外—可见光，从而降低光的透过率。

（4）麻织物的耐紫外老化性能。选择苎麻坯布、亚麻坯布、大麻6235H、涤纶及棉等5种织物进行人工加速老化，涤纶织物耐紫外老化性能最优，老化5d后强力保持率在75%以上。对于麻织物，抗紫外性能的强弱次序是亚麻>大麻>苎麻，老化5d后的强力保持率分别为68%、60%和53%。麻织物的耐紫外老化性能要优于棉织物。

（七）不同品种麻纤维的抑菌性能测试与挖掘

对不同品种麻纤维的抗菌性能进行了测试和分析，麻纤维主要包括：德国大麻原麻，安徽黄麻原麻（福黄3号、5号、7号、8号）和红麻原麻（中杂1~5号），由六安市农科院提供；云南工业大麻原麻（云麻1号雌麻、云麻1号雄麻、云麻2~10号），由云南省农业科学院提供；亚麻原麻，由浙江金鹰股份有限公司提供。

1. 不同品种麻纤维的抑菌性能

不同品种工业大麻原麻的抑菌性能中，'云麻3号'工业大麻的抑菌率最高，对大肠杆菌和金黄色葡萄球菌的抑菌率分别为47.11%和53.64%。安徽黄麻中，'福黄7号'黄麻的抑菌率最高，对大肠杆菌和金黄色葡萄球菌的抑菌率分别为57.10%和55.41%。'中杂5号'红麻的抑菌率最高，对大肠杆菌和金黄色葡萄球菌的抑菌率分别为32.07%和27.83%。

2. 不同产地麻纤维的抑菌性能

不同产地原麻的抑菌性能不同，所测麻样中，德国大麻原麻>云南大麻原麻，法国亚麻原麻>比利时亚麻原麻>荷兰亚麻原麻。

品种、产地均会影响麻纤维的抑菌性能。在实际种植中，应优化组合品种、产地等因素，以获得抑菌性能较好的麻纤维。

3. 脱胶对麻纤维抑菌性能的影响

对安徽黄麻'福黄7号'进行脱胶处理，随着黄麻脱胶时减重率增加，黄麻纤维抑菌率呈下降趋势。对法国亚麻进行脱胶处理，在亚麻脱胶过程中，随着减重率增加，亚麻纤维抑菌率总体呈下降趋势。对苎麻进行不同程度脱胶处理，在苎麻脱胶过程中，随着减重率增加，苎麻纤维抑菌率总体呈下降趋势。

综合以上分析，在脱胶过程中，随着减重率增加，麻纤维的抑菌性能不断降低。原因可能在于麻纤维胶质中含有抑菌物质，在脱胶过程中随着胶质中抑菌物质流失，麻纤维抑菌率下降。

三 麻纤维膜研究与示范

（一）黄麻纤维非织造布生产与应用

1. 黄麻纤维与黏胶纤维等可生物降解纤维的混配方案

（1）黄麻纤维预处理。黄麻纤维粗长且硬，难以适应非织造加工，其非织产品的纤维也易分离,为此,对常规黄麻纤维进行预处理,探索了不同黄麻切断长度的非织造产品性能,确定了黄麻纤维非织造加工的适宜长度在50mm左右。

(2)纤维原料的组配。黄麻纤维粗硬,抱合性能差,非织产品的纤维易分离,为此,用细长柔软的纤维素纤维原料,如黏胶纤维、棉纤维等,辅以可降解的聚乳酸纤维,与黄麻纤维混配。合理选用纤维原料及其配比,发挥纤维的协同效应,解决产品强硬度难题。研究了黄麻/黏胶/PLA的混合比及克重对非织产品性能的影响。

由表6-13可以看出,在克重120g/m² 相近条件下,当PLA纤维用量在20%时,随着黏胶纤维的增加,样品断裂强力以及伸长率均逐渐增加。可见,增加黏胶纤维含量能够有效提高各纤维间的抱合、纠缠,从而提高样品断裂强力,但黏胶达到一定用量后,强力的增加趋缓。

表6-13 不同黄麻/黏胶/PLA混合比样品的规格及力学性能

黄麻/黏胶/PLA 混合比	克重 (g/m²)	厚度 (mm)	断裂强力(N)		伸长率(%)	
			纵向	横向	纵向	横向
60:20:20	118.3	0.411	158.8	123.7	1.90	1.92
50:30:20	125.1	0.350	206.6	125.5	2.10	2.14
40:40:20	121.7	0.326	227.2	133.1	2.41	2.10
30:50:20	120.6	0.284	232.9	126.7	7.59	2.44
参考值*	100~150	0.45~0.65	125~180	45~70	<20	

*:参考值为文献[倪冰选,焦晓宁.非织造布环保购物袋的性能测试与应用分析.产业用纺织品,2009,27(1):29-32]给出的一般包装袋的参考值范围。

为降低成本,进一步试验了降低样品克重和PLA用量的可行性,结果如表6-14所示,第1、第2组样品克重保持在120g/m²左右,PLA纤维含量从20%降至10%,样品的断裂强力明显下降。第3组在第2组的基础上将样品克重降至100g/m²左右,样品的断裂强力也有所下降,但相较于PLA纤维含量减少导致的强力下降,克重变化对强力的影响程度相对较小。这说明虽然针刺可以增加纤维间的相互纠缠,但其提供的强力对于包装材料来说仍有限,充分发挥PLA纤维的黏结作用更为重要。通过第3、第4、第5组试验可知,当样品克重在100g/m²左右时,原料混合比为50:35:15时,样品的力学性能可以满足包装材料的基本要求。

表6-14 克重与PLA比例对样品力学性能的影响

组别	黄麻/黏胶/PLA 混合比	克重 (g/m²)	厚度 (mm)	断裂强力(N)		伸长率(%)	
				纵向	横向	纵向	横向
1	60:30:10	120.8	0.481	95.5	37.1	2.61	1.94
2	50:40:10	120.5	0.444	95.6	52.7	3.15	1.88
3	50:40:10	95.9	0.409	83.56	38.00	2.16	1.95
4	50:35:15	92.7	0.325	141.0	92.1	1.83	1.77
5	50:30:20	95.0	0.315	177.6	116.9	1.99	1.94
参考值a		100~150	0.45~0.65	125~180	45~70	<20	

2. 优化热轧熔融技术工艺

采用针刺热黏复合方法，先用针刺法，利用黏胶纤维、聚乳酸纤维柔软可绕曲性，实现针刺缠结，解决了黄麻纤维的抱合问题；再通过热轧，利用聚乳酸纤维的热熔黏合性能，使纤维网黏结加固，纤维抱合持久稳固，进一步增加黄麻非织造织物的强度，使得黄麻纤维非织包装材料经久耐用。在梳理铺网工艺研究中，采用多层超薄叠铺成网工艺，可铺网 6~8 层，改善了聚乳酸纤维在纤维网中分布的均匀性，热熔时部分聚乳酸纤维熔融，残留部分聚乳酸纤维作为缠结，使熔融和缠结得以有机结合，增强了非织造成品的强力。后又采用皮芯复合结构的聚乳酸纤维，使得非织造织物的强度显著提高。

（1）热熔固结的表观分析。为表征热黏合对纤维网的加固作用，选取针刺后未经热压和针刺后热压的不同 PLA 比例样品拍摄扫描电子显微镜图，如图 6-6 所示。

（a）针刺后未热压
（10%PLA）

（b）针刺后热压
（10%PLA）

（c）针刺后热压
（15%PLA）

（d）针刺后热压
（20%PLA）

图 6-6 纤维网扫描电镜图

由图6-6（a）可知，纤维网经针刺后，细软的黏胶和PLA纤维很好地发挥了缠结作用。图6-6（a）与其他图相比，可以看到热压后，纤维间的距离缩短，且产生了点或面黏结，PLA纤维受热加压后熔融，将黄麻、黏胶纤维固结，形成了更加稳定的结构。对比图6-6（b）、6-6（c）、6-6（d）可知，随着PLA含量增加，熔融产生的黏结区域增多。并且，适当增加PLA含量有助于其在混合、梳理成网的过程中均匀分布，使热压后的黏结区域分布更加均匀。

（2）黄麻纤维网热压固结工艺的优化。在一定的原料混合比及纤维网克重下，热压时PLA纤维熔融程度影响了最终非织造材料的力学性能。主要热压参数为：热压温度、热压时间及压力，通过L9（34）正交试验进行优化（表6-15）。以A2B3C3方案所得样品的纵、横向断裂强力均优于其他试验结果，说明极差分析所得最优方案是可靠有效的。以A2B1C3方案所得样品的纵、横向断裂强力虽低于最优水平，但其强力已可满足包装材料力学性能要求，且热压时间较短可节约能源，故将其选择为综合最优热压工艺参数。

表6-15 正交因素水平表

热压温度A（℃）	热压时间B（s）	压力C（MPa）
160	10	4
170	20	5
180	30	6

选用黄麻纤维与黏胶、聚乳酸纤维等原料，采用非织造成型技术，通过梳理成网、针刺和热压加固等工艺流程，制备可降解非织造包装材料。加入黏胶纤维能够有效提高纤维网中各纤维间的抱合纠缠。随着黏胶纤维比例的增加，样品的断裂强力先逐渐增加后趋于平缓。当黄麻/黏胶/PLA混合比为50∶35∶15，克重为100g/m^{2}时，热压温度和压力对样品断裂强力有显著影响，热压时间的影响不显著，较优热压工艺为：温度170℃、压力6MPa、时间10s。

本工艺在生物可降解包装袋制备中，熔融黏合采用可生物降解的聚乳酸纤维，摒弃了化学黏合剂，整个制备过程低碳清洁。产品不含任何不利于环境和人体健康的成分，环保健康是产品的突出优点。在湖南南源新材料有限公司建成了黄麻纤维环保非织造布生产线，年产能600万m^2；制定了《黄麻纤维环保非织造布》企业标准Q/CZXNMY 001—202；开发出系列黄麻纤维非织造产品，在包装、家居、装饰等领域进行了推广应用，社会经济效益良好。

（二）麻纤维膜（包装）生产工艺技术研究

1. 麻纤维复合膜的制备方法

按照图6-7所示，上下两层淀粉基塑料膜，中间一层黄麻纤维网，在适宜的温度、压力和时间下，热压复合制得麻纤维复合膜。

图 6-7 淀粉基塑料膜夹黄麻纤维网复合示意图

选取黄麻纤维用量212.5%进行试验,探究热压温度、压力和时间对麻纤维复合膜断裂强力的影响。

(1) 热压温度对麻纤维复合膜断裂强力的影响。当热压压力6MPa、热压时间120s时,热压温度由115℃上升到125℃时,随着热压温度升高,麻纤维复合膜的断裂强力增大;当热压温度大于125℃时,随着温度的升高,复合膜断裂强力基本保持不变。

(2) 热压压力对麻纤维复合膜断裂强力的影响。当热压温度120℃、热压时间120s时,热压压力由2MPa上升到6MPa时,随着热压压力增大,麻纤维复合膜的断裂强力增大;热压压力超过6MPa时,复合膜断裂强力随着热压压力增大而减小。

(3) 热压时间对麻纤维复合膜断裂强力的影响。当热压压力6MPa、热压温度120℃时,热压时间由60s增大到180s时,随着热压时间增加,麻纤维复合膜的断裂强力随之增大。热压时间大于150s后,麻纤维复合膜的断裂强力增加变缓。

(4) 麻纤维复合膜制备工艺的优化。为了确定淀粉基塑料膜夹黄麻纤维网复合膜的较优热压工艺,采用三因素三水平正交优化法进行优化。对于淀粉基塑料膜夹黄麻纤维网的复合方式,热压压力是优化指标断裂强力最大的影响因素,热压时间和热压温度相对影响较小。通过正交试验得到淀粉基塑料膜夹黄麻纤维网热压复合的较优工艺为:热压温度130℃、热压压力6MPa、热压时间150s。

综合分析,随着热压温度和热压时间的增加,麻纤维复合膜的断裂强力呈上升趋势;随着热压压力的增加,麻纤维复合膜的断裂强力呈现先增加后减少的趋势。对于淀粉基塑料膜夹黄麻纤维网的复合方式,以断裂强力为评价指标,热压压力是影响最大的因素;通过正交优化得到的较优热压工艺为:热压温度130℃,热压压力6MPa,热压时间150s。

2. 羧甲基纤维素制备耐水环保型麻地膜的研究

将落麻纤维、羧甲基纤维素(CMC)、水混合得浆液,然后抄造涂布成膜,干燥,再浸渍酸化溶液、干燥焙烘,防水整理后制得麻地膜。利用麻纺废料制备可降解型麻地膜,降低成本,推动麻类资源的可持续发展;利用CMC膜良好的致密性,改善麻地膜的保墒性,克服非织造麻地膜通透性高、保温性差和抗张强度各向异性的缺陷;通过酸化处理和烘焙方法,提高了纤维素膜的耐水性和湿强(表6-16)。

分别参照GB/T 3923.1—2013《纺织品 织物拉伸性能 第1部分 断裂强力和断裂伸长率的测定（条样法）》，GB/T 5453—1997《纺织品 织物透气性的测定》，GB/T 12704—1991《织物透湿量测定方法 透湿杯法》测试抗张强度、透气量和透湿率。

表6-16 不同制备方案的膜性能

项目			方案1	方案2	方案3
落麻纤维长度（mm）			5.7	7.2	1.4
浆液组分	CMC（份）		4	3	11
	落麻纤维（份）		1	7	9
	水（份）		100	200	400
湿膜处理	膜厚度（mm）		1	3	2
	酸化工艺	乙醇浓度（v/v,%）	50	10	70
		盐酸浓度（v/v,%）	0.5	1	1.5
	烘焙工艺	温度（℃）/时间（min）	140/35	150/10	120/50
防水整理	防水剂浓度（g/L）		35（喷涂）	85（喷涂）	55（喷涂）
成品膜性能	克重（g/m²）		34	50	37
	抗张强度（N/m）	干态 纵向	579	415	490
		干态 横向	553	408	473
		湿态 纵向	98	142	147
		湿态 横向	107	144	142
	透气量（mm/s）		2.81	10.45	2.82
	透湿率[g/（m²·h）]		121.673	166.440	132.391

3. 无胶环保纤维包装材料的研究

研究出无胶环保纤维包装材料的制备方法，通过添加天然长纤维与秸秆短纤维混合均匀，冷压成型，再热压干燥，借助长短纤维的物理交联作用和植物纤维自身的胶合作用，制得合格的包装材料，可用作物流运输中的内衬、底托等，进一步精细处理，可用作环保餐盒。

（三）功能性麻地膜研究与示范

1. 麻地膜与农药协同使用技术研究

为了研发药肥一体的功能性麻地膜，评价麻地膜与化学农药、生物农药协同使用的可行性，根据湖南早稻田病虫害发生和农药使用情况，选取了噻虫嗪和恶霉灵两种新型化学农药及光合细菌菌剂PSB-S作为协同使用的研究对象。2020年研究结果表明，麻地膜加药后，水稻秧苗期的根长、株高都有显著的增长，干重、湿重也有明显增加。光合细菌PSB-S的增产率最高达8.79%，低于2019年的增产率10.61%，千粒重增加率1.25%也低于2019年的2.69%，2020年早稻气候适宜，病虫害几乎没有发生，2019年有二化螟虫害发生，说明极端情况下生物农药协同作用更加显著。2021年试验结果表明，麻育秧膜+PSB 300倍液对水稻秧苗的促生效果好，能增加干物质含量，有壮苗效果。麻育秧膜与噻虫嗪或噁霉灵等农药协同使用的效果处理间有差异，但均有壮苗效果（表6-17）。

表6-17 育秧膜对水稻秧苗生长的影响

处理	秧苗根长	增长率（%）	秧苗苗长	增长率（%）	湿重（10株）(g)	增长率（%）	干重（10株）	增长率（%）
空白对照	9.2Ff		18.87Ee		14.71Hh		4.17Kk	
麻育秧膜空白	11.6Cc	26.09	23.13Aa	22.58	15.34Gg	4.28	4.21Jj	0.96
PSB 150倍液	11.20Cc	21.74	23.27Aa	23.32	20.12Aa	36.78	6.02Aa	44.36
麻育秧膜+PSB 150倍液	13.73Bb	49.24	19.6Dd	3.87	18.47Dd	25.56	4.71Gg	12.95
PSB 300倍液	14.2Bb	54.35	18.73Ee	-0.74	16.73Ff	13.73	4.98Ee	19.42
麻育秧膜+PSB 300倍液	9.73Ee	5.76	20.20Cc	7.05	18.62Cc	26.58	5.85Bb	40.29
噻虫嗪100mg/kg	17.6Aa	91.30	19.0Ee	0.69	18.98Bb	29.03	4.85Ff	16.31
麻育秧膜+噻虫嗪100mg/kg	8.53Gg	-7.28	22.53ABab	19.40	14.77Hh	0.41	4.63Hh	11.03
噻虫嗪300mg/kg	10.13Dd	10.11	21.80Bb	15.53	17.12Ee	16.38	5.41Cc	29.74
麻育秧膜+噻虫嗪300mg/kg	10.67Dd	15.98	17.60Ff	-6.73	12.16Kk	-17.34	4.35Ii	4.32
噁霉灵300mg/kg	9.53Ee	3.59	16.73Hh	-11.34	10.38Ll	-29.44	4.38Ii	5.04
麻育秧膜+噁霉灵300mg/kg	7.67Hh	-16.63	18.9Ee	0.16	12.56Jj	-14.62	5.23Dd	25.42
噁霉灵900mg/kg	10.2Dd	10.87	17.4Gg	-7.79	13.60Ii	-7.55	4.64Hh	11.27
麻育秧膜+噁霉灵900mg/kg	10.8Dd	17.39	17.8Ff	-5.67	13.78Ii	-6.32	4.74Gg	13.67

2. 除草型麻地膜除草剂应用示范

五氟磺草胺（15g a.i./hm²）、苄嘧磺隆（30g a.i./hm²）、吡嘧磺隆（15g a.i./hm²）3种覆膜药剂处理后30d对秧田杂草的株防效为77.8%~83.3%（表6-18），移栽后以丁草胺进行封闭除草，30d株防效为82.6%~84.2%。与覆膜未覆药相比，麻地膜覆药后，水稻增产率为5.27%~8.51%。

表6-18 三种除草剂附着麻地膜+丁草胺对移栽田杂草的控制效果（30d）

处理	秧田0.25m²		移栽田0.25m²	
	杂草数量（株）	株防效（%）	杂草数量（株）	株防效（%）
五氟磺草胺	8	77.78	61	84.20
苄嘧磺隆	7	80.56	63	83.68
吡嘧磺隆	6	83.33	67	82.64
地膜未覆药	21	41.67	94	75.65
未覆膜未施药	36		386	

(四) 麻育秧膜应用机理与推广示范

1. 麻育秧膜应用机理研究

(1) 麻育秧膜对育秧土氧供应的补偿效应及机理研究。在没有撕开胶带的情况下，对照、塑料膜、麻纤维膜处理的培养皿中的含有氧指示剂的琼脂块均未显现蓝色，表明由于没有揭开底面小孔处覆盖的胶带，氧气没有通过底部小孔进入培养皿中，与此同时，纸膜处理的培养皿中的含有氧指示剂的琼脂块慢慢显现出淡蓝色，由于此时外界氧气无法进入其中，因此，这些导致琼脂块颜色发生变化的氧应该是残留于纸膜细小空隙中的氧分子，由于孔膜空隙太小，之前的预脱氧处理并未完全去除其中的氧气，这些氧气使得含有氧指示剂的琼脂块呈现淡蓝色。撕开胶带，使空气进入底部小孔中后，对照以及底部垫铺了塑料膜的培养皿中的含有氧指示剂的琼脂块除了中心小孔处显现出一个与底部小孔等大的蓝点外，其余部位并未发生明显的颜色变化，表明氧气无法扩散到其底部小孔以外的部位；底部垫铺了纸膜的培养皿中的含有氧指示剂的琼脂块虽然呈现蓝色，但相比撕开胶带之前，颜色并没有加深，表明撕开胶带后也没有外界氧气进入到其底部；底部垫铺了麻纤维膜的培养皿中的含有氧指示剂的琼脂块颜色迅速发生变化，以底部小孔为中心迅速扩散形成一个蓝色圆形斑块，颜色逐渐加深，表明氧气通过底部小孔后迅速扩散到了琼脂块底部。

无论是土壤还是麻育秧膜，均可视作多孔介质，对水分具有毛管力，然而麻育秧膜的孔径主要分布在 $250\sim300\mu m$，相比土壤颗粒中的孔隙，麻育秧膜中的孔隙更大，根据毛管作用力原理，孔径较大的毛细管产生的毛管力相对较弱，因此，垫铺在育秧土底面的麻育秧膜孔隙内的水分更容易被土壤夺走，故而，当浇透水的育秧土中含水率降到一定程度时（本研究试验条件下为43%~44%），麻育秧膜主要孔隙中的水分被育秧土吸附，从而处于酥松多孔的通透状态，氧气分子可在膜中进行微孔扩散，其有效扩散系数与气体中的扩散系数在同一个数量级上，为 $10^{-5}\sim10^{-4}m^2/s$，远远高于在浸湿育秧土中的扩散速率，氧气分子通过育秧盘底面的透气孔进入麻育秧膜后，可经由这些孔隙迅速转移到育秧土底面，补偿土壤微生物呼吸作用消耗的氧气。

(2) 麻育秧膜秧苗根际生态特性研究。分别在露地环境和室内环境下开展了2期麻育秧膜秧苗根际生态特性研究。初步研究结果显示：秧盘垫铺麻育秧膜后，育秧土底层氧气供给充足，土壤好氧性微生物活动增强而厌氧性反硝化细菌活动减弱，导致土壤肥力提高；尤其是根际促生菌活动增强，IAA分泌增加，促进了秧苗根系生长，直接反映为秧苗植株矮壮，根冠比增大；土壤养分供应增加，同时秧苗根系发达，有利于秧苗生长发育，秧苗素质显著提高，植株可溶性糖积累增加。

(3) 根际氧浓度对水稻秧苗生理的影响研究。在不同氧浓度处理下，水稻秧苗的形态、根系以及根系碳氮代谢酶活力表现出了明显的差异。在缺氧和中氧处理下，水稻秧苗株高明显高于高氧处理，缺氧处理下水稻秧苗根系粗短，而高氧处理下，水稻秧苗根系细长。在中氧处理下，水稻各碳氮代谢酶活力较高。

（4）水稻植株可溶性糖含量与发根力的关联研究。15日龄的水稻秧苗被置于稳定光照的人工气候室中，分别在光照0、3、6、9、12、24h后取样测定其生理指标并开展发根力测定。结果显示在连续24h的光照下水稻秧苗植株可溶性糖含量明显提高，在光照的前9个小时，从65.1mg/g迅速提高到了126.3mg/g，与此同时，其他生理指标，如植株硝态氮、淀粉等的变化较小。发根力测试揭示了水稻秧苗的发根力随着发根前接受的光照时间迅速提高。相关分析显示发根前水稻秧苗可溶性糖含量与发根力指标之间存在着强烈的正相关性。多元逐步回归分析表明发根前可溶性糖含量解释了73.6%~75.4%的发根力变化，而硝态氮含量则进一步解释了7.3%~14.2%的发根力变化。发根前水稻秧苗植株可溶性糖浓度可能是决定其发根力的关键。

四 麻类副产品综合利用

（一）麻类副产品栽培珍稀食药用菌技术

1. 不同配方栽培猴头菇农艺与品质性状比较

设置了5个不同基质配方栽培猴头菇菌株HeCS，采收子实体后测定了不同配方栽培猴头菇的产量、菇型等农艺性状；蛋白、脂肪、碳水化合物等品质性状。结果表明，与对照组相比（M），在配方中同时增入麻类副产品与芦苇基质（MRJ），有利于提高生物学转化率，比对照提高了31.2%；并提升了猴头菇子实体中的蛋白含量，比对照提高了56.6%。

采用含有麻类副产品的配方2（红麻副产品55%、杂木屑20%、麸皮21%、玉米粉3%、石膏1%）和对照配方1（杂木屑75%、麸皮21%、玉米粉3%、石膏1%）栽培了HeCS、He911、Hes19、He2、HeC9五个猴头菇菌株。采收子实体后采用苯酚硫酸法测定多糖含量，高效液相色谱法测定子实体样品中麦角甾醇的含量，不同基因型的多糖含量差异明显，猴头菇He911和HeC9菌株多糖含量较高，超过7%，而He2菌株多糖含量最低。利用不同培养基栽培后，含有麻类副产品的配方对HeC9、He911和HeCS具有促进作用。HeCS菌株麦角甾醇含量最高达2.285mg/g，是He911的1.5倍，不同基因型的麦角甾醇含量具有显著差异。含有麻类副产品能够提高猴头菇菌株HeCS麦角甾醇的含量，但对其他几个菌株未表现出显著的促进作用，具有菌株差异性。采用方差分析法分析了栽培基质和基因型对多糖含量和麦角甾醇含量的影响，结果表明不同基因型多糖含量和麦角甾醇含量具有显著差异（$P<0.01$）。栽培基质对多糖含量和麦角甾醇含量亦具有显著影响。相关性分析表明，表型多糖含量和麦角甾醇含量之间相关性不显著。总体来看，HeCS和HeC9两个菌株多糖含量和麦角甾醇含量相对较高，不同栽培基质对猴头菇活性成分亦具有显著的影响。

2. 构建猴头菇遗传图谱

（1）猴头菇参考基因组。采用三代结合二代测序技术测定了猴头菇亲本菌株CS-4的基因组。

经过基因组从头组装后，获得了 52 个 scaffolds，覆盖长度为 41.2Mb，包含 11 948 个基因。与已发表的猴头菇基因组相比，本次获得的基因组具有更好的完整性。通过生物信息分析，在猴头菇基因组中鉴定到了 359 个 CAZymes 基因，497 个转录因子。此外，分析猴头菇的交配型基因和 SSR 位点在基因组中的分布，并构建了一个 SSR 标记数据库（HeSSRDb）。

（2）单核体基因型分型

对亲本菌株 911-4 和 127 个 F_1 代孢子单核体（SSI）进行基因组重测序，911-4 获得 10 G 数据，每个孢子单核体获得 1 G 数据量。将重测序序列比对到亲本菌株 CS-4 参考基因组上，进行 SNP 鉴定，并进行过滤。通过生物信息分析，将过滤后的 SNP 合并成重组区块（bin），以此来获得每个 SSI 基因型。Bin 的平均长度为 26.5kb，50% 的 bin 的长度小于 5kb，有 3 个 bin 长于 1 M。

（3）遗传图谱构建

将 bin 作为遗传标记进行连锁分析，构建了一张猴头菇高密度图谱（M）。M 图谱包含 1 174 个 bin 标记（37 082 SNP），15 个连锁群，总的覆盖长度为 1 096.5cM，平均 bin 标记间隔为 0.95cM。总共 220 个 bin 标记表现出偏分离，在 M 图谱上，总共鉴定了 15 个标记偏分离区（SDR），每个 SDR 包含 5~50 个 bin。将 CS-4 基因组组装与 M 图谱进行整合，遗传图谱和物理图谱表型出良好的共线性关系。22 个 scaffolds 比对到 15 个连锁群上，大多数 scaffolds 对应单个连锁群。

3. 猴头菇遗传性状分子机理研究

在 M 图谱的基础上，通过 QTL 分析，鉴定了 4 个调控猴头菇孢子单核体菌丝生长速度的位点，分布于 LG1、LG2 和 LG3 三个连锁群，其中 mgr1 位点位于交配型 A 附近，贡献 12.1% 的表型变异。分析了 4 个 QTL 的置信区间，并鉴定了 5 个与菌丝生长速度相关的候选基因。

对猴头菇测交双核体群体进行栽培试验，考察了出菇期（FP）、子实体直径（FD）、子实体单菇（FW）性状。鉴定了与 3 个农艺性状关联的位点。结果表明定位到 10 个 QTL 与这 3 个性状关联，位于 7 个连锁群，单个位点为表型的贡献率为 7.4%~19.8%。此外，鉴定了猴头菇单核体作图群体中重组交换事件，总共鉴定到 1 316 次交换重组（CO），并鉴定了 59 个 CO 热点。CO 表现为正态分布，通过 QTL 定位，鉴定了 6 个与 CO 关联的位点，单个位点的贡献率为 6.9%~11.7%，其中 2 个 QTL 调控热点区域的 CO 变异，4 个 QTL 调控全基因组的 CO 变异。

测量了猴头菇出菇期、子实体直径、子实体鲜重、单袋菇数、单袋产量这 5 个农艺性状，并结合基因型数据定位了调控农艺性状的遗传位点。结果显示测量的农艺性状大多表现为连续变异，大多农艺性状表现出超亲遗传。猴头菇子实体鲜重对单袋产量起到了关键的正向效应。在猴头菇双核体群体中总共检测到 8 个遗传位点与测定的农艺性状关联，并筛选了候选基因。这是首次在猴头菇中基于连锁分析定位调控农艺性状变异的遗传位点。

（二）菌渣生产燃料乙醇技术研究

筛选适合戊糖己糖共发酵菌株毕赤酵母 CBS，从接种量、发酵温度等方面对酶解糖化后菌渣发酵乙醇工艺进行了优化。

为提高酵母菌代谢木糖和葡萄糖产乙醇的效率，以70g/L木糖为底物对毕赤酵母CBS进行驯化培养。经过驯化后，毕赤酵母CBS对木糖的利用率提高了15.6%，同时，对驯化后的酵母菌发酵菌渣工艺进行单因素试验，研究发酵时间、转速、发酵温度、初始pH值对发酵的影响，结果表明发酵最佳条件为：发酵时间72h、转速140r/min，

发酵温度36℃，初始pH值4。经过优化后，发酵酶解糖化后的菌渣，混合糖的利用率达到90.07%，乙醇质量浓度为20.43g/L，木糖醇转化率为0.36g/g（酵母代谢木糖的理论得率为0.46g乙醇/g木糖，葡萄糖乙醇发酵理论得率0.51g乙醇/g葡萄糖），其对木糖利用率效果显著提高。

（三）剑麻皂素微生物提取技术研究

1. 黑曲霉和哈茨木霉产纤维素酶培养基优化

配置PDA培养基，接种黑曲霉和哈茨木霉斜面菌种，150~170r/min，25~30℃摇床上培养1~2d。将所制备的种子液以10%~20%的接种量接种至发酵培养基发酵产酶。配制7种不同的发酵培养基，在黑暗环境下，发酵温度为30℃，各组发酵温度一致，发酵时间均为4d；发酵完成以后检测纤维素酶酶活。结果表明，发酵培养基（g/L）：葡萄糖1、$(NH_4)_2SO_4$ 2.2、尿素0.5、蛋白胨1、KH_2PO_4 2、$CaCl_2$ 0.3、$MgSO_4$ 0.08、$FeSO_4$ 0.005、$MnSO_4$ 0.0016、$ZnSO_4$ 0.0014、$CoCl_2$ 0.0037、Tween-80 2滴/L，加苎麻浸出液至1L。接种12h后加入30g苎麻秸秆。相比较其他对照的培养基，纤维素酶酶活得到显著提升。

2. 里氏木霉剑麻皂素提取工艺条件优化

探讨开放式接种、添加吐温和金属离子、调整pH值等方式对剑麻皂素提取的影响。结果表明，发酵72h时，里氏木霉灭菌组皂素含量为64mg/g，开放式接种组通过条件优化后皂素含量为49.5mg/g。培养基中加入0.1%的Tween-80、1mmol/L Fe^{2+}，pH值为6，温度为30℃时，皂素提取率最高，达到78.8mg/g，与对照组相比有显著差异。

（四）苎麻秸秆诱导下白腐真菌木质素降解相关蛋白鉴定

1. 苎麻秸秆诱导下四种白腐真菌胞外分泌蛋白表达情况

为了解苎麻秸秆木质素选择性降解分子机制，采用iTRAQ标记结合LC-MS/MS技术对4种白腐真菌的胞外分泌蛋白质组学进行了分析，比较了21d时分泌蛋白的多样性和相对丰度。在黄孢原毛平革菌、白囊耙齿菌、杏鲍菇和平菇分泌蛋白组中分别鉴定出222种、249种、269种和260种胞外蛋白。4种白腐真菌所有鉴定的蛋白在功能上可分为CAZymes、氧化还原酶、糖转运蛋白、胞内代谢蛋白、细胞色素P450、蛋白酶、磷酸酶和其他功能蛋白。杏鲍菇和平菇蛋白组成相似。CAZy蛋白的比例最高（占总蛋白的28%），氧化还原酶也较多，而参与糖运输和细胞内代谢的蛋白质、蛋白酶和磷酸酶在4种真菌中相似。

2. 四种白腐真菌CAZymes蛋白的差异表达

采用iTRAQ标记定量蛋白质组学方法，对4种白腐菌的差异表达蛋白进行了分析。本研究通过检索碳水化合物活性酶数据库（CAZy）差异表达的蛋白质，鉴定出33个蛋白为CAZymes。在这些CAZymes中，鉴定出19个GH、10个GT和4个CBM，而没有发现CE和PL。对特定CAZy家族进行分析发现，4种白腐真菌之间CAZy酶的数量和分布存在明显差异。例如，杏鲍菇和平菇的分泌蛋白中没有GH17、GH95、CBM1和GT90，黄孢原毛平革菌中没有漆酶。GH16在黄孢原毛平革菌、白囊耙齿菌基因组中表达最多，而在杏鲍菇和平菇表达较少，GH31在黄孢原毛平革菌和白囊耙齿菌基因组中表达最多。与孢原毛平革菌、白囊耙齿菌相比，杏鲍菇和平菇分泌蛋白中的GH2、GH3、GH7、GH20、GH63、CBM21、GT1、GT2、GT24、GT39、纤维二糖脱氢酶和β-半乳糖苷酶等纤溶蛋白含量均显著降低。

3. 四种白腐真菌木质素降解酶的差异表达

白腐真菌的木质素分解系统包括胞外木质素过氧化物酶、MnP、烷基芳基醚酶和漆酶。此外，还发现血红素过氧化物酶、葡萄糖氧化酶、异戊醇氧化酶、谷胱甘肽还原酶、谷胱甘肽s-转移酶、铜自由基氧化酶、纤维二糖脱氢酶（CDH）和葡萄糖/甲醇/胆碱氧化酶/脱氢酶提供木质素所需的过氧化氢。4个白腐真菌分泌蛋白中鉴定出25种差异表达蛋白。其中漆酶8种、锰过氧化物酶5种、二酚氧化酶1种、乙二醛氧化酶3种、GMC氧化还原酶4种、乙醛酸脱氢酶1种、酚氧化酶1种。正如预期的那样，漆酶不存在于黄孢原毛平革菌中。锰过氧化物酶在杏鲍菇和平菇分泌蛋白中表达最多，而在黄孢原毛平革菌、白囊耙齿菌中表达较少。与黄孢原毛平革菌、白囊耙齿菌相比，在苎麻秸秆培养基诱导下，甘草醛氧化酶、GMC氧化还原酶、漆酶、MnP、乙醛酸脱氢酶和酚氧化酶均上调。

（五）亚麻复合材料制备与吸附重金属性能研究

将用于重金属污染农田修复的亚麻废弃生物质用蒸馏水冲洗干净，放于干燥通风处自然脱水，再将晾干的生物质放在温度为40~80℃的烘箱中烘至完全脱水，放进粉碎机打磨成粉，过筛后的粉末装袋备用，然后将生物质粉末置于石英舟，然后将石英舟放入管式电炉的石英管中，密封好后设定加热程序，使电炉按照温度为5~8℃/min的升温速率，加热到目标温度400~600℃，保持温度至热解完毕，自然冷却至室温，经研磨后过筛，将过筛后的亚麻生物炭成品置于密封袋中保存。

以亚麻生物炭为主体，通过壳聚糖将其与具有磁性的铁酸铋材料结合，并通过戊二醛进行交联，制备了一种壳聚糖/铁酸铋—生物炭复合材料。制备的具体步骤为：向已经完全溶解的壳聚糖溶液中加入铁酸铋和亚麻生物炭材料，通过机械搅拌使三者结合充分，并使用戊二醛作为交联剂使材料的机械强度增加，最后将烘干后的材料研磨以进一步增加其比表面积，获得最终的壳聚糖/铁酸铋—生物炭复合材料。电镜扫描该复合材料可以看出壳聚糖和铁酸铋均成功地负载在了亚麻生物炭的基体上，磁化强度为0.37emu/g，能够快速地实现固液分离。

关于壳聚糖/铁酸铋—生物炭复合材料在不同 pH 值条件下对六价铬的吸附性能，酸性条件更利于该吸附过程的发生，结合实际废水的 pH 值范围，因此将 pH 值＝2 设为试验最佳 pH 值。在相同的试验条件下（六价铬初始浓度 50mg/L，材料投加量 W＝2g，T＝30℃，t＝2h，pH 值＝2），对比了壳聚糖、壳聚糖—生物炭、壳聚糖/铁酸铋、以及壳聚糖/铁酸铋—生物炭复合材料对废水中六价铬的吸附去除性能，该复合材料对重金属废水中的六价铬离子相比其他 3 种材料展现了更优异的吸附性能。综上，该复合材料吸附能力强、易分离回收、制取成本低廉、工艺简单。适用于冶炼、矿山、印染、化工、电镀等废水中六价铬离子的去除。

（六）工业大麻副产品综合开发利用

1. 微生物发酵提高了工业大麻提取物的抗氧化和抗过敏活性

目前市面上的大麻叶提取物化妆品原料主要是超临界提取的全谱油或醇提物，含有少量的 THC 成分。研究利用发酵技术去除提取物中 THC 成分，同时对原料化妆品活性进行检测，期望开发一种具有抗氧化和抗过敏功效的大麻发酵化妆品原料。利用灵芝菌种对大麻花、叶进行发酵，在发酵不同天数（3d、7d 和 14d）分别取样，对发酵前后工业大麻抗氧化和抗过敏能力进行检测。结果表明，灵芝发酵提高了工业大麻花、叶提取物抗氧化和抗过敏能力。抗氧化指标中，DPPH 清除率、ABTS 清除率、羟自由基清除率和透明质酸酶抑制率在整个发酵过程中没有显著变化，但是，总还原力在发酵 7d 达到最高。试验结果为发酵大麻花、叶在抗氧化和抗过敏化妆品中进行应用提供了理论基础。

2. 火麻仁食品开发

近年来，由于乳糖不耐、纯素、环境友善等不同原因，越来越多消费者的关注重点从牛奶转向植物奶。目前市场上植物性蛋白饮料种类较少，榨油后的火麻仁中含有丰富的蛋白质，可以用于火麻奶的开发。但国内关于火麻奶产品开发的研究相对较少，因此本研究对火麻奶的制备工艺进行系统研究，结果如下：对火麻仁的熟化温度和时间进行了筛选，结果表明，90℃水煮处理 6~8min 为最佳熟化条件。分别对带壳火麻仁和脱壳火麻仁进行制浆处理，料液比 1∶10，感官评价表明带壳火麻仁制浆后色泽偏灰暗，口感粗糙；而脱壳后火麻仁浆色泽乳白，光泽感强。制浆后的火麻仁乳具有特殊清香，饱腹感强，带松子脂香，微苦，有一定回甘，细腻润滑，口感优于燕麦乳和豆奶。对可用于火麻乳的甜味剂、稳定剂和乳化剂进行了筛选，初步确定蔗糖、赤藓糖醇和海藻糖复配可作为甜味剂，单甘脂和蔗糖酯复配可作为乳化剂，黄原胶、高脂果胶和结冷胶可作为稳定剂。由此可初步确定火麻乳的制备工艺流程如下：

脱壳火麻仁→熟化→制浆→胶体磨→150 目筛过滤→火麻乳原浆→调配→过滤→均质→杀菌→热灌装。

第七章 苎麻试验示范工作进展

一 宜春苎麻试验站

(一) 技术集成与示范

1. 苎麻高密矮化栽培技术研究

2018—2020年,选用3个苎麻品种('赣苎3号''中苎1号'和'华苎4号'),3个不同密度播种,重复3次共27个小区。进行了3年9次测产(30cm以上的苎麻都计算在内)(图7-1)。

苎麻生长密度变化情况:通过3年数据分析,3个苎麻品种每亩有效株密度在逐年减少,最后稳定在1.5万~2万。品种之间没有明显差异,可能苎麻是多年生植物的影响,第一年能达到任务要求的6万~8万的有效株密度,但第二、第三年就明显达不到。

第三年苎麻的产量构成因子动态变化:在品种比较中,2020年'中苎1号'中密度组合产量最高,有效株全年稳定在1.65万株。2019年也是中密度的'华苎4号'产量最高。通过3年调查发现苎麻第一年的生长与苎麻种植密度有很大的关系,但到第二年以后,苎麻通过生长调节选择适宜的密度,有效株数趋于平稳,例如,3种麻在低密度种植第二年的一般亩有效株数为1.6万~2.0万株(图7-1)。

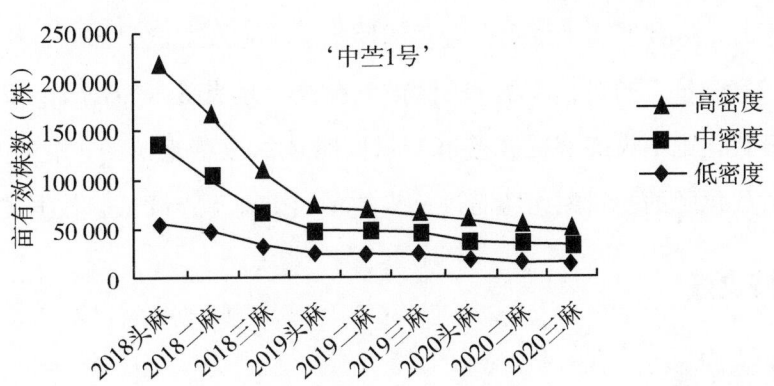

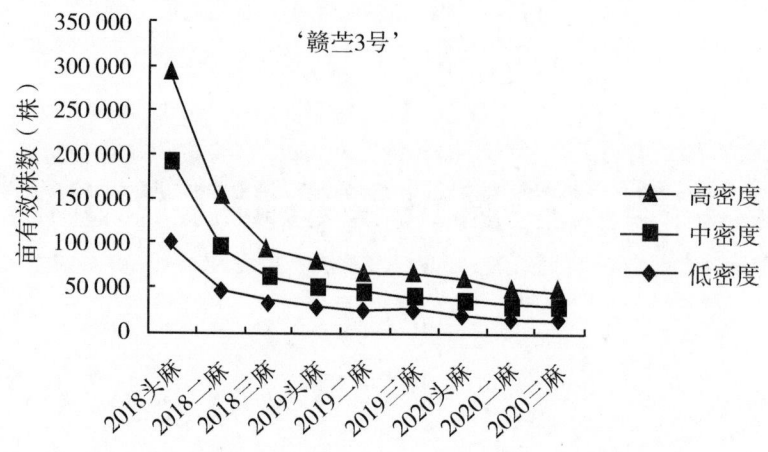

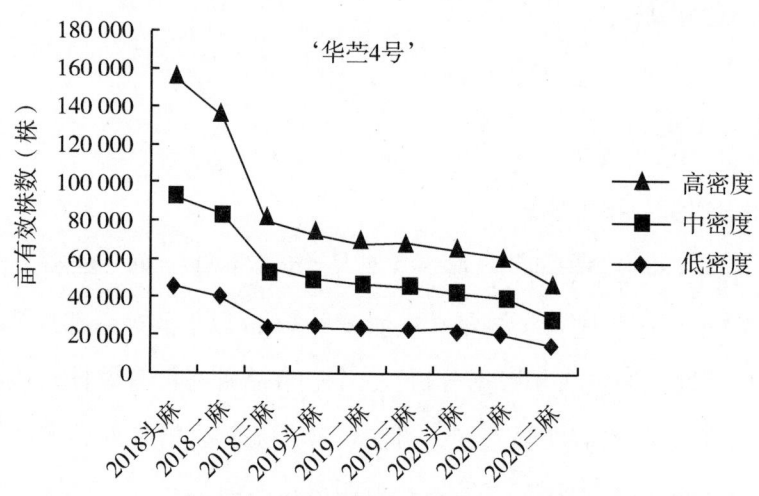

图 7-1 3 个麻品种 3 年 9 次测产情况

2. 苎麻有机肥替代试验示范

按照"一控两减三基本"要求,开展控化肥和有机肥替代试验示范,以'中苎1号'为试验对象,设计栽培密度相同、不同施肥量的 9 个处理进行 3 年定位试验。通过连续 3 年的试验发现,三季麻中化肥减 10%配施有机肥、化肥减 20%配施有机肥、化肥减 30%配施有机肥的产量都更高。总体来看,通过 3 年的产量数据初步说明,合理的控肥、减肥及有机肥部分替代化肥能够有效促进苎麻的生长,提高苎麻产量。同时,土壤 pH 值得到提高,且有效养分增加。因此,合理的控肥、减肥及有机肥部分替代化肥不仅能够提高苎麻产量同时还能改善土壤的理化性状。但最适宜的控化肥及有机肥部分替代化肥的肥料配比还需进一步的不同土壤下连续试验数据支撑。

(二)区域科技支撑

1. 支撑县域经济发展

2020 年 6 月 17 日在江西省分宜县双林镇成功召开了"苎麻生产农机农艺融合示范现场会",

展示了苎麻收割机、中耕施肥一体机、剥麻机和无人机信息采集等高效轻简化栽培新机械新技术，让广大苎麻种植大户亲身感受到了农机农艺融合对生产带来的希望，感受到了科技的力量，通过本次展示和现场培训，达到良好示范效果。

2. 对接服务企业工作

宜春苎麻试验站团队及示范县技术骨干对区域内的企业在苎麻种植管理与品种选择方面提供技术支持。协助江西井竹实业有限公司建立苎麻生产基地，选育、引进苎麻新品种。不同的苎麻原料满足苎麻袜的不同生产需求，提高苎麻袜加工多样化。在江西恩达麻世纪科技股份公司推广了苎麻无性扦插育苗技术，加快了种植基地建设，提升了生产技术水平。

二、咸宁苎麻试验站

（一）技术集成与示范

1. 苎麻宜机化高效生产技术

（1）无厢沟、无腰沟、小缓坡等种植技术。预留机耕道，便于机械进田作业；标记好田块的中线；沿田块的四周开通围沟；自中线起朝向田块的边缘方向向下倾斜，小缓坡，坡度小于5°；苎麻田间进行旋耕后，种植苎麻。

（2）宽窄行栽培技术。采用宽行行距为80cm，窄行行距为30cm，株距为50cm，每亩用苗2 500株左右，保证基本苗和产量，栽植后浇足定根水。

（3）水肥病虫害管理技术。适时多次定量追肥，注重N、P、K搭配比例。重抓冬管、于越冬前12月中旬亩施菜饼150~200kg、呋喃丹3kg、进口复合肥35kg，行间用小型微耕机中耕10cm左右。科学管水和病虫害防控，在连续7d高温干旱时，抽水灌溉，及时预防苎麻病虫害，使用低毒安全的杀菌剂防治病害，采用杀虫剂或者安装智能杀虫灯，确保苎麻园无病虫害，同时在初春一次性用除草剂喷施，基本达到无草害。

（4）苎麻宜机化生产技术：无厢沟、无腰沟、小缓坡种植，符合微耕机、中耕施肥机、收割机等农机田间行走作业要求，且保证苎麻排水排渍的要求，能满足苎麻的持续生产。宽窄行栽培，适宜苎麻割铺机进行收割，不压坏麻蔸；利用剥麻机进行剥制。

2. 苎麻适宜的目标株高和种植密度

为了达到高密矮化麻园真正的机械作业，2018年对苎麻田进行改造。方法：预留机耕道，以苎麻田的中线为高点，将中线两侧的地块设置成向下倾斜的小缓坡，达到田块排水排渍的目的，省略了厢沟、腰沟的结构，在保证田块排水的前提下，实现了机械作业，大大减轻了种植人员的劳动负担，提高了苎麻的种植效益。在改造后的苎麻田创建了高密矮化麻园，设置5个梯度的密度处理（处理1：4 000基本苗/亩，处理2：6 000基本苗/亩，处理3：8 000基本苗/亩，处理4：

10 000基本苗/亩，处理5：15 000基本苗/亩），每个处理3个重复，四周设置保护行。2019年调查株高、有效株数、茎粗、皮厚、纤维产量等相关农艺性状指标和缺蔸率。每个处理采取五点取样法取样，先确定对角线的中点作为中心抽样点，再在对角线上选择4个与中心样点距离相等的点作为样点。每测产点取样10m²，调查结果：随着种植密度的增大，缺蔸率逐渐递增；平均株高由先长高的趋势而后回落到正常水平；有效株数处理5有14.3万株，其他处理在11万~12万株，由于有效株数接近，原麻重变化不显著，其他性状变化也不显著。

3. 苎麻山坡地固土保水种植技术研究

开展中陡坡地固土保水专用苎麻饲料品种和饲料玉米的测产和固土、保水的数据记载，在山坡地示范苎麻20亩，利用15个试验小区，27°坡。设计5个处理：中饲苎1号、牧苎0904、苎麻TG6、自然修复（CK）、饲料玉米处理。小区长15m，宽5m，三次重复。于2017年5月重新栽植，2019年首次获得数据，并完成水土流失量饲料苎麻全年刈割4茬。由表7-1可以看出，从水土流失量评价，饲用苎麻中牧苎0904>苎麻TG5>中饲苎1号；从产量评价，中饲苎1号>牧苎0904>苎麻TG5；山坡地种植饲用苎麻保水能力好于种植玉米。

表7-1 2019年山坡地水土保持调查数据

处理	平均株高（cm）	总鲜重（kg/亩）	茎叶比（%）	干鲜比（%）	年水流失量（m³）	年降雨量（mm）
苎麻TG5	93.96	3 374	114.5	20.3	0.88	839.9
牧苎0904	99.98	3 782	134.1	20.7	0.81	—
中饲苎1号	106.36	3 973	120.4	22.2	1.03	—
饲用玉米	—	—	—	—	1.30	—
自然修复	—	—	—	—	0.88	—

（二）区域科技支撑

1. 支撑县域经济发展

（1）建言献策助力产业脱贫。随着苎麻种植呈现恢复性增长态势，苎麻团队顺势而为，与县级政府对接，在咸安、阳新两地率先以产业扶贫为契机。通过科技示范引领，咸安、阳新等地方政府将苎麻产业纳入扶贫产业之一，其中咸安区2018年财政投入345万元（咸安办发〔2018〕9号），阳新县2018年财政投入2 400万元（阳政办发〔2018〕3号）专项资金对苎麻产业进行扶持，2019年继续财政资金扶持苎麻产业，对新发展麻园进行补贴。精华麻纺集团实行最低保护价收购原麻，每30亩还补贴一台打麻机，促进了政府、种植户、企业之间的三方和谐。本区域立足苎麻的特色优势做文章，紧扣转型升级谋发展，找准着力点、培育增长点，以供给侧结构性改革引领县域经济实现高质量发展。在幕阜山区累计发展5万余亩，通过农业科技"五个一"行动、现场技术服务咨询，举办现场会培训等形式累计开展麻籽育苗技术、苎麻高效栽培技术、减肥减药、苎麻生产机械化培训会等培训服务20次，带动新型经营主体、科技大户5户，培训职业麻农150余人次，巩固脱贫8人，助力苎麻经济社会效益2 000万元以上。

（2）以机械收获为动力，提升生产技术和产业发展能力。举办3场苎麻宜机化高效种植现场观摩会，2场苎麻机械收割示范会。邀请麻农50余人次参加，现场讲解了由农业农村部南京农业机械化研究所李显旺研究员团队研制的收割打捆机和中国农业科学院吕江南研究员团队研制的割铺机，指导嘉鱼县密泉合作社、三湖茶麻等建设无厢沟、无腰沟、宜机化高效生产基地100余亩。组织专家开展3次宜机化试验基地苎麻测产，宜机化基地的苎麻保持较高的产量，原麻达到270.7kg/亩。

（3）"科技+龙头企业+合作社+农户"模式助力县域发展。阳新县金财苎麻专业合作社（阳新县白沙镇五株村牵头注册）自2017年成立以来，在科技支撑条件下，开展苎麻育苗、种植、打麻、销售等，逐步转型发展为集苎麻种植、打麻社会服务、养殖为一体的综合发展模式。2020年协调促成该合作社与荆州津津纺织有限公司签订了3年的原麻销售合约，原麻保底价17.6元/kg，解决合作社原麻的销售问题。目前该合作社+农户苎麻种植面积达5 000亩以上，拥有苎麻机械150多台，自建专业打麻队2支，每支打麻队30人。发展苎麻叶养豚鸭1 000只，利用苎麻骨做培养基建设麻菇生产基地1个，占地面积10亩，麻菇生产基地年平菇、猴头菇出产量达2 500kg以上。年销售额230.0万元，合作社利润50.0万元。通过"科技+龙头企业+合作社+农户"模式，村集体有分红、社员有干劲、周边农户有奔头。

2. 对接服务企业工作

支撑通城县骊羊生态科技有限公司申请了国审苎麻新品种'鄂牧6号'中试与示范的成果转化项目，获立项支持。另外邀请崔国贤教授作为该企业的进驻专家，申报湖北省科学技术协会的院士（专家）工作站平台，获支持建设。

为嘉鱼密泉农业科技公司在新建基地建设规划、机械化收获等方面提供专业的指导。由于该公司附近的劳动力缺乏，为该公司和阳新打麻队伍等方面牵线搭桥，稳住企业继续发展的信心。

3. 技术培训与服务

以咸安、阳新、嘉鱼、大冶等县（市、区）级政府促进苎麻产业发展为契机，咸宁苎麻试验站乘势而上，为基地规划、高效栽培、农机农艺结合、病虫草害防治提供及时的技术指导，在产业发展和信息渠道等方面提供建议和牵线搭桥。为清塘刘家庭农场，咸安区养植专业合作社、三湖茶麻等苎麻种植大户提供20次现场技术指导，接受苎麻种植户电话咨询100余次以上，晚上休息时间微信群解决基地建设、新栽麻园除草、机打麻发黑、苎麻分叉等问题，老百姓的积极性重燃，种植面积逐年递增，近几年区域内新增苎麻面积5万亩以上。

三 张家界苎麻试验站

（一）技术集成与示范

1. 苎麻重金属修复种植试验示范

结合苎麻对重金属污染土壤的修复作用，调查了张家界市及湘西自治州花垣县范围内受重金属污染耕地规模。当前，张家界市受重金属污染耕地共有 14.39 万亩，其中 0.84 万亩为重度污染严格管控区，花垣县现有客土 50cm 治理的重金属尾矿库近 2 万亩。改种桑麻作为修复重金属污染耕地的有效手段，配合生态与土壤管理岗位在花垣县重金属尾矿库修复区建立了面积为 5 亩的苎麻高产栽培示范基地一个，并配合苎麻品种改良岗位布置了适宜于重金属污染土壤栽培的苎麻品种筛选试验。下一步，张家界苎麻试验站将在重金属尾矿库修复区和重金属重度污染严格管控区积极推广苎麻生产栽培示范。为苎麻绿色生产与轻型环保包装材料的创新和应用从原料生产上降低生产成本，充足原料供应。

2. 苎麻工厂化育苗机械化移栽技术示范

为提高苎麻生产机械化程度，实现苎麻工厂化育苗机械化移栽，从山东省引进秧苗移栽机一台，该机集施底肥、覆膜、开穴、移栽、培土等功能于一体，根据麻类作物栽培需求通过对移栽部件的改进，株距可实现 35~65cm 无级调节，并配套现有中耕施肥机及收割机作业要求可实现宽窄行栽植。通过对不同育苗方式的苎麻苗进行多次移栽试验，结果表明由苎麻品种改良岗位采用苎麻水培+柱状育苗块进行工厂化育成的麻苗很适应该机的移栽。2020 年 12 月 5 日，由湖南省农学会组织由邹学校院士任组长、农业农村部南京农业机械化研究所李显旺研究员任副组长的评议专家组对"苎麻工厂化育苗机械化移栽"进行了现场观摩和评议。通过观摩和审议，专家组一致认为该技术利用苎麻水培+柱状育苗块进行工厂化育苗，解决了单一水培苗导致机栽漏苗、阻苗的现实难题，使缓苗期缩短至 7d 以内，为实现机械化高效移栽奠定了较好基础；在秧苗移栽机的基础上，创新改进了移栽部件，该机移栽工效达到 24 亩/d，比人工移栽效率提高 10 倍以上，成活率高，每亩节约移栽成本 50% 以上，该机的应用为推进麻类作物生产全程机械化迈出了新的一步。

3. 不同品种不同密度苎麻直播栽培试验

在张家界市农业科学技术研究所荷花中心试验基地，利用'黄壳麻'（P1）、'中苎 2 号'（P2）、'赣苎三号'（P3）开展了不同品种、不同密度苎麻直播栽培试验。试验设计采用开沟条播，密度共设 0.25 万株/亩（M1）、0.5 万株/亩（M2）、1 万株/亩（M3）、2 万株/亩（M4）。小区宽 2m、长 8m、行距 0.4m，定苗后每行分别留苗 3 株、6 株、12 株、24 株。每亩用种量为 500g，种子与干陈草木灰（1:3）拌匀后播种，播种后细土覆盖，用喷雾器洒水浇足水分，覆盖微膜保温保湿，出苗后揭膜，3~4叶间苗，7~8叶定苗。肥、水、病虫及杂草等均与大田管理一致。共设3次重复，随机排列，四周设保护行。8月8日进行破秆，10月19日测产。测产数据可以看出，12个处理最后收获时每亩的有效株数在1.194万~2.556万株，原麻产量在25.18~49.60kg/亩。不同品种的产量结构随密度变化的表现规律不一：'黄壳麻'的有效株数虽然随密度的增加而提高，但株高、茎粗、皮厚均随密度增加而降低，在产量上反而最高密度的表现最低；'中苎2号'随密度增加各产量结构及产量变化不大；'赣苎三号'在有效株数及产量上均随密度增加有所增加。

（二）区域科技支撑

1. 科技助力脱贫攻坚

利用体系科技成果开展产业扶贫，在桑植县大力发展苎麻产业，在麦地坪乡和空壳树乡共新建苎麻基地200余亩，当地农户通过土地流转、务工实现了脱贫增收。同时，在各示范县大力推广苎麻青贮饲料加工与草食动物喂养技术，通过养殖企业示范，加快麻类产业体系技术成果在武陵山贫困地区转化应用。2020年，累计加工青贮饲料3 000余t，联系4家牛、羊养殖大户进行青贮饲料喂养示范。

2. 对接服务企业工作

将桑植县、桃源县、永定区3个示范县各基地的原麻交到汉寿县鑫达苎麻纺织厂，企业承担运费，并以1.95万元/t的价格成交。组织明年计划发展苎麻的种植大户前往该企业进行沟通，达成了初步的购销意向，目前张家界试验站已成为该企业稳定的优质原料供应基地，逐步形成了"企业+合作社+基地"的发展模式。

3. 技术指导与培训

为提高武陵山区苎麻栽培机械化水平，实现工厂化育苗、机械化移栽、收割、剥麻、中耕施肥及无人机病虫害防控等全程机械化水平，结合当地生态环境从品种选择、田间设计和机械应用各个环节均展开了相应的试验示范。在广岩咀基地选用'中苎3号'品种建立了宽窄行模式栽培的高效生产示范基地5亩。2021年4月9日，配合机械化初加工岗位在荷花基地举办了4QM-4.0型青饲料联合收割机推广应用现场会；7月9日，在桃源示范县召开了苎麻机械化收剥暨副产物多用途利用推广会；7月26日，联合机械化初加工岗位在荷花基地召开了苎麻机收机剥技术推广暨培训会，会上展示了新型苎麻收割机和多种类型的剥麻机械，并就相关机械的操作规范及操作要领向参会人员进行了培训。通过示范，共推广剥麻机12台，利用苎麻副产物加工青贮饲料200余t。2019年召开苎麻机械化生产培训会3期，在各示范县先后举办培训班25期，共培训农技人员85人，植麻农民600余人次，发放技术资料1 800余份。

四 沅江麻类综合试验站

（一）技术集成与示范

1. 苎麻抗性品种选育与试验示范

因苎麻多年生生长特性，根部病害严重影响它的正常生长和产量。2009年开始通过杂交选育苎麻抗病新材料，经过多年定点病圃筛选，选择4个抗性材料，2017—2018年进行扩繁。2018年和2019年在沅江、湖北咸宁和安徽六安进行展示，新品系'0936-4'田间长势一致，抗病性强，耐旱，是优良的苎麻品种（表7-2）。2021年通过安徽省非主要农作物品种登记，定命名为'中苎7号'。

表7-2 '0936-4'与'中苎1号'产量性状对照情况

品种/系	季	有效株率（%）	鲜皮重（kg）	株高（cm）	茎粗（cm）	皮厚（mm）	干麻重（kg/亩）
'0936-4'	头麻	90	0.66	231.33±23.75	1.20±0.20	0.59±0.19	72
	二麻	89	0.56	201.69±19.81	1.23±0.08	0.57±0.08	72
	三麻	87	0.42	160.41±17.62	1.17±0.13	0.64±0.12	53
	平均	88.67	0.55	197.81±20.39	1.20±0.14	0.60±0.13	197
'中苎1号'	头麻	87.5	0.75	225.28±33.20	1.26±0.16	0.63±0.11	78
	二麻	90	0.395	188.89±18.36	1.15±0.11	0.63±0.10	65
	三麻	83	0.36	155.92±12.41	1.18±0.23	0.66±0.20	46
	平均	86.83	0.50	190.03±21.32	1.20±0.17	0.64±0.14	189

2. 苎麻副产物作扦插基质的多用途利用研究

2018年开始进行以麻骨基质开展夏黑葡萄扦插试验，因设施栽培内40℃以上的高温及干旱常对葡萄的生长发育造成伤害，因此探究提高葡萄的耐旱性措施十分必要，同时，为满足生产上大面积苗木需要及开发麻类副产物的多用途利用。试验结果表明，添加一定量的麻骨到扦插基质中，对夏黑葡萄扦插苗根系生长方面有一定的促进作用，增加了葡萄扦插苗的抗干旱胁迫能力，也提升了土壤的保水性，可进一步挖掘麻骨作为育苗基质、营养土的应用途径。

（二）区域科技支撑

1. 支撑县域经济发展

组织育种、栽培、机械、脱胶等岗位专家实地调研考察，会同汉寿县农业农村局曾爱平副局长、丁立君总农艺师等相关负责人从产业政策、生产体系、经营体系、创新机制等方面谋划苎麻产业发展规划和决策咨询。在原有纺织材料基础上，拓展苎麻产业多用途应用，从副产物用作饲料、食用菌栽培等方面提供产业化应用方案；实现产品多元化发展。在经济效益方面，每亩三季可产干苎麻250kg，每千克26元，每亩可收入6 500元，除人工、肥料、土地租金（约3 500元）外，每亩可收益3 000元。麻叶、麻秆、麻壳等用作饲料，每亩纯利润达1 000元。合计每亩每年纯利润4 000元。同时，能够保证鑫达纺织原料的供给。企业连续7年年上缴国家税收400多万元，企业和合作社每年发放农民工工资3 000万元以上。合作社季节性用工每天在600人以上，每人三季可创收4万元。

2. 对接服务企业工作

与汉寿鑫达纺织有限公司、汉寿振发苎麻专业合作社、湖南德人牧业科技有限公司、湖南华升洞庭麻业公司、湖南华升株洲雪松有限公司等企业和农民专业合作社合作，在汉寿、沅江、南县、资阳、大通湖、安乡、岳阳、湘阴、湘乡等县市推广苎麻48 000亩，其中汉寿3个连片基地共15 000亩。2021年苎麻原麻收购价格20元/kg，按亩产220kg原麻计算，每亩毛收入4 400元，麻农效益显著，种麻积极性明显提高。

五 涪陵苎麻试验站

（一）技术集成与示范

1. 集成苎麻高密矮化栽培技术

根据西南区膜用苎麻协同创新与示范工作组安排，实施苎麻高密矮化栽培试验1项，试验田苎麻种植密度6个（2 500~10 000窝/亩），重复3次。2019年由于重庆地区8—9月连续干旱少雨，仅收获纤用苎麻三茬（4月22日、6月6日、8月4日）、饲用苎麻两茬（9月26日、11月4日）。产量结果如下：种植密度在5 500窝/亩时，原麻、饲草总产量均最高，密度低于或高于此密度时，原麻及饲草产量均有下降的趋势。集成了以"宽行密株、重施冬肥"为要点的膜用苎麻高密矮化栽培技术（表7-3）。

表7-3 2019年苎麻高密矮化栽培试验产量

种植密度 （窝/亩）	原麻产量（kg/亩）				饲草产量（kg/亩）		
	22/4	6/6	4/8	合计	26/9	4/11	合计
2 500	36.8	17.7	19.6	74.1	656.7	780.2	1 436.9
4 000	35.0	20.1	18.4	73.6	718.0	886.1	1 604.1
5 500	38.5	19.4	17.5	75.5	830.1	888.8	1 718.8
7 000	36.8	17.7	18.9	73.4	746.0	924.7	1 670.7
8 500	33.3	17.7	19.6	70.6	681.2	908.9	1 590.1
10 000	33.3	17.0	19.4	69.7	684.7	880.0	1 564.7

2. 苎麻套作晚季榨菜栽培技术示范

在试验站基地、示范区忠县建立苎麻套作晚季榨菜栽培技术示范片2个，面积分别为15.5亩、10亩，该2个示范片同时为纤饲两用苎麻'中苎2号'"3改4"示范片；示范选用晚季榨菜优良品种涪杂5号、50d苗龄（2018年11月9—14日，即苎麻"3改4"茬口期）移栽。3月1日，对2017年实施的15.5亩"苎麻套作榨菜高产高效种植模式示范"测产，结果为：苎麻套作晚季榨菜品种涪杂5号，青菜头平均鲜重1 583.1kg/亩，按时价0.64元/kg计，每亩麻田较净作苎麻增收1 013.2元。

3. 苎麻鲜饲利用技术助推重庆草食畜牧业发展

研究集成的苎麻鲜饲利用技术，亩产饲用苎麻鲜草11.76t、粗蛋白平均含量23.35%；25%苎麻鲜草饲喂结果，肉牛、山羊日增重分别较对照提高11.55%、7.53%。苎麻鲜饲利用技术的集成，丰富了麻类作物多用途技术，完善了苎麻饲料化利用技术体系，同时也为重庆草食畜牧业的发展提供了新的技术支撑。目前，饲用苎麻饲喂对象、示范区域、试种规模得到显著拓展。

（二）区域科技支撑

1. 对接服务企业工作

2019年6月，涪陵苎麻试验站依托单位重庆市渝东南农业科学院与重庆市著名的夏布织造企业——荣昌区加合夏布制品有限公司签订了《荣昌夏布技术研发中心共建协议》，发挥双方优势，着眼夏布原料生产现代化、加工智能化、产品多元化，努力把中心建设成为荣昌夏布发展的技术创新与交流平台。试验站为荣昌区龙集镇、盘龙镇等夏布原料生产重点镇提供品种、技术和信息支持。2019年以来，在良种种源紧俏情况下，试验站协助解决苎麻良种种子40余千克，并提供育苗及栽培技术指导13余次，在苗期天气不利的情况下，指导育苗80亩，育成壮苗875万株，现已定植2 300亩。

2. 持续助力脱贫攻坚与乡村振兴衔接

地处武陵山连片特困区的黔江区，于2017年摘掉国家贫困区县帽子。2020年，涪陵站继续在该区建设苎麻综合利用技术示范片1个，面积10亩。2016年以来，试验站在黔江区黑溪镇建立饲用苎麻栽培及饲用技术核心示范点，累计栽培饲用苎麻116.8亩，平均亩产鲜草9.01t，累计饲喂能繁母牛186头、犊牛263头。该核心示范点已带动邻近13家小型养殖户自发种植饲用苎麻并饲喂肉牛、母牛等，社会效益明显。

3. 技术培训与指导

针对手工剥麻效率低的问题，组织对接企业9人次到湖南、湖北考察了体系内专家团队3个、剥麻机企业1个，剥麻机型号3个，促成企业引进2个型号的剥麻机3台进行示范应用，并建立苎麻机剥技术示范基地1个；召开现场会2次，培训96人次，发放资料288份。针对苎麻病虫害防控技术水平较低的生产实际，配合病毒与线虫防控岗位、杂草与综合防控岗位，共同在荣昌区盘龙镇建设"荣昌苎麻病虫草害综合防控示范基地"1个，面积100亩；召开"荣昌苎麻病虫草害综合防控技术培训会"1次，培训种麻大户、技术骨干57人次，发放技术资料57份。针对手工夏布对苎麻原麻的特殊需求，对接体系内专家团队1个、示范县1个共10人次到荣昌区盘龙镇的加工企业实地考察，提出了改进剥麻机、制订原麻生产技术规程等技术建议，助力重庆苎麻、荣昌夏布高质量发展。

六 达州麻类综合试验站

（一）技术集成与示范

1. 纤饲两用苎麻绿色生产技术研究与应用

在苎麻产区大竹县、达川区选择落实纤饲两用苎麻绿色生产技术研究与应用试验示范地点2个、核心示范区规模50亩，拟定试验示范实施方案，试验示范种苗繁育。与示范县技术骨干分别在大竹县和达川区扩大纤饲两用苎麻推广面积，累计推广'川饲苎2号'200亩。在达州苎麻产区建立苎麻纤饲两用示范点2个，开展苎麻养羊、养兔示范，"饲用苎麻养殖肉兔技术规程"通过达州市市场监管局评审，开展技术培训4次，培训农民137人次。

2. 固土保水苎麻品种示范

在示范县达川区根据交通、水源方便，麻农生产积极性高的原则，落实示范地点，示范面积5亩，示范品种'川苎16'。与达川区经作站技术骨干一道选择坡度较陡（坡度大于40°）、水土流失较严重的区域开展苎麻固土保水示范研究，提供种苗3.5万苗，交付示范区麻农栽种。

3. 病虫草害绿色高效防控技术研究

与邻水县技术骨干一道，以示范效果明显、麻农生产积极性高为原则，在邻水县麻区开展苎麻病虫害绿色高效防控技术示范，示范品种'川苎11'，示范面积5亩。2018年先后组织团队成员、示范县技术骨干，在示范区域开展苎麻病虫害情况调查5次，上报相关数据4条，基本明确示范区的病虫害的主要类型、发生时期等情况。分别于4月13日在邻水县王家乡开展了苎麻育苗地除草技术示范，示范除草剂3种（乙草胺、草甘膦、高效盖草能），示范面1.5亩，平均节约劳动力5~6个/亩；5月26日在大竹县石河镇开展了麻园夜蛾、天牛机动喷雾器药剂防治的现场技术示范，药剂防治技术示范面积10亩，示范杀虫剂2种（敌敌畏乳油、敌百虫粉），机动喷雾器杀虫较传统手动杀虫亩节约劳动力成本50%以上。

（二）区域科技支撑

1. 支撑县域经济发展

围绕达州市苎麻高质量发展决策部署，加快大竹优质苎麻基地建设，围绕推进农业供给侧结构性改革这条主线，以提质增效为目标，以品牌建设为抓手，加快转型升级，助力脱贫攻坚和乡村振兴有效衔接，"大竹苎麻"农业品牌依托国家麻类产业技术体系的指导"一县一业"示范县建设取得了明显成效，为培育省级苎麻产业园区奠定了基础。

（1）开展苎麻新品种推广。2021年大竹县31个乡镇共种植苎麻13.5万亩，主要品种均为'川苎8号''川苎11''川苎16'等优质高产品种，优质品种覆盖率达95%以上。

（2）开展技术培训，提供麻农生产技能。组织达州市农机推广站、大竹县苎麻产业发展中心开展苎麻打剥机械现场观摩会，推动达州苎麻生产机械化发展；团队成员深入大竹县、达川区等苎麻种植企业、农户开展技术咨询服务及栽培技术指导等服务；向地方政府提交了快速推动苎麻产业机械化发展的建议等。

2. 对接服务企业工作

"科技+苎麻种植新型经营主体"模式：大竹县金月农业科技有限公司主要从事苎麻种植、加工、机械化服务、传承非遗夏布文化、打造农旅结合发展等，达州麻类综合试验站团队成员为该公司提供优质苎麻品种栽培技术支撑，目前已经种植苎麻'川苎16' 2 700余亩，年产原麻300t；大竹县金月农业科技有限公司2021年组建了大竹县第一个苎麻机械收获服务队，计划对外开展机械收获服务。

"科技+龙头企业+基地"模式：四川玉竹麻业有限公司是一家专业从事苎麻纺织新材料（纤维、纱线）研发、生产、经营的国家级高新技术企业。企业下设万亩特优质苎麻基地、3 000t/年生物脱胶厂、3 500t/日处理现代化污水处理厂、16 000锭最先进的苎麻长纤紧密（特种纱线）纺纱厂。四川玉竹麻业有限公司2018年获得特优质苎麻'川苎15'的生产使用权，2021年达州麻类综合试验站团队成员作为技术支撑团队协助企业在大竹县庙坝镇建立100亩'川苎15'种植基地，并为企业制定了万亩特优质苎麻种植基地发展规划。

3. 政策咨询建议

积极申报国家农业科技示范展示基地、创建苎麻产业园区，坚持"立足四川、面向西南、服务全国"的发展理念，发挥苎麻纤维、生态环保优势引领苎麻产业科技创新。向达州市委市政府提交决策咨询建议《达州市苎麻产业发展现状与对策建议》。根据达州市及国内苎麻产区现状科学编制《达州市苎麻产业发展规划2020—2025》，获得达州市委书记肯定性批示，将达州市苎麻产业的资源优势和生态优势有效转化为市场优势和区域经济优势，积极推动达州苎麻产业高质量发展。

第八章 亚麻试验示范工作进展

一 长春亚麻试验站

(一) 技术集成与示范

1. 亚麻新品种试验示范

在龙井、和龙及公主岭适宜亚麻种植农田，对筛选的亚麻品种'吉亚5号''吉亚7号''黑亚20号''黑亚21号''中亚麻4号''中亚麻5号'等6个品种，进行田间比较试验，随机区组3次重复，小区面积5~10m²。初步筛选出适宜应用地膜覆盖的亚麻品种（产量高，含麻率适中）3个，为'黑亚21号''吉亚7号''中亚麻4号'，原茎产量每公顷分别为6 002.3kg、5 986.5kg、5 883.2kg，分别比对照（吉亚2号）提高13.6%、11.41%、11.4%；长麻率为15.1%、15.94%、16.91%，分别比对照提高-0.91个百分点、-0.07个百分点、0.9个百分点；长麻产量906.4kg/hm²、954.3 kg/hm²、994kg/hm²，分别比对照提高7.2%、11%、17.6%；全麻率为24.01%、25.96%、26.9%，分别比对照提高了-1.41个百分点、0.54个百分点、1.48个百分点；全麻产量1 441.2kg/hm²、1 528.1kg/hm²、1 582.6kg/hm²，分别比对照提高7.3%、13.8%、17.9%。

在龙井进行'吉亚5号'新品种示范5亩。原茎公顷产量为6 183.4kg，比对照（'阿卡塔'）提高10.5%；长麻率为16%，比对照提高0.4个百分点；全麻率为29%，比对照提高0.35个百分点；全麻产量1 778.7kg/hm²。麻农公顷增产587.6kg，增收1 175.2元。

2. 亚麻绿色高效生产栽培技术示范

按照"一控两减三基本"的要求，在公主岭市范家屯开展亚麻绿色生产示范与推广，面积20亩。主要采取节水技术措施，深耕深松、选用抗旱品种、增施有机肥；减少化肥和农药使用量，采取测土配方等技术来提高用肥的精准性，提高利用率，使用高效、低毒、低残留的农药。既降低生产费用，同时也减少对环境的污染。示范亚麻田测产分析，原茎产量为5 867.6kg/hm²，比非示范田提高10%；全麻率为29.2%，比非示范田提高0.4个百分点；全麻产量为1 713.3kg/hm²，比非示范田提高12.7%；含油率36.2%，比非示范田提高0.6个百分点。

3. 亚麻病虫草害绿色高效防控技术示范

2018年在和龙、公主岭选择亚麻品种'吉亚4号'，示范面积10亩，采用20行播种机条播播种和交叉播种的方式进行。主要采取生态调控（保护天敌进行生态控制）、物理防治（使用诱虫灯、黄色板）、生物防治（生物农药制剂、性诱剂）、科学用药等技术措施进行亚麻病虫草害绿色高效防控示范。亚麻示范田测产分析，原茎产量为6 058.2kg/hm²，比非示范田提高9.5%；全麻率为31.2%，比非示范田提高1.3个百分点；全麻产量为1 890.16kg/hm²，比非示范田提高14.27%；防控效果85%以上，减少化学农药的使用量20%，增效5%。通过功能型亚麻品种高效集约化栽培技术研究和示范，提高亚麻产量，提高产品品质，促进亚麻良性发展。

4. 雨露沤麻工艺技术研究

采收时期（即工艺成熟期）：一般在湿度80%~90%、温度25~26℃时采收，降雨量在250mm以上，茎粗最好是5mm。采收方法：机械采收或人工镰刀割收。铺麻厚度：80~100mm。翻晒：看见70%麻秆有灰色斑点即可翻麻，7d翻一次麻。浇水：在湿度不够、回潮率偏低的情况下浇水。沤麻判断：90%麻秆可见灰色斑点即完成沤麻。捆麻：一道腰。

（二）区域科技支撑

1. 科技助力脱贫攻坚

2020年在镇赉大屯镇英台水稻农机农民专业合作社示范点，面积240亩，应用麻地膜育秧膜盘，在育苗及生长期进行技术指导，10月1日收获，收获时取样与实际测产，应用麻地膜育秧水稻产量673.6kg/亩，比非用麻地膜水稻增产8%，亩增产70.6kg，水稻价格3.00元/kg，新增效益211.2元/亩。成本核算：亩增加成本10.80元（麻地膜）；节约成本52元（机插效率平均提高20%，每亩节省20元；每亩节省秧苗3盘，12元；不漏插、不漂秧，每亩节省补苗人工费用20元）亩纯节本增效41.20元。因此亩纯增加效益252.4元，示范累计增产水稻16 944kg，增加收入5.08万元，节本增效9 888元，总计增加效益6.05万元。

2. 创新机制模式助力区域经济

探索"政府+科技+龙头企业+合作社+种植大户"模式，即吉林省政府+长春亚麻试验站（吉林省农业科学院麻类团队）+东北袜业公司+东辽县辽河源中德农业种植合作社+种植大户。由于工业大麻产业在吉林省尚处于严格控制、规范发展的领域，因此，由政府主导、科技支撑、企业实施、农户种植改合作社种植是当今的主要产业发展模式。2020年由吉林省农业农村厅具体下发指导意见《吉林省农业农村厅关于印发工业大麻科研种植试点方案的通知》，由科研部门对相关科研工作开展研究，并对相关产业化工作进行技术指导，配合企业做好相关规划。

3. 技术指导与培训

组织各示范县技术骨干及负责人、亚麻试验站技术依托单位领导、相关企业负责人、有关亚麻科技人员开展亚麻的高产栽培技术，吉林省亚麻的生产、种植、科研现状、亚麻病虫害防控技术等培训，解答技术方面的问题，发放技术资料、宣传单等多种形式，年均培训人员300人次、发放宣传单1 300余份。

二、哈尔滨麻类综合试验站

(一) 技术集成与示范

1. 亚麻新品种（系）筛选与示范

在兰西、克山、延寿和尾山开展7个优良亚麻品种筛选与示范，试验和示范的亚麻品种为'黑亚21号''黑亚22号''黑亚23号''黑亚24号''黑亚25号''黑亚26号''黑亚27号'。黑龙江省2021年北部地区雨大，亚麻生长后期多雨，部分地区倒伏严重，尤其北部收获受到了影响，收获期延迟。由于苗期水分充足，保苗好，保苗株数1 646~1 801株/m^2，株高在80~85cm。'黑亚22号'表现最好，公顷原茎产量5.9t，种子产量672.7kg，纤维产量1.6t，其次是'黑亚24号''黑亚25号'。

2. 亚麻、工业大麻机械化生产试验示范

在黑河地区亚麻实现了全程机械化，翻麻、捆麻环节全部机械操作。原料加工，捆喂入，降低了人工成本。但收获机械需要提档升级，牵引升级为自走，单行自走升级为双行。全面提高工作效率，降低生产成本。拔麻改割麻，以降低产量为代价，解决了亚麻雨露踏地的问题。利用水稻收割机割麻，茬高控制在5cm左右，产量损失5%以上。

工业大麻收获机械改造升级，用收割机悬挂收割。收割幅宽，由原先的1.85~2.2m，提高到2.6~2.8m。优点：①增加了幅宽，麻趟间有间隔，大麻铺放没有重叠，提高了沤麻质量。②麻割倒后铺放整齐，有利于后期机械捆麻。工业大麻捆麻机械有进展，黑龙江省农垦二龙山农场研制出工业大麻捆麻机，每天可捆麻100多亩。

3. 盐碱地亚麻高产栽培技术示范

选用耐盐碱品种'黑亚24号'，测土施肥，调整氮磷钾比例，正常黑土为1:2:1，盐碱地为1:3:1，以高磷为主，总施肥量15kg/亩，前茬为玉米茬，示范面积10亩，于4月28日播种。为确保墒情，采用秋整地地块。5月6日出全苗。7月28日收获，取点测产，产量4.96t/hm^2。种子产量554kg，纤维产量1.22t，全麻率29.4%。

（二）区域科技支撑

1. 支撑县域经济发展

青冈县优质原料的整体提升，种植业、纺织业、麻屑综合利用等相关产业快速发展。种植面积逐年增加，由2016年的1 500亩发展到2020年的7万亩，产纤维8 400t。工业大麻从种到收基本实现全程机械化——精量播种机、无人植保机、自走收获机等大型机械设备120台（套）；长麻纺纱企业由原来的1家发展到现在的5家，全县纺织加工能力达到6万锭，精纺大麻纱由5 000t提升到7 500t，布匹约70万延长米；新增短麻纺织生产线1条，可加工短麻精纺纤维3 000t；1家麻屑制造板材和1家麻屑制造托盘及角墩企业落户青冈，年可消耗工业大麻麻屑3万t左右。

2. 技术指导与培训

根据亚麻、大麻产区的需要，对生产中遇到的实际问题提供咨询服务。从春天播种到收获，亚麻、大麻苗期发生病害，派出专家到田间地头，指导农民采取措施；除草季节有技术人员活动在示范县；亚麻、大麻收获季节为各地协调收获机械；参加各种科技大集、农业博览会和示范现场会等活动，发放宣传材料。派出技术人员深入到亚麻、大麻主产区和示范县，年均培训人数60人次，发放学习和宣传材料500多份。

3. 对接服务企业工作

黑河市爱辉区金丝麻业是黑龙江省亚麻种植最大的地区，种植面积1万亩，通过提供集成高产栽培技术，使产量在4~5t干茎，全麻率达到30%，亩收益400元以上。为我国最大的亚麻纺织企业金达亚麻纺织有限公司建设原料基地提供服务，协助该公司引进优良国外亚麻品种40t，在黑龙江省明水、龙门农场等建设原料基地。

三 伊犁亚麻试验站

（一）技术集成与示范

1. 亚麻新品系种植生产示范

筛选出亚麻新品系1个，原茎亩产514.26kg，比对照增产10.72%；亩产麻纤维105.95kg，比对照增产10.25kg（对照亩产95.7kg），原茎和纤维产量均比对照增产，增产22.7%。在新源县那拉提镇开展亚麻'97402'品系高效种植技术研究，示范面积100亩。示范结果，亩产原茎500kg，原茎比对照（亩产454kg）增产10.13%；全麻率29.8%，亩产麻纤维104.3kg，比对照（亩产85kg）增产19.3kg。

2. 亚麻机械化收获与雨露脱胶试验示范

在昭苏县进行亚麻机械化种植技术示范，示范面积50亩，辐射面积12 000多亩，播种、施肥、化除、收获全程机械化。示范结果，亩产亚麻原茎440kg，比人工收获节省130元，亩收益相应增加130元。通过使用机械化栽培技术，提高效率，节省成本，进一步提高了麻农种植效益。

集成亚麻雨露脱胶技术1套，示范面积50亩。利用新疆亚麻示范县新源县和昭苏县降水量相对较多的优势，机械收获、机械拔麻和脱粒一次完成，麻秆就地进行雨露沤制，示范亚麻雨露脱胶技术（50亩），长麻率可以达到16%以上。主要技术要点为，选地：在伊犁河谷选择土壤疏松、不易板结，气候冷凉，降水量400~550mm的区域及地块。选茬：选择前茬玉米、大豆、小麦、油菜较适宜。整地：规模种植采用大型机械进行复试作业，犁地、耙地、磨地一次完成。播种：大型机械施肥、播种同时进行；小型机械可先施肥后播种。播种深度根据土壤疏松程度调节，播深2~3cm。化除：苗高8~10cm进行机械化除，匀速前行，时速20km。收获：工艺成熟期机械收获。自走式拔麻机直接沿地边拔麻，晾晒5~7d机械脱粒；牵引拔麻机收获前需人工沿地边拔出一条路，宽2m左右，然后由拔麻机收获，收获脱粒一次完成。雨露沤麻：脱粒后的亚麻茎秆均匀平铺在田间，待贴近地面的麻秆沤熟后，用机械翻麻一遍继续沤制，翻麻时注意摆放整齐、厚度要均匀，避免沤制过头或夹生影响纤维品质。

3. 亚麻绿色防控技术试验示范

（1）示范亚麻杂草绿色高效防控技术（10亩）：针对本区域亚麻田主要杂草，开展杂草绿色高效防控技术示范。选用高效、低毒亚麻杂草防控药剂，每亩用立清乳油24g（有效含量）防除阔叶杂草、高效盖草能5g（有效含量）防除单子叶杂草，兑水25kg混合均匀，苗高8~10cm时叶面喷雾，防效95%，杂草防除效果明显。

（2）收集本区域亚麻主要病虫草害相关数据19条：病害种类有4种，分别为亚麻立枯病、枯萎病、白粉病、炭疽病；害虫种类有6个，分别为：蚜虫、蓟马、盲蝽、夜蛾科幼虫、象甲、蝗虫；主要的优势种杂草有8个，分别为稗草、灰藜、卷茎蓼、野油菜、田旋花、苦苣菜、小蓟、菟丝子，在示范县个别亚麻田中有少量白蒿等杂草。

（二）区域科技支撑

1. 支撑县域经济发展

重点服务新源县、昭苏县以及本区域尼勒克、察布查尔，主动为示范县提供示范用新品种2个和配套种植技术1项，全程提供种植技术指导服务，帮助企业、合作社、种植大户解决技术需求，提高种植水平，促进增产增收。播种量由以往的每亩10~11kg下调到每亩8kg，每亩节约用种2kg，亩产平均由430kg提高到460kg，亩增产30kg。示范应用新品种、适宜的优质高产栽培技术，亚麻种植、管理、收获全程机械化，实现集约化、规模化种植，新源县种植规模由2019年的20 000亩增加到30 000亩，昭苏县种植规模由2019年的18 000亩增加到28 000亩，产业规模稳定增加。通过优质抗倒伏亚麻品种和配套技术的应用，本区域亚麻全部实现雨露脱胶、机械捆麻，避免了温水脱胶消耗能源、污染环境的问题，进一步降低了生产成本，增强了亚麻纤维国内市场销售的价格优势。

2. 创新机制模式助力产区发展

本区域亚麻主产县在产业优化调整中逐步向新源县、昭苏县集中,在县域内已进驻原料加工企业,亚麻主产乡镇由农民组建专业合作社进行有组织的规模化生产,试验站提供品种和技术支持,在生产季节提供技术指导服务,亚麻种植、管理、收获全程机械化。在企业拉动下,种植面积进一步增加,本区域亚麻生产初步形成"科技+龙头企业+合作社+农户"的运作模式。新源县亚麻产业化生产由伊犁亚麻试验站提供品种及配套栽培技术示范,县域内新春亚麻厂根据市场需求和企业加工能力与亚麻主产乡镇合作社对接,与农户签订单,合作社组织农户连片规模化种植,生产用种和化肥农药由原料加工企业赊销给农户,播种机械由企业统一调配,生产管理由农户负责,亚麻收获后由企业、合作社、农户三方到现场根据产量和市场变化定价收购,并扣除赊销的种子化肥农药成本,兼顾了多方利益。

3. 技术指导与培训

试验站依托单位主动与示范县农业农村局对接,明确麻类体系试验站的任务职责,与示范县农业技术部门签订合作协议。示范县亚麻品种与种植技术示范由技术骨干具体实施,试验站团队与示范县技术骨干共同开展技术指导服务,亚麻生产关键时节,由试验站团队主动深入生产一线开展技术指导,示范县技术骨干在亚麻生产的各个环节具体开展业务指导和跟踪服务。由本区域农业农村局、科技局等有关部门搭建培训平台,试验站依托单位安排专业技术人员授课,通过集中培训、互动交流、解答技术问题、交流种植管理经验的方式,年均培训科技特派员、示范县技术骨干和种植大户200多人次,发放技术培训资料200多份。

4. 科技扶贫工作

根据南疆连片扶贫区的实际情况,针对当地油用亚麻的技术需求,在南疆克州阿合奇县开展油用亚麻品种示范,示范品种'伊亚4号'50亩,示范地点在该县良繁场。示范结果,籽粒亩产量150kg,比当地主栽品种亩增产30kg,增幅25%,增产效果显著。

伊犁河谷与示范县技术骨干共同在国家级重点扶持的尼勒克县开展旱田亚麻技术示范,确定3个示范户作为示范点,示范面积100亩,其中加哈乌拉斯台乡乌拉斯台村农户努尔布·波拉20亩、加哈乌拉斯台乡库斯仁村农户张百袖50亩、科蒙乡喀什村农户涂家清30亩。4月初播种,亩播量8kg,苗期化学除草一次,整个生育期间没浇水,每亩平均增收亚麻籽粒10kg,按每千克5元计算,亩增收50元。

第九章　黄麻红麻试验示范工作进展

▊ 一　萧山麻类综合试验站

（一）技术集成与示范

1. 麻类新品种区域试验示范

在临浦试验基地完成了 26 个黄/红麻品种的对比示范试验。其中'中杂红 368'表现最好，亩产干皮 813.6kg。其次是'浙 8310'和'红优 2 号'两个品种，亩产干皮分别为 779.4kg 和 755.6kg。圆果黄麻'浙萧圆 1 号'表现最好，亩产干皮 800.0kg，长果黄麻'摩维 1 号'亩产干皮 651.2kg，在台风"烟花"等诸多不利气候条件下，仍获得了高产。

2. 麻类作物高效栽培种植技术

对在多年试验示范的基础上形成的沿海滩涂盐碱地红麻全程机械化生产技术进行了完善，开展红麻机械播种试验，初步筛选出适于提高出苗率的播种机操作参数：6 档，亩种子用量 857g，亩出苗数可达 2.4 万株，出苗率达 84.5%；在临浦试验基地开展了优势红麻品种（高产杂交组合）'H368'的耐密植试验：精量播种的播种量（按种子百粒重、发芽率计算），从常规的密度 1.2 万株/亩开始，每 3 千株为 1 个档次，最高档次为 2.4 万株/亩，3 次重复，试验结果'H368'耐密植，最高播种量的 2.4 万株/亩产量最高，亩产干皮达 716.0kg。赴示范企业的 30 亩沿海滩涂盐碱地红麻高产栽培试验示范田进行现场测产，亩产干皮（原麻）达 581.61kg，干骨达 1 041.26kg。模拟机械条播（不删苗），开展红麻密度实验，其中'中杂红 368'在每亩 2kg 播种量时产量最高，亩产干麻骨、干皮分别为 1 127.8kg 和 655.0kg。

（二）区域科技支撑

1. 对接服务企业工作

为浙江志成工艺墙纸有限公司全国各个红麻种植基地筛选适于墙纸生产的优良红麻品种并提

供优质种子、高产高效的轻简化生产技术以及可控污染的红麻脱胶技术。目前该企业麻纤维墙纸涉及体系研发的六种麻，企业实力雄厚，新冠肺炎疫情对该企业造成的影响比较小，销售形势一直向好，2020年纳税额已达300万元以上，协助获得"国家高新技术企业"称号。

自2017年起开始与江苏众之伟公司开展合作，以2017年前在江苏大丰（同为江苏沿海盐碱滩涂大县）试验结果为基础，针对东台沿海盐碱滩涂的特点，继续开展试种品种、轻简化栽培、机械收获初加工等技术研究。已逐步形成沿海滩涂盐碱地红麻低成本全程机械化生产技术，将红麻的生产成本降低到每亩1 000元左右，纤维产量达到普通麻田水平。

2. 技术指导与培训

与萧山区农业技术推广中心合作开展了重金属污染农田修复及替代种植试验示范，完成了委托任务。为浙江省开化县、湖南省祁阳县的红麻种植，浙江小巷三寻文化创意有限公司余杭百丈镇的浙江省非物质文化遗产传承项目"小巷三寻土布文化"的麻原料生产基地等提供技术咨询20余次。尤其是浙江小巷三寻文化创意有限公司的麻纤维原料生产示范基地，从5种麻（工业大麻除外）的品种选择，种植基地的建设和土壤改良、播种、培育管理，到收获、纤维沤制全程接受咨询，3次去实地进行现场指导，为该省级非遗项目的传承和发扬光大提供了有力的技术支撑。与杭州市下城区观城学校开展了麻类作物栽培展示进学校合作；为杭州市濮家小学和崇文世纪试验小学共300人次提供学生实践活动场所，教授麻类作物知识，体验收获快乐。

二　六安工业大麻红麻试验站

（一）技术集成与示范

试验采用随机区组排列，3次重复，13个品种，共45个试验小区。每小区面积15m²，墒宽2m，长7.5m，按5行条播，行距40cm，定苗株距10~12cm，每亩密度1.2万~1.3万株。试验于5月12日播种，播前施入40%司尔特复合肥（15-15-15）30kg/亩作为基肥，播种后用50%乙草胺加少量草甘膦混合进行封闭杂草。6月11日定苗除草，每小区留足苗280株。并于6月17日追肥一次，追肥量为尿素10kg/亩。10月10日同一天收获，称测农艺性状及小区纤维产量。

各参试品种间小区全株鲜重、鲜茎重、鲜皮重和干生皮产量均有着明显的差异，3个重复间干生皮产量也存在着差异。其中'2009045''2009044''2009043''2009047''2009046''2009042'等各品种干生皮产量分别比对照增产18.045%、15.609%、10.443%、9.022%、8.271%和6.934%，'2009041'干生皮产量比对照减产12.531%，均达到了差异极显著水平。'2009036'品种干生皮产量比对照增产5.514%，'2009039'品种干生皮产量比对照减产5.764%，也达到了差异显著水平。'2009040''2009038''2009037'3个品种干生皮产量比对照分别增产4.678%、3.676%和0.083%，未达到差异显著水平。

(二) 区域科技支撑

1. 对接服务企业工作

继续与安徽省水稻产业体系六安水稻综合试验站合作，在霍邱县安徽丰泰农业服务有限公司、裕安区农技推广中心、淮南市寿县农技推广中心开展麻纤维基膜水稻育秧及机插秧技术的推广。经过"十三五"期间，专家验收，3个试验点的测产，麻纤维膜育秧的水稻田比普通基质育秧的水稻田亩增产4.04%~8.52%，加上麻纤维育秧膜育秧每亩可节约成本14~15元，实际亩增效140元以上。

2. 技术指导与培训

分发红麻种子送到裕安区松林村，并给村民作了"丘岗地杂交红麻轻简化高产栽培技术"培训，在田间地头指导麻农进行中耕除草及后期管理等技术要点，为松林村70余户贫困农户免费提供红麻种子750kg，亩节省种子成本80元，每亩种植补助200元，增产5%左右，每亩节本增效在300元以上，直接经济效益15万元左右，为松林村的农业产业发展和脱贫出列做出了贡献。年均培训农业技术人员20人次，麻农240人次，散发各类技术资料600余份。

三 漳州黄/红麻试验站

(一) 技术集成与示范

1. 纤维用黄/红麻高效种植技术试验与示范

2018年在福建省农业科学院亚热带农业研究所试验农场进行轻型环保包装用黄麻品种筛选试验，品种由黄麻品种改良品种提供。试验品种：'福黄麻1号''福黄麻2号''福黄麻3号''福黄麻4号''福黄麻5号''福黄麻6号''福黄麻9号''福黄麻10号''福黄麻16号'和'黄麻179'（CK），试验面积2.5亩。9月21日进行试验考种和测产，测产面积13.3m^2，结果表明：黄麻麻皮总产量以'福黄麻6号'和'福黄麻5号'较高，分别为530.25kg/亩和517.85kg/亩，比对照'黄麻179'分别增产12.98%、10.33%，增产5%以上的黄麻品种还有'福黄麻4号''福黄麻1号''福黄麻9号'和'福黄麻2号'；'福黄麻16号'和'福黄麻3号'产量略低于对照，初步筛选出'福黄麻6号''福黄麻5号'两个高产品种适于作为轻型包装材料用黄麻品种进行开发。

2019年在福建省农业科学院亚热带农业研究所试验农场进行轻型环保包装用红麻品种筛选试验，试验品种：'福红航992''福航优3号''R12''H1302''红优2号''闽红964'和'福红952'（CK）7个品种，试验面积3亩。9月22日进行试验考种和测产，测产面积13.3m^2，结果表明：红麻麻皮亩产量以'福红优3号'和'H1302'产量较高，分别为548.41kg/亩、544.84kg/

亩，分别比对照增产12.01%和11.28%；增产5%以上的红麻品种有'福红航992''红优2号''R12'共3个品种，'闽红964'品种产量表现略低于对照品种。初步筛选出'福航优3号'和'H1302'两个红麻品种适于作为轻型包装用红麻品种进行开发。

2. 纤饲两用黄麻品种绿色生产技术试验示范

在福建省农业科学院亚热带农业研究所试验农场进行纤饲两用黄麻品种筛选试验，试验品种'福黄麻1号''福黄麻2号''福黄麻3号''福黄麻4号''福黄麻5号''福黄麻6号''福黄麻9号''福黄麻10号''福黄麻16号'和'黄麻179'（CK），试验面积5亩。9月21日进行试验考种和测产，测产面积13.3m²，结果表明：纤饲产量增产10%以上的品种为'福黄麻6号'；增产5%~10%品种为'福黄麻9号'和'福黄麻5号'；'福黄麻2号''福黄麻3号'和'福黄麻16号'纤饲产量低于对照品种。初步筛选出'福黄麻6号'等适于作为纤饲两用黄麻品种进行开发。

3. 黄/红麻根结线虫绿色高效防控技术研究

在福建省农业科学院亚热带农业研究所开展黄/红麻根结线虫病综合防控技术试验示范4亩，试验地点：漳州市龙文区（根结线虫重灾区），试验药剂为10.5%阿维·噻唑膦GR、5%噻唑膦可溶液剂。试验设处理区和对照区，播种前于播种沟中施用10.5%阿维·噻唑膦GR 2.0kg/亩，并与土壤充分混匀后播种。在炭疽病、立枯病发病初期，用15%噁霉灵AS 330~400倍液进行灌根。每隔7~10d灌施1次，连续施用2~3次。黄/红麻收获期对黄/红麻根结线虫病防治的药剂试验进行田间发病率、病情指数调查。结果表明：药剂对黄/红麻根结线虫防治效果品种间差异显著，黄麻防治效果在28.1%~77.8%，红麻防治效果在23.5%~75.6%，其中'福黄麻4号''HC-2'防治效果显著。综合表现，10.5%阿维·噻唑膦GR药剂、5%噻唑膦可溶液剂结合使用在漳州地区对根结线虫病的防治有一定效果。

（二）区域科技支撑

1. 对接服务企业工作

莆田市作为漳州黄/红麻试验站重点辐射的示范区域，联合黄麻品种改良专家，在秀屿区闽华农业开发有限公司建立黄麻（菜用黄麻）、红麻良种展示基地，种植面积40亩，引进优良菜用黄麻、轻型包装用黄/红麻品种，为对接企业提供良种和田间管理技术指导、人员培训、销售咨询和产品对接等服务。同时以基地为依托，积极示范辐射莆田市周边区域，带动特色黄/红麻、菜用黄麻产业的发展。

2. 科技助力脱贫攻坚

诏安县地处亚热带气候，是福建省黄/红麻繁种重要基地之一，当地农户具有良好的黄/红麻种植习惯，其生产的黄/红麻种子几十年来一直供应北方河南、安徽等黄/红麻主产区。诏安县贫困人口较多，特别是位于大山深处的乡镇，贫困发生率更是居高不下。漳州黄/红麻试验站开展诏安产业扶贫调研，制定黄/红麻新品种新技术扶贫方案。2020年，在诏安县红星乡六洞村3个贫困户开展'闽红964''福红952'和'福红992'红麻良种繁育扶贫攻坚任务，示范10亩。'闽红964'种子亩产量48.7kg，'福红952'种子亩产量54.4kg，'福红992'种子亩产量58.2kg，按每千克30元计算，可创收16 130元，每户平均增收5 377元，这3户建档立卡贫困户在本项目支持下取得脱贫。

3. 技术指导与培训

对莆田秀屿、三明尤溪和漳州龙海、漳浦、诏安等市县的农业企业和种植农户进行黄/红麻种植、田间管理、病虫害防治、种子收获及麻骨栽培食用菌等方面的科技服务与现场指导，提高技术骨干的业务水平，提高农户的种植水平，有效地增加黄/红麻产量和种植农户的经济效益。

四 信阳麻类综合试验站

（一）技术集成与示范

1. 黄/红麻新品种（系）筛选与示范

引进红麻品种7个，参试红麻各品种的纤维产量从高到低依次为：'福红952'是5 140.8kg/hm^2、'FH992'是4 616.7kg/hm^2、'7804'是4 344.2kg/hm^2、'福红102'是3 909.2kg/hm^2、'T17'是3 772.5kg/hm^2、'T15'是3 374.2kg/hm^2、'红优2号'是2 774.2kg/hm^2。试验结果表明，'福红952'表现最优，纤维产量超过5 000kg/hm^2，'FH992'和'7804'这2个品种表现也较好，产量均超过4 000kg/hm^2。

从福建农林大学引进黄麻品种13个，'黄麻179'作对照（CK）进行黄麻品种比较试验。试验安排在信阳市农业科学院陆庙现代农业示范基地进行，该地前茬紫云英。参试福黄麻各品种的纤维产量介于3 242.1~3 700.9kg/hm^2，有9个品种的纤维产量高于对照，分别是为'福黄麻2号''福黄麻3号''福黄麻4号''福黄麻8号''福黄麻10号''福黄麻1号''福黄麻6号''福黄麻9号'和'福黄麻7号'，分别比对照增产8.6%、7.1%、5.8%、5.7%、5.0%、3.0%、3.0%、1.3%和0.5%，其中'福黄麻2号''福黄麻3号''福黄麻4号''福黄麻8号''福黄麻10号'的增产量超过5%。其他4个品种虽有减产，但减产量均低于对照的5%。

2. 高产优质红麻组合筛选试验和繁殖制种试验

2019年引进红麻组合5个开展红麻组合筛选试验，试验在洋河的信阳市现代农业科学试验示范基地进行，从结果可以看出，参试组合的纤维产量均高于对照，'C4 P3A/992'和'C53A/992'的纤维产量极显著高于对照；'C1 P3A/992''C2 P3A/992'和'C3 P3A/992'的纤维产量高于对照，但未达显著水平。2018年从广西引进育种材料'722A''722B'，2018年在信阳成功开花结籽,2019年将其后代材料继续在信阳市农业科学院洋河现代农业示范园区种植,观察生育期,2019年两个材料均成功开花结籽。

3. 黄麻红麻轻简化高效栽培技术示范

在罗山县、光山县等示范县示范基地,开展适合当地的黄/红麻配套轻简化高效生产模式研究,示范面积100亩,示范品种'红优2号'和'中杂红368',示范区用 $N:P_2O_5:K_2O=15:15:15$ 的复合肥 $750kg/hm^2$ 作底肥,在红麻苗期和旺长期共追施尿素 $202.5kg/hm^2$。5月4—15日抢墒机械播种,充分运用病虫草害综合防控技术,强化示范地田间管理。结果表明:示范品种比当地主栽品种平均增产15.6%。

(二)区域科技支撑

1. 支撑县域经济发展

在5个示范县通过开展"麻膜(麻地膜、麻育秧膜)+"模式的示范,带动了县域经济的发展,在罗山重点示范推广"麻育秧膜+水稻机器插秧技术"模式,示范2 000亩,辐射面积3余万亩;在潢川重点推广"麻地膜+蔬菜高产高效清洁生产"模式,推广面积100亩;在息县和固始重点开展"科技+企业+合作社+农户"的模式,为麻农和公司搭建对接桥梁,推广和辐射红麻面积1 340亩,创造经济效益267.4万元。在光山开展红麻病虫草害绿色综合防控技术示范,示范面积50亩。累计示范面积达到5万余亩,辐射面积20余万亩,增加县域经济收入721.4万元,在提高示范县生产技术水平的同时,为麻类产业的健康持续发展提供了有力支撑和发展空间。

2. 科技助力脱贫帮扶

信阳麻类综合试验站示范县有3个国家级贫困县,2个省级贫困县,扶贫任务艰巨。信阳麻类综合试验站利用专业优势助力脱贫攻坚,动员全站及示范县科技人员力量,细化任务、责任到人、强化落实,确保了对口扶贫户按期脱贫。

助力示范基地,推动产业发展。为息县、罗山县、光山县、潢川县、固始县5个示范县的贫困户无偿提供麻类优良品种500kg,示范面积300余亩,辐射带动周边地区红麻种植面积5万余亩,据不完全统计,累计平均帮助贫困户每户每年增收节支1 000元左右。在罗山县和光山县建立的10亩苎麻示范园,固土保水作用良好。

发挥麻膜产品优势,提升经济效益。在罗山县、息县、光山县、潢川县、固始县共建立50 000亩麻育秧膜育秧技术示范基地10个,无偿为示范基地农户或合作社提供麻育秧膜14万张,到田间地头指导麻育秧膜水稻育秧技术,示范效果良好,亩增产8.08%,累计增收868.8万元。

发挥技术优势,开展技术指导。信阳麻类综合试验站在息县、固始县等地通过调查研究、试验示范、技术培训和指导、政策咨询等方法推动精准扶贫。对技术骨干累计开展技术培训145人次,开展田间现场技术指导24余次,累计向贫困户赠送宣传资料280份,同时通过"科技特派员"的方式,为结对脱贫农户发送最新、实用农业科技信息,提高了技术服务的时效性和针对性,受到了广泛好评。在抗旱防涝工作中，受到种植户和农户的广泛好评，被中央电视台13频道报道。

五 南宁麻类综合试验站

（一）技术集成与示范

作为麻地膜用红麻种植关键是要成本低、纤维（麻皮）产量高，纤饲两用的要在纤维（麻皮）产量高的前提下嫩茎叶要有一定产量，加工腊味及工艺用绳红麻在麻皮产量高的前提下还要求麻皮相对比较柔软便于加工，捆绑甘蔗用的则要求麻皮产量和数量兼顾（一根麻的麻皮一分为二比较省工省力），不同用途种植技术要点就有所不同。

（1）选用良种。'T19''H1302''15NN1'以及'GH1401''GH1706'等红麻品种均可以种植。

（2）适时整地播种。北回归线以南可以考虑在3月下旬4月初播种，合浦（麻骨兼用）、贵港港南区（麻皮去外表皮后加工腊味及工艺用绳）3月底以前完成播种，来宾兴宾区一带（捆绑甘蔗用）清明前后播种，麻种兼收可以考虑4月底5月初播种。

（3）合理密植。合浦一带（麻骨兼用）1万~1.2万株/亩，贵港一带（加工腊味及工艺用绳红麻）2万~2.5万株/亩，捆绑甘蔗用红麻1.8万~2万株/亩，麻种兼收（纤维可以用于生产麻地膜）用红麻1.5万株/亩。

（4）加强田间水肥管理。施足基肥（20kg复合肥+200kg精制有机肥/亩），适当追施苗肥（视苗情适当追施尿素或复合肥，若播种时因天气等原因未下基肥的可以多放点追苗肥），旺长期每亩追施20kg复合肥加5kg钾肥，中后期视田间植株长势适当追肥（10~15kg复合肥/亩+5kg钾肥）。

（5）适时收砍、剥制、晾晒。合浦一带麻—稻轮作区，麻骨兼用7月底8月初收砍、沤麻，沤制好后及时剥洗晾晒；贵港一带（加工腊味及工艺用绳红麻）6月拔收笨麻，7月底8月初锄砍，锄砍后及时剥麻、刮麻、晾干；来宾兴宾一带（捆绑甘蔗用红麻）最好在盛花初果期收砍（此时麻皮韧性最好），麻种兼收（纤维可以用于生产麻地膜）用红麻植株上蒴果转色后及时收砍。

（二）区域科技支撑

1. 科技助力脱贫攻坚

广西巴马瑶族自治县原是国家级贫困县，南宁麻类综合试验站与广西巴马特色作物试验站合作，为巴马特色作物试验站提供本试验站育成的玫瑰茄稳定的品系（'MG1502-2'），在巴马县西山乡进行展示示范，该品系在巴马表现良好，萼片深紫色，植株高大，分枝多，亩产鲜果达1 960kg。巴马的水呈弱碱性，非常有利于玫瑰茄花青素形成，萼片呈现深紫色显示花青素含量很高，因此，巴马选用玫瑰茄作为扶贫产业的主要作物之一，具有地域优势。

2. 对接开展企业服务

针对广西贵港纤维加工企业加工的麻纤维不需脱胶、纤维厚的需求，南宁麻类综合试验站基于当地种植习惯，在普通高产栽培模式的基础上进行栽培模式的改进，即选择纤维厚，植株匀称，利于剥皮和刮皮的红麻品种'H1302'和'15NN1'，配合密植（2.0万株/亩）、现蕾时期收获等高产栽培措施。该项栽培模式的改进满足了企业纤维要求，'H1302'和'15NN1'品种满足在密植情况下红麻纤维仍然较厚，现蕾期收获利于红麻剥皮和刮皮且纤维质量下降不明显，保证了当地后茬作物的种植。同时开展红麻展示示范，辐射带动周边乡镇，使木格镇和湛江镇红麻种植面积稳定，红麻纤维满足企业需求，保持良好的供需平衡，调动了农村留守劳动力，增加了农民的收入。

3. 技术培训与指导

在播种季节送种子和技术到合浦、贵港、桂平、宜州、武鸣、来宾、武鸣等地田头，现场对农技人员和麻农就品种选择、整地、行距以及苗期田间管理等进行指导培训，年均累计指导培训农技人员10人次、农民35人次。在生长期间多次到示范基地现场考查，指导农技人员及农户田间管理等，现场年均指导培训农技人员8人次、农民20人次。在收获期间到示范点现场指导农技人员及农户取样、考种，年均指导培训农技人员13人次、农民30人次。

第十章 工业大麻试验示范工作进展

一、汾阳工业大麻试验站

（一）技术集成与示范

1. 高密度纤维用工业大麻高产栽培技术应用

在山西医药集团开展纤维用工业大麻高产栽培技术研究推广应用，种植面积达15万亩。栽培技术要点：①足施底肥：每亩施农家肥3 000kg，N、P、K三元复合肥30~35kg。②适期早播：4月15日前播种，采用48行播种机播种，条播行距为15cm，播深3~4cm。土壤含水量少时可深播，但播深不应超过4cm，并及时镇压。土壤水分充足或土壤黏重的地块可浅播（2.5cm），可在播后1~2d内镇压。每公顷保苗数280万~320万株，每公顷播量95~110kg。③化学灭草：播后苗前用金都尔（精异丙甲草胺）进行封闭除草；每公顷用75%金都尔乳油3kg兑水600~700kg均匀喷雾；苗后除草可在麻苗高10cm前，每公顷用80%的溴苯腈0.3~0.4kg兑水500~600kg均匀喷雾。④及时收获：在纤维工艺成熟期适时收获。工艺成熟期的标志：麻田内的雌株的花粉散尽，植株变为浅黄色、叶片变黄尚未完全脱落；雌株花絮基部的种子部分成熟，并且植株基部叶片变为褐色开始脱落。

2. 工业大麻品种（系）筛选

20份材料参加纤维用品种鉴定试验，试验采取随机排列，一次重复，小区面积15m²，4月10日播种，8月12日收获，经性状观察、田间考察、产量测定，筛选出纤维产量较高的品系2个，'晋1×云1 F$_3$''选2'各方面性状表现最佳。

对2018年筛选的18份材料进行籽用品种鉴定，亩产较高的为'泰安麻''榆社麻'和'本地麻3'，籽粒产量比对照'汾麻3号'分别增产40.3%、33.6%、5.04%。

选育含油量高的品种是山西省籽用工业大麻产业发展的迫切需要，对2017年籽用品鉴的31份材料种子进行了粗脂肪检测，'榆社麻''沁源麻''固始×云1'粗脂肪含量较高，含油量达40%以上。

（二）区域科技支撑

1. 科技支撑县域生产技术水平提升

通过多年在各示范县进行各种试验示范工作，筛选出适宜山西山区种植的以产籽为主、皮秆兼用的多功能工业大麻品种'汾麻3号'。'汾麻3号'抗旱、抗逆性强，适应性广，尤其在山区较贫瘠地块或新开垦生土地上产量稳定，生产的麻籽籽粒饱满、品质优良，油脂、蛋白含量均达到较高水平。同时，总结出一套科学完善的工业大麻旱作高产栽培技术，通过延长播期，解决了山区春季干旱少雨、出苗难的问题，同时实行轻简化粗放管理，节地省工，保证了山区工业大麻高产、稳产，农民效益达到最大化。

2. 对接服务企业工作

与榆社田禾生物科技有限公司合作，在榆社示范县实行"产、研、农、政"紧密结合，由公司与农户签订工业大麻籽订单合同，价格高于市场价30%，由本站团队为农民提供品种及技术服务。榆社县政府农业部门给予种植户每亩300元补贴，使得山区农民种植工业大麻亩收入可达1 500元左右，比种植玉米高出近1倍。通过本站技术服务、信息咨询服务、政策引导、产品策划，田禾生物科技有限公司实力得到巨大提升，从一个小作坊，发展成国内较大的工业大麻油、大麻蛋白生产企业，解决了工业大麻油加工生产的瓶颈问题，以纯物理压榨，生产出符合国家标准的天然有机产品。2020年建立有机基地3 000多亩，被评为国家高新企业，2021年"田禾火麻油"被评为山西功能食品十大创新孵化品牌。

通过与各示范县政府部门紧密联系，与各个涉工业大麻企业合作，2020年，在山西医药集团大力推动下，山西工业大麻种植面积突破20万亩，在本站科研技术支撑下，在山西各区域全方位大力发展工业大麻产业，在榆次、寿阳、榆社、和顺较平川地区、丘陵地区规划发展纤维用工业大麻；在偏关、苛岚、榆社、和顺山区发展籽用型工业大麻；在交口、灵石布局繁种基地。同时购进播种机、收割机、打麻机等数十台，洽谈一家麻秆加工企业在山西建厂，形成规模化种植、加工、销售一条龙生产模式，使山西工业大麻产业实力得到较大提升。

二 大庆工业大麻试验站

（一）技术集成与示范

1. 工业大麻系列种植栽培生产技术试验示范

开展适宜轻型包装用工业大麻品种及绿色栽培技术试验示范、工业大麻大田机械收获与绿色脱胶技术示范、高纬寒地工业大麻种植技术示范，示范面积共1 750亩，辐射带动全省大麻种植生产 10 万亩，增收 3 500 万元，配套大麻病虫草害绿色防治技术、全程机械化种植占比达 50% 以上。庆大麻系列品种及配套栽培技术推广面积 10.2 万亩，品种覆盖率在 40% 以上。

2. 纤维用工业大麻绿色栽培技术要点

在肇东示范基地建立东北地区工业大麻绿色生产技术示范区，示范品种为大庆工业大麻试验站选育的工业大麻品种'庆大麻1号'，示范面积 100 亩。对照品种'肇州大麻'。纤维成熟期（8 月 15 日）及时机械收割，收割后放置原地进行雨露沤制。测产结果：平均株高 288.8cm，茎粗 0.5cm，原茎产量 718.0kg/亩，比对照品种增产 19.7%，纤维产量 136.6kg/亩，比对照增产 19.0%，出麻率为 23.8%。

技术要点：秋季机械化精细整地，次年 4 月 16 日机械播种施肥，条播，行距 7.5cm，播前种子分级精选，播种量 7.5kg/亩，底肥每亩施复合肥 35kg（总养分≥51%，$N-P_2O_5-K_2O$ 为 26-10-15），随播种一次性机械施入土壤，播后严格镇压。播种后出苗前机械喷施异丙甲草胺封闭除草处理，720g/L EC，每亩 150mL 兑水 35kg，机械喷雾。5 月 10 日前后出苗，出苗整齐，生育期内加强田间管理，特别是在苗期注意防旱以及病虫害的发生，出现旱情及时采取相应灌溉措施，不进行除草及间、定苗。

3. 工业大麻有害生物防控技术试验示范

开展工业大麻病虫草害绿色高效综合防控技术示范，示范品种为'庆大麻1号'。技术要点：前一年秋季机械化精细整地，使地面尽量平整，示范区大麻播种采用机械化条播，行距 7.5cm，播种量 7.5kg/亩。田间杂草防治采用苗前机械化封闭除草，苗后不进行除草，苗前除草药剂用 720g/L 的异丙甲草胺乳油，每亩用药量 150mL，兑水 35kg，播后苗前用药，施药时间选择在无风的上午或傍晚，机械化土壤喷雾。苗期大麻跳甲的防治选用 10% 啶虫脒可湿性粉剂兑水喷雾，用量 20g/亩，兑水 40kg，机械化喷雾，傍晚施药。其他病虫害根据发生情况，及时监测并采取相应防治措施。防治效果：封闭除草对狗尾草、早熟禾、稗草等禾本科杂草的防治效果达到 95% 以上，10% 啶虫脒跳甲防治效果达到 85% 以上；大麻原茎产量为 652.6kg/亩。

4. 制定大庆市农业地方技术规程

根据近年来工业大麻多用途综合开发利用快速发展的技术需求，结合本站多年的科学研究和生产实践经验，针对籽用大麻种植生产及工业大麻温室扦插育苗中存在的主要技术问题，对籽用大麻种植生产技术、工业大麻温室扦插育苗技术进行规范。《籽用大麻生产技术规程》《工业大麻温室扦插育苗技术规程》标准的制定和实施，对于进一步丰富工业大麻遗传育种与高产优质栽培的理论体系，完善工业大麻扦插苗高效繁育技术及其高产优质栽培技术，具有重要的理论指导与生产应用价值。

（二）区域科技支撑

1. 对接服务企业工作

与天之草生物新材料科技有限公司继续开展深度技术合作，共同构建工业大麻产业战略联盟合作框架，以黑龙江省大庆市为科技研发中心，以主产区孙吴县为种植生产加工基地，共同开展工业大麻科学研究、园区展示、种子生产、监测检测等相关工作，辐射带动我国北方地区工业大麻种植生产。在孙吴示范基地建立工业大麻标准化示范园区，联合开展工业大麻有机田种植生产技术研究与示范，并协助企业进行制定年度科研种植方案、大麻有机认证申请及审查等相关工作，同时进行工业大麻绿色生产技术示范。

与黑龙江省龙科种业集团有限公司签订工业大麻项目战略合作框架协议，围绕工业大麻品种选育、种植生产、科研成果开发转化、产品深加工、农业大数据搜集等方面开展技术合作，形成企业和科研单位战略综合体，通过双方紧密合作，共同搭建产学研融合发展平台，助力工业大麻领域的科技成果有效落地转化，加速技术的产品化、市场化进程，着力打造工业大麻产业化开发平台，推进黑龙江省工业大麻产业发展。

与黑龙江乐实农业科技有限公司开展对接，针对当前我国工业大麻种植生产中雌雄异株工业大麻品种原茎沤制时间和标准难以控制，纤维成熟度不一致，纤维产量低、品质差，不利于一次性机械化收获以及含毒量高的突出问题，共同开展俄罗斯雌雄同株工业大麻品种资源的引进、筛选、创新利用及推广工作，以期解决当前大麻种植生产中的关键技术问题。帮助企业建立工业大麻种植基地、建立科研机构，提供对外合作技术支撑，协助企业组织对接活动，派出育种、栽培、土肥、植保、分子生物技术、农业信息等专业的相关专家参与企业的各项对接工作，从科学生产角度提供合理化建议。

2. 支撑县域经济发展

与青冈县工业大麻种植加工企业黑龙江大董汉麻科技发展有限公司开展技术合作，以试验站科技创新成果和科技服务为支撑，以企业规模化种植生产和多元化产品开发为着力点，形成"科技+龙头企业+合作社+农民"的发展模式，由科研单位负责科技成果创新、示范展示及技术服务，由企业负责土地流转、产品开发和加工销售，由合作社负责种植及田间管理等，农户通过流转土地、进企务工实现双增收。通过青冈县现代科技示范园区的示范带动作用，辐射全县工业大麻种植面积2.5万亩，平均每户增收4 000元。

三 西双版纳工业大麻试验站

（一）技术集成与示范

1. 品种和种植密度互作对工业大麻产量和品质影响的研究

通过对'云麻7号''云麻8号''云麻10号'3个品种不同种植密度的种植观测，以期达到筛选出适合轻型环保包装用的工业大麻品种，建立相应的播种密度和收获期优化模式的目标。种植密度及生长时间对工业大麻的花叶产量有显著性影响，对CBD含量有显著性影响的只有生长时间，表现为110d>100d>90d，以花叶产量乘以CBD含量作为评价CBD产量的数值得出在该试验中工业大麻表现为1.2m×1.2m密度和110d采收时最佳。

2. 工业大麻病虫草害绿色防控技术示范

开展西双版纳工业大麻主要杂草防控试验，试验通过设计溴苯腈与精喹禾灵混用的10个小区，对比不同防治技术的效果。通过试验得知，溴苯腈与精喹禾灵混用对西双版纳区域常见杂草防控效果最好，溴苯腈与精喹禾灵分别对牛筋草和马齿苋防治效果较好。为强化田间草情监测，实现精准用药指导提供可靠依据，从而实现工业大麻杂草绿色防控。

开展西双版纳根结线虫防控试验。①苏云金芽孢杆菌Bt稀释100倍；②光合细菌PSB稀释100倍；③ALA水剂稀释50倍；④以上3种药剂混合使用；⑤对照药剂（噻唑磷，只打一次药）。5种防治技术开展根结线虫防治小区试验。通过苗情指数和产量调查结果发现，Bt菌剂的防治效果比较好，防治效果达到79.66%，和噻唑磷的防治效果78.72%相当，但是Bt菌剂的增产率达到15.52%，而噻唑磷造成了13.05%的减产。另外Bt菌剂、ALA水剂和光合细菌PSB 3种混合及其ALA水剂单独使用的防治效果也达到了66.91%和63.56%，分别增产4.34%和5.95%。光合细菌PSB虽然没有防治效果，但是产量增加了4.79%。

（二）区域科技支撑

1. 支撑县域经济发展

在石林县通过签订利益联结机制合同，打造"企业+科技人员+农户"的方式开展工业大麻订单式生产，农户适时采收并在田间捆架晾晒花叶。花叶自然晾晒干达一定标准后统一交售给订单企业云南兆卡农业科技有限责任公司，在保障企业利益条件下最大限度提升农户权益和科技人员的参与度，2021年种植117.6亩，花叶产量132kg/亩，麻籽产量126kg/亩。

通过"合作社+科技人员+农户"模式在石屏县建立示范种植基地20亩，石屏天木麻业农民专业合作社在当地公安部门监管下建立的示范基地是当前工业大麻种植以"合作社"带动农户的典范，麻籽平均产量在160kg/亩，使工业大麻种植提质增效。

2. 科技助力脱贫攻坚

在石屏县哨冲镇哨冲村委会龙黑村以及坝心镇黑尼村委会大黑砍村通过示范新品种'云麻7号'及配套高产高效种植技术带动贫困户种植工业大麻，涉及建档立卡户3户，面积30亩，收入1.67万元。在永德县以工业大麻间套种模式示范工业大麻绿色生态生产技术带动全县工业大麻种植2 684亩，其中贫困户76户、381人种植258亩、户均增收559元，产值14.4万元。在石林县通过花叶用工业大麻高产高效示范种植，带动建档立卡户9户，种植工业大麻54亩，亩产值1 250元。禄劝县2021年共种植工业大麻10 046亩，其中建档立卡户种植1 408亩，综合产值达140万元。

四 大理工业大麻亚麻试验站

(一) 技术集成与示范

1. 冬季亚麻新品系（种）试验

在宾川试验基地，对'华星1号''华星2号'等8个参试品种（系）的丰产性、抗逆性、适应性和品质性状进行了试验鉴定，为筛选适合非织造加工所需的麻类作物后备品种提供依据。试验结果，初步筛选出原茎亩产超过580kg的冬季亚麻新品种（系）'华星3号''华星5号''华星6号'3个，种子亩产超过80kg的冬季亚麻新品种（系）'华星9号''华星7号'供下年展示。

2. 亚麻种质材料鉴定与繁育

开展亚麻种质资源鉴定与繁育工作，对'20NK1''NK18F1''YF7015F6''20207056''华9F12''NK21F10-1'等142份引进品种资源进行鉴定、选择评价，为筛选后备品种资源提供依据。在耿马、永平、弥渡、腾冲、宾川等示范县组织繁育示范'华亚8号''云亚二号''中亚麻三号'等亚麻新品种66.4亩，平均亩产种子96.21kg，为冬季亚麻新品种生产示范提供了高质量的种源保障。

在宾川试验基地分叶用型和籽用型两组开展对'云麻8号'（CK）（雌雄异株）、'2021PX1'（雌雄同株-1）、'2021PX2'（全雌）、'2021PX3'（雌雄同株-2）、'2021PX4'（雌雄异株）的丰产性、抗逆性及适应性进行系统鉴定，试验结果初步筛选出'2021PX1'（雌雄同株-1）、'2021PX2'（全雌）、'2021PX3'（雌雄同株-2）3个高产、优质、综合经济性状表现较好的新品系（种），其叶用种植花叶亩产在250kg以上、籽用种植麻籽亩产在130kg以上、麻糠亩产在110kg以上，新品系（种）的选育应用能有效提高企业种植效益和市场竞争力。

3. 重金属污染耕地纤维用工业大麻种植关键技术试验示范

通过在重金属污染土地上种植纤维用工业大麻的田间试验，研究了有机肥及N、P、K肥单独及配合使用对大麻生长情况、产量指标及对重金属吸收积累的影响，结果初步表明，N、P、K肥配合使用能显著提高纤维用型工业大麻的产量，重金属污染土地纤用工业大麻收获后比播种前土壤中砷（As）、汞（Hg）、锌（Zn）、铬（Cr）、铅（Pb）、镉（Cd）等重金属总量明显减少，说明种植纤维用工业大麻对重金属污染耕地具有一定的修复作用，试验结果为提高重金属污染耕地的利用率和治理效果提供了科学依据。基于试验结果总结提炼形成重金属污染耕地工业大麻（纤维用型）高产栽培技术方案，配合工业大麻生理与栽培岗位科学家，选择'云麻1号'在临近矿区的鹤庆县西邑镇北衙村委会陈家庄村示范纤维用型工业大麻5亩，原茎亩产量达1 072.2kg、干茎叶亩产量达226.6kg，用纤维用型工业大麻替代种植玉米，具有较好的比较效益，为重金属污染土地的合理利用提供了有效途径。

(二) 区域科技支撑

1. 支撑县域经济发展

在宾川、永平、弥渡、腾冲、耿马、楚雄等示范县建立示范基地，采取"岗位专家团队+试验站+示范县+企业+示范基地"的技术服务模式，为示范县工业大麻、亚麻企业、种植户开展了新品种新技术示范和技术培训等服务。试验站加强与云南华云金鑫生物科技有限公司、腾冲晨光生物科技有限公司、云南菲科生物科技有限公司、漾濞县励图瑞麻生物科技有限公司等企业协作，建立基地，在山坡地合作示范'云麻7号''云麻8号'630亩，平均花叶亩产153kg，为项目区7 000余亩工业大麻生产发展提供技术服务，为工业大麻产业的健康发展提供有效的科技支撑。

2. 科技助力脱贫帮扶

宝丰寺村民小组，属于云南省宾川县大营镇萂村村委会山区，海拔2 300m，年平均气温15℃，年降水量650mm。宝丰寺村是全州重点打造的12个世居少数民族特色示范村，该村是一个典型的傈僳族"直过民族"聚居村寨，全村68户216人均为傈僳族，农民收入主要以玉米、烤烟、核桃、中药材、冬桃、麻类等种植业和山羊、生猪养殖业为主。大理工业大麻亚麻试验站与宾川瑞林克林业科技有限公司等单位合作，在宝丰寺村民小组建立幼林核桃套种籽、秆兼用工业大麻'云麻1号'示范区210亩，麻籽总产25 035kg，麻籽平均亩产达119.21kg；麻糠总产12 655kg，麻糠平均亩产达60.26kg，实现综合总产值351 865元，综合亩产值达1 675.54元，户均种麻收入5 174元，人均种麻收入1 629元，对周边地区工业大麻产业健康有序发展和产业扶贫起到了较好的辐射带动作用。

五 南宁麻类综合试验站

(一) 技术集成与示范

1. 工业大麻春季现柱头且逆转扩繁雌株技术

广西巴马工业大麻为籽用型，雌雄异株，田间种植时雌雄比列约为1:1。工业大麻以收获果实为主，雌株经济价值显然高于雄株。工业大麻雄花为复总状花序，花序疏松且含大量花粉，其花粉轻随风飘扬，能为10km范围内的雌株成功授粉。根据雄花这一特性，雌雄比例扩大为（8~9）:1是非常合理的，因此，这种1:1的比例严重降低了工业大麻籽产量，也造成土地资源的浪费。采用雾培技术解决了工业大麻快速生根问题；采用分子技术和冬季（12月1—15日播种）工业大麻能辨雌雄且逆转的特性，选取这些雌株且发生逆转的植株的枝条进行雾培生根，生根后的植株移入育苗杯培育，在育苗杯新增2张叶后可以移入大田，解决了工业大麻雌株鉴定问题，实现了田间全雌株种植，极大地提高了工业大麻籽的产量。

2. 玉米—工业大麻间套种高效种植技术

（1）适时整地、播种。2月底3月初按春播玉米进行整地，玉米行距80cm，每隔25cm点播1~2粒玉米（玉米最好选用早熟矮秆品种），点播玉米后，每亩0.5kg工业大麻种子均匀撒播于畦面，玉米覆土时顺带沟一下畦面。

（2）施足基肥。播种时亩施复合肥50kg、精制有机肥200kg作基肥。

（3）除草、间苗、定苗、追肥等田间管理。3月底（苗高40cm、6张叶左右）玉米进入拔节期时，工业大麻苗高15~20cm、3~4张叶时，进行第一次除草、间苗、追肥、培土。玉米间苗每蔸留1~2株，亩留玉米苗2 500~3 000株，工业大麻每隔1~1.5m留一株，亩留600株左右；间苗、除草完成后接着进行追肥、培土，亩撒施复合肥20kg+尿素15kg，以保证玉米、工业大麻正常生长的营养供给。6月中旬玉米进入喇叭期时，工业大麻苗高40~50cm、10~12张对生叶时进行第二次护理，这次护理主要是拔除工业大麻病弱株、除草、追肥和培土，亩追复合肥30kg+尿素10kg，重施磷钾肥，可以提高工业大麻结实。

（4）玉米砍收、工业大麻管理。7月中下旬玉米成熟后及时收、砍玉米，保证工业大麻通风透光，利于工业大麻生长发育，提高产量。玉米收砍后适当给工业大麻追肥以利工业大麻生长发育，每亩追施复合肥20kg。可分辨雌雄株后适当拔除弱小和过密雄株，开花散粉完后的雄株及时拔除，留雌株有足够的生长空间以利于雌株多分枝多结实，提高产量。

（5）工业大麻适时收获。工业大麻自然生长到11月初植株上的蒴果80%左右转色时即可以趁晴天收砍，就地适当晾晒后揉搓脱粒，脱粒后籽粒及时晾晒，晒干后及时归仓储存或出售。

（二）区域科技支撑

南宁麻类综合试验站、巴马农业农村局作为主要指导单位，在东山乡优雅村种植示范工业大麻1 090亩。改进工业大麻栽培模式，将工业大麻春种改为夏秋种，即在春玉米收获前，套种工业大麻。夏秋种技术解决了种子发芽所需水分和温度太高的问题，显著提高了工业大麻籽的产量，实现了农业增产农民增收、助推脱贫攻坚，推动了工业大麻产业的良性发展。

第十一章　剑麻试验示范工作进展

一　湛江剑麻试验站

（一）技术集成与示范

1. 剑麻新品种引进与评价及抗病种苗筛选扩繁培育工作

引进'剑麻锦''巨龙锦''稻草人'3个龙舌兰类新品种。对剑麻种质资源圃内50份剑麻种质农艺性状、病虫害发生等指标进行了描述，并联合广东石油化工学院食品与生物工程学院开展了剑麻种质资源基因测序等工作。在东方红农场开展了'H.11648'麻紫色卷叶病疫区鉴定、筛选抗性原种苗及扩繁工作，建立了培育优质腋芽抗性苗疏植示范基地412.66亩，当年供应89.31万株优质腋芽抗性苗给湛江地区剑麻种植企业进行疏植繁育，推广种植面积达3 350亩，为广东省剑麻现代农业产业园、广东农垦湛江垦区现代农业产业园（剑麻）的建设积极贡献了本站力量。

2. 剑麻病虫草害绿色防控技术

为进一步落实农业农村部关于农业投入品化肥农药"双减"政策，湛江剑麻试验站开展了剑麻病虫害防治低毒高效药物筛选工作，选用螺虫·呋虫胺25g/壶水（A）、噻虫嗪25g/壶水+有机硅15g/壶水（B）、氟啶吡蚜酮25g/壶水（C）、螺虫乙酯悬浮剂25g/壶水（D）、特福力22%（氟啶虫胺腈）20g/壶水（E）、CK不做处理5种方式对剑麻粉蚧进行防治，结果表明及时药物喷施可有效控制粉蚧发生，减少粉蚧数量及发生概率。喷施药物可显著性降低剑麻粉蚧虫害数量，前期出现大中量粉蚧害虫的剑麻，喷洒药物后粉蚧逐渐死亡，转为无粉蚧剑麻（粉蚧失去活性）或者有少量粉蚧剑麻，效果较为显著。5种药物对剑麻粉蚧防治效果显示特福力效果较为显著。

3. 剑麻大行套种假花生豆科绿肥

通过不同部位年粉碎该绿肥（实施不同部位粉碎便可确保种源，即仅种一次便可延续获益12年（剑麻园淘汰为止），回田2次，达到培肥地力，改良土壤团粒结构，增加土壤有益微生物群落，缓解土壤酸化程度，改良生态环境，减少病虫草害，减少农药使用量，促进剑麻产量、质量、抗性及效益提高。

（二）区域科技支撑

1. 技术指导与培训

与县域湛江农垦东方红农场、广东省东方剑麻集团下属的广东广垦东方剑麻股份有限公司剑麻农场、广东省黎明农场等8个农场设有试验示范推广项目，其中3个农场实施"剑麻病虫草绿色高效防控与轻简高质高效栽培技术"试验示范，1个农场实施"剑麻固土保水种植技术"试验示范，其他4个农场也保持密切联系，指导防控病虫草害及栽培技术。示范项目有具体方案，明确任务分工，责任到人等。于当地推广剑麻病虫草害绿色防控技术、剑麻轻简高质高效栽培技术，向企业、种植户发放《剑麻斑马纹病综合防治技术明白纸》《剑麻茎腐病综合防治技术明白纸》《剑麻粉蚧虫综合防治技术明白纸》《剑麻主要病虫害识别图谱明白纸》《剑麻非侵染性病害识别图谱明白纸》《土壤pH值对剑麻生长的影响及酸化治理技术明白纸》及《剑麻轻简高质高效栽培技术》《剑麻园病虫草害绿色防控技术》小册子。

2. 对接服务企业工作

为广东农垦湛江垦区剑麻产业园内的广东省东方剑麻集团有限公司及剑麻农场建立病虫害监测点，开展技术培训、发放技术明白纸及技术小册子，提高剑麻种植管理及防治病虫害技术。此外，还向产业园企业提供了大量的抗病腋芽苗及上山苗共计89.31万株。

南宁剑麻试验站

（一）技术集成与示范

1. 剑麻轻简化栽培技术推广

在麻区推行埋秆换行种植技术，目前已推广到整个广西麻区，应用面积达7 500多亩，红山农场的埋秆换行种植试验已经进入第三年，通过测产，结果表明，埋秆换行种植区域比对照增产28.57%，节约化肥成本100元/亩，节约耕作成本100元/亩（表11-1）。

表11-1　埋秆换行种植剑麻产量

平均单株产量（kg）	亩产量（kg）	较对照增产（%）	化肥成本（元/亩）	耕作成本（元/亩）	较对照节约成本（%）
9.3	2 800	28.57	400	100	40

2. 麻渣麻水资源化利用

(1) 剑麻麻渣生物有机肥创新与示范

通过微生物腐熟处理创制麻渣生物有机肥，开展有机肥还田高产高效栽培技术研究。建立基于施用剑麻麻渣生物有机肥的剑麻高产高效标准化栽培核心示范区，总面积1 600多亩。通过测产对比，施用剑麻麻渣生物有机肥的壮年麻田同比对照增产39.19%（表11-2）。

表11-2 剑麻麻渣生物有机肥还田示范点产量比较

项目	10株叶片总重（kg）	平均单株产量（kg）	亩产量（kg）	增产（%）
对照组	341.20	34.12	10 236	—
处理组	474.90	47.49	14 247	39.19

(2) 麻水液肥还田技术研究与示范

对不同发酵时间的麻水进行营养成分检测，结果表明经微生物发酵可明显提高麻水氮含量，最适发酵时间为7d。继续开展麻水液肥还田技术推广，广泛应用于剑麻、柑橘、甘蔗等作物。麻水液肥的施用可提高甘蔗抗风性，甘蔗产量比对照增产15%；推迟柑橘成熟期10~15d，降低肥料成本，提高经济效益。

3. 剑麻麻渣饲料饲养山羊技术研究与示范

开展麻渣颗粒饲料养殖山羊技术示范，在广羊农牧有限公司、平果县海城乡行吉村合作社、田阳两农农牧业有限公司养殖场等示范山羊2 000多头。按每日每头羊喂食量计算，使用麻渣饲料饲养山羊可减少成本55.47%（表11-3）。

表11-3 麻渣饲料与商用饲料养殖成本比较

饲料	山羊平均体重（kg/头）	每日喂食量（kg/头）	饲料单价（元/kg）	每日喂食成本（元/头）	成本减少（%）
商用饲料	30	1.2	3.2	3.84	—
麻渣颗粒饲料	30	1.5	1.14	1.71	55.47

4. 粉垄技术在剑麻绿色生产的应用试验

在广西壮族自治区亚热带作物研究所剑麻种植基地进行粉垄技术示范，示范面积10亩。继续跟踪应用粉垄技术对麻园土壤结构及剑麻生长的影响，比较分析了3种耕作方式（不做处理CK、耙地处理P和粉垄作业处理F）对剑麻生长和麻园不同土层（39cm、20cm和5cm）含水量的影响。粉垄作业处理除了剑麻叶长稍短于不做处理和耙地处理，叶片厚度稍小于耙地处理外，月增叶量、叶宽、单叶重量、根系深度及根系长度均优于不做处理和耙地处理。其中，根系深度和根系长度优势最明显，粉垄作业处理剑麻根系深度较不做处理和耙地处理深度分别多出20.32%和13.49%，根系长度分别多出12.35%和7.73%。粉垄后剑麻的根系更为发达，白根明显比非垄剑麻增多，由此可知，将粉垄技术应用于麻园土地耕作有利于剑麻根系生长。

（二）区域科技支撑

1. 对接服务企业工作

与广西剑麻集团有限公司、广羊农牧有限公司、西部麻业有限公司建立了对接机制。为广西剑麻集团所属的种植加工企业提供技术支持，在集团山圩农场公司推广麻渣快速发酵有机肥施肥技术和高效间作技术，同时多方联系体系内外专家分析剑麻叶斑病病因，寻求解决方案。环境一直是环保部门紧盯的问题，也是企业亟须解决的问题，开发出一种复合菌种，集除臭和麻膏发酵、麻水发酵制备液肥于一体，解决了企业的难题。短纤维回收率低也是企业长期存在的问题，协调相关专家，通过实地考察，对设备进行升级改造，优化有关参数，短纤维回收率提高30%以上，为企业提质增效增加了一条新的路子。充分利用广羊农牧有限公司的养殖优势，强强联合，在麻渣干燥、高效青贮，颗粒饲料制备，以及通过麻渣饲料的喂食改善山羊肉质等方面取得较大的突破，为企业节本增效提供了较好的技术支持。西部麻业是一家专门从事剑麻加工机械研究制造的企业，为保护其新研发的加工机械的知识产权，专门引入实力雄厚的专利公司，为其策划申报专利，目前已获得实用新型专利授权2件，有效地保护了企业的知识产权。

2. 科技助力乡村振兴

在平果县旧城镇开展低产麻园改造，加工机械整形升级，调整优化相关参数，及时解决自动化刮麻机含杂率高、脱手麻多的问题，减少了人工成本，加工纤维质量大幅提高，该村大机纤维吨售价达10 000多元，达历史新高。同时为当地引进广西较大的剑麻加工企业广西怡骏麻业公司承包经营刮麻厂，既专业的团队进行经营，收到较好的效果，目前该厂运营较好，效益比之前有了较大的提高。麻农将叶片销售给刮麻厂，既可获得收益，减少了刮麻的劳动力，也避免了简易麻机带来的危险。剑麻种植已成为当地乡村振兴、老乡奔小康的朝阳产业。常态化为横州市、宾阳县种植大户提供技术支持，横州市种植大户陈兴新原来从事剑麻加工，对种植技术掌握不多，南宁剑麻试验站从健康种苗繁育到大田定植、管理给予全过程指导，推行叶片营养诊断精确施肥、冬季浅翻等技术，目前，该种植户的二刀麻产量已达到7t/亩，为麻区较高水平。